三峡库区可持续发展研究丛书

教育部人文社会科学重点研究基地重庆工商大学长江上游经济研究中心
“三峡库区百万移民安稳致富国家战略”服务国家特殊需求博士人才培养项目
重庆市人文社会科学重点研究基地重庆工商大学区域经济研究院
教育部人文社会科学重点研究基地重大项目《长江上游地区生态文明建设体系研究》（18JJD790018）
共同资助

中国水利水电工程移民长期补偿机制研究

罗用能　著

科　学　出　版　社
北　京

内 容 简 介

本书以马克思主义基本原理、科学发展观、习近平同志系列重要讲话精神和治国理政新理念新思想新战略为指导，以脱贫攻坚为背景，以现实主要问题为导向，理论与实践紧密结合，对水利水电工程移民安置补偿制度进行剖析，对目前仍属于移民安置补偿制度框架外的移民长期补偿机制实践，特别是GZ省主要案例集中进行全面、系统的梳理研究，进行再认识和再诠释。进而，为实现"五大发展理念"在水利水电事业领域全面落实的要求，提出了移民长期补偿方案完善与优化的实践路径与相关对策。

本书可供在水利水电工程移民工作战线上从事理论研究、决策管理和实际工作的人员，以及关注水利水电工程移民及其安置工作的广大读者阅读。

图书在版编目（CIP）数据

中国水利水电工程移民长期补偿机制研究/罗用能著. —北京：科学出版社，2019.6

（三峡库区可持续发展研究丛书）

ISBN 978-7-03-060823-9

Ⅰ. ①中… Ⅱ. ①罗… Ⅲ. ①三峡水利工程-水利水电工程-移民安置-补偿机制-研究 Ⅳ. ①D632

中国版本图书馆CIP数据核字（2019）第047282号

责任编辑：杨婵娟　姜德君/责任校对：贾娜娜

责任印制：李　彤 / 封面设计：铭轩堂

编辑部电话：010-64035853

E-mail:houjunlin@mail.sciencep.com

科学出版社出版

北京东黄城根北街16号

邮政编码：100717

http://www.sciencep.com

北京市金木堂数码科技有限公司印刷

科学出版社发行　各地新华书店经销

*

2019年6月第　一　版　开本：B5（720×1000）

2022年1月第四次印刷　印张：15 1/2

字数：312 000

定价：98.00 元

（如有印装质量问题，我社负责调换）

“三峡库区可持续发展研究丛书”编委会

丛 书 序

三峡工程是世界上规模最大的水电工程，也是中国有史以来建设的最大的工程项目。三峡工程 1992 年获得全国人民代表大会批准建设，1994 年正式动工兴建，2003 年 6 月 1 日开始蓄水发电，2009 年全部完工，2012 年 7 月 4 日已成为全世界最大的水力发电站和清洁能源生产基地。三峡工程的主要功能是防汛、航运和发电，工程建成至今，它在这三个方面所发挥的巨大作用和获得的效益有目共睹。

毋庸置疑，三峡工程从开始筹建的那一刻起，便引发了移民搬迁、环境保护等一系列事关可持续发展的问题，始终与巨大的争议相伴。三峡工程的最终成败，可能不在于它业已取得的防洪、发电和利航等不可否认的巨大成效，而将取决于库区百万移民是否能安稳致富？库区的生态涵养是否能确保浩大的库区永远会有碧水青山？库区内经济社会发展与环境保护之间的矛盾能否有效解决？

持续 18 年的三峡工程大移民，涉及重庆、湖北两地 20 多个县（区、市）的 139 万余人，其中 16 万多人离乡背井，远赴十几个省（直辖市）重新安家。三峡移民工作的复杂性和困难性不只在于涉及各地移民，还与移民安置政策，三峡库区环境保护、产业发展等问题紧密相关，细究起来有三点。

一是三峡库区经济社会发展相对落后，且各种移民安置政策较为保守。受长期论证三峡工程何时建设、建设的规模和工程的影响，中华人民共和国成立后的几十年内国家在三峡库区没有大的基础设施建设和大型工业企业投资，三峡库区的经济社会发展在全国乃至西部都处在相对落后的水平。以重庆库区为例，1992 年，库区人均地区生产总值仅 992 元，三次产业结构为 42.3：34.5：23.2，农业占比最高，财政收入仅 9.67 亿元[①]。而 1993 年开始的移民工作，执

① 参见重庆市移民局 2012 年 8 月发布的《三峡工程重庆库区移民工作阶段性总结研究》。

行的是“原规模、原标准或者恢复原功能”（简称“三原”）的补偿及复建政策，1999年制定并实施了“两个调整”，农村移民从单纯就地后靠安置调整为部分外迁出库区安置，工矿企业则从单纯的搬迁复建调整为结构调整，相当部分关停并转，仅库区1632家搬迁企业就规划关破1102家，占总数的67.5%[①]。这样的移民安置政策对移民的安稳致富工作提出了严峻的挑战。

二是三峡百万移民工程波及面远远超过百万移民本身，是一项区域性、系统性的宏大工程。我们通常所指的三峡库区移民工作，着重考虑的是淹没区175米水位以下，所涉及的湖北夷陵、秭归、兴山、巴东，重庆巫溪、巫山、奉节、云阳、万州、开县、忠县、石柱、丰都、涪陵、武隆、长寿、渝北、巴南、江津、主城区等20多个县（区、市）的277个乡（镇）、1680个村、6301个组的农村需搬迁居民，以及两座城市、11个县城、116个集镇全部或部分重建所涉及的需要动迁的城镇居民。事实上，受到三峡工程影响的不仅仅是这20多个县（区、市）中需要搬迁和安置的近140万居民，还应该包含上述县（区、市）、乡镇、村组中的全部城乡居民，甚至包括毗邻这些县（区、市）、受流域生态波及的库区的其他区县的居民，这里实际涉及了一个较为广义的移民概念。真正要在库区提振民生福祉、实现移民安稳致富，必须把三峡库区和准库区、百万移民和全体居民的工作都做好。

三是三峡库区百万移民的安稳致富，既要兼顾移民的就业和发展，做好三峡库区产业发展，又要落实好库区的生态涵养和环境保护。三峡库区农民人均耕地只有1.1亩[②]，低于全国人均1.4亩的水平，而且其中1/3左右的耕地处于25度左右的斜坡上，土质较差，移民安置只能按人均0.8亩考虑。整个库区的河谷平坝仅占总面积的4.3%，丘陵占21.7%，山地占74%。三峡库区是滑坡、坍塌和岩崩多发区，仅在三峡工程实施过程中，就规划治理了崩滑体617处。在这样的条件下，我们不仅要转移、安置好库区的百万移民，还必须保护好三峡660余公里长的库区的青山绿水。如何同时保证库区的百万移民安稳致富、库区的生态涵养和环境保护，是一项十分艰巨的工作。

国家对三峡库区的可持续发展问题一直高度关注。对于移民工作，国家就提出“开发性移民”的思路，强调移民工作的标准是“搬得出、稳得住、逐步能致富”。在20世纪90年代，国家财力相对薄，当时全国，尤其是中西部地区

---

① 梁福庆. 2011. 三峡工程移民问题研究. 武汉：华中科技大学出版社.

② 1亩≈666.67m^2。

的经济社会发展水平也不高，因此对移民工作实行了“三原”原则下较低的搬迁补助标准。但就在 2001 年国务院颁发的《长江三峡工程建设移民条例》这个移民政策大纲中，就提出了移民安置“采取前期补偿、补助与后期生产扶持相结合”的原则。在此之前的 1992 年，在《国务院办公厅关于开展对三峡工程库区移民工作对口支援的通知》(国办发〔1992〕14 号)中，具体安排了东中部各省市对库区各区县的对口支援任务，这项工作，由于有国务院三峡工程建设委员会办公室（简称三峡办）的存在，至今仍在大力推进和持续。2011 年 5 月，国务院常务会议审议批准了《三峡后续工作规划》(简称《规划》)，这是在特定时期、针对特定目标、解决特定问题的一项综合规划。《规划》锁定在 2020 年之前必须解决的六大重点问题之首，是移民安稳致富和促进库区经济社会发展。其主要目标是，到 2020 年，移民生活水平达到重庆市和湖北省同期平均水平，覆盖城乡居民的社会保障体系建立，库区经济结构战略性调整取得重大进展，交通、水利及城镇等基础设施进一步完善，移民安置区社会公共服务均等化基本实现。显然，三峡工程移民的安稳致富工作是一个需要较长时间实施的浩大系统工程，它需要全国人民，尤其是库区所在的湖北、重庆两省（市）能够为这项事业奉献智力、财力和人力的人们持续的关注和参与。它既要有经济学的规划和谋略，又要有生态学的视野和管理学的实践，还要有社会学的独特思维和运作，以及众多不同的、各有侧重的工程学科贡献特别的力量。

重庆工商大学身处库区，一直高度关注三峡库区的移民和移民安稳致富工作，并为此做了大量的研究和实践。早在 1993 年，重庆工商大学的前身之一——重庆商学院，就成立了“经济研究所”，承担国家社会科学基金、重庆市政府和各级移民工作管理部门关于移民工作问题的委托研究。2002 年，学校成立长江上游经济研究中心。2004 年，经教育部批准，该中心成为普通高等学校人文社会科学重点研究基地。成立以来，该中心整合财政金融学院、管理学院的资源，以及生态、环境、工程、社会等各大学科门类的众多学者，齐心协力、协同攻关，为三峡库区移民和移民后续工作做出特殊的努力。

2011 年，国务院学位委员会第二十八次会议审议通过了《关于开展“服务国家特殊需求人才培养项目”试点工作的意见》，在全国范围内开展了硕士学位授予单位培养博士专业学位研究生试点工作。因为三峡工程后续工作，尤其是库区移民安稳致富工作的极端重要性、系统性和紧迫性，由三峡办推荐、重庆工商大学申请的应用经济学“三峡库区百万移民安稳致富国家战略”的博士项目最终获批，成为“服务国家特殊需求人才培养项目”的 30 个首批博士项目之一，并从2013年开始招生和项目实施。近三年来，该项目紧密结合培养三峡库区后续移民安稳致富中对应用经济学及多学科高端复合型人才的迫切需求，结合博士人才培养的具体过程，致力于库区移民安稳致富的模式、路径、政策等方面的具体研究和探索。

重庆工商大学牢记推动三峡库区可持续发展的历史使命，紧紧围绕着“服务国家特殊需求人才培养项目”这个学科“高原”，不断开展“政产学研用”合作，并由此孵化出一系列紧扣三峡库区实情、旨在推动库区可持续发展的科学研究成果。当前，国家进入经济社会发展的“新常态”，资源约束、市场需求、生态目标、发展模式等均发生了很大的变化。国家实施长江经济带发展战略，意在使长江流域11省市依托长江协同和协调发展，使其成为新时期国家发展新的增长极，并支撑国家“一带一路”新的开放发展倡议。湖北省推出了以长江经济带为轴心，一主（武汉城市群）两副（宜昌和襄阳为副中心）的区域发展战略。重庆则重点实施五大功能区域规划，将三峡库区的广大区域作为生态涵养发展区，与社会经济同步规划发展。值此之际，重庆工商大学组织以服务国家特殊需求博士项目博士生导师为主的专家、学者推出“三峡库区可持续发展研究丛书”，服务国家重大战略、结合三峡库区区情、应对“新常态”下长江经济带实际，面对三峡库区紧迫难题、贴近三峡库区可持续发展的实际问题，创新提出许多理论联系实际的新观点、新探索。将其结集出版，意在引起库区干部群众，以及关心三峡移民工作的专家、学者对该类问题的持续关注。这些著作由科学出版社统一出版发行，将为现有的有关三峡工程工作的学术成果增添一抹亮色，它们开辟了新的视野和学术领域，将会进一步丰富和创新国内外解决库区可持续发展问题的理论和实践。

最后，借此机会，要向长期以来给予重庆工商大学“三峡库区百万移民安稳致富国家战略”博士项目指导、关心和帮助的国务院学位办、三峡办，重庆市委、市政府及相关部门的领导表达诚挚的感谢！

王崇举

2015年8月于重庆

序

人类为了自身生存环境改善、生活水平提高及社会文明进步，必然要从事利用自然资源、改造自然环境的工程活动。由于开发利用水资源、建设水利水电工程的经济社会效益明显，其逐渐成为世界各国特别是发达国家重点扶持的工程项目之一。水利水电工程是一个由诸多因素组成的结构性强的系统工程，工程浩大，持续时间长，涉及空间范围大，一般都需要移民。于是，移民问题就成为水利水电工程建设必须面对的问题。

在我国，随着经济与科技水平的快速提升，水利水电工程事业迅速发展，水利水电工程建设的数量越来越多，规模也越来越大。不可否认，水利水电工程建设对我国经济环境、社会环境和生态环境建设等具有重要作用，有效解决了我国的电力、生活用水紧张，以及灌溉、防洪等问题，但也导致了移民数量与规模的不断增加。移民因兴修水利水电工程而产生，他们是为水利水电工程建设做出巨大牺牲的一个特殊社会群体，在水利水电工程建设领域诸多复杂性矛盾因素中移民问题的解决最为关键。

移民问题不仅是一个经济问题，更是一个社会问题，移民问题的解决直接关系到水利水电工程建设的成败，关系到移民的安居乐业和社会的和谐稳定。正因为如此，移民问题研究成为一个富有挑战性的问题，也是一个备受关注、非常敏感的问题。解决问题的关键是如何安置。在我国，不同时期水利水电工程移民安置的主题有所不同，移民安置的具体方案也在不断创新。中华人民共和国成立以来，经过不懈的探索和实践，水利水电工程移民安置主题从经济安置到社会安置、再到生态安置，不断走向全面、包容和深入。的确，在水利水电工程移民安置问题上，我国从无到有制定了一套具有特色的安置政策和法规，也提出了多种合理安置移民的措施和方案，但是，移民安置问题仍然是制约我国水利水电工程建设的主要矛盾因素之一，切实解决移民安置问题因而也是我国水利水电工程事业发展的头等大事。水利水电工程移民长期补偿机制正是新时期我国水利水电工程移民安置补偿实践探索的产物。

水利水电工程移民长期补偿机制，即水利水电工程建设“征占耕地长期补偿安置”，也可称为水利水电工程移民长期补偿安置方式，旨在解决以农业、农村和土地为依托的传统移民安置补偿制度难以化解的土地资源紧张、人地矛盾、移民安置难等重大问题。这种创新的水利水电工程移民长期补偿机制具有鲜明的中国特色，顺应新时期移民生态安置、绿色安置和智慧安置的鲜明时代主题要求，其基本立足点是保障水利水电工程移民共享发展成果、保障移民的发展权、保障社会公平正义，努力构建社会主义和谐社会。

罗用能博士的著作《中国水利水电工程移民长期补偿机制研究》就是在这样的大背景下，以 GZ 省实践为基础，综合运用多学科的理论与方法，系统梳理了我国水利水电工程移民安置补偿制度的历史演进及现实困境，理性分析了水利水电工程移民长期补偿机制及其所蕴涵的科学发展理念，进而探讨了基于科学发展和以人为本理念的水利水电工程移民长期补偿机制的完善与优化。

《中国水利水电工程移民长期补偿机制研究》是作者在其博士学位论文的基础上修改完善而成的。之所以把水利水电工程移民长期补偿机制研究作为学位论文的选题，主要考虑作者长期从事水利水电工程移民和生态移民工作，是制定和实施移民安置特别是移民长期补偿安置的亲历者，掌握大量的第一手材料，具有丰富的实践经验，如此把学位论文与自己的工作实践紧密结合起来进行研究值得称道，理应大力提倡！作者的博士学位论文在答辩期间得到了评审专家和答辩委员会的一致好评，有的甚至还认为其相当于一份重要的现实专项资政报告。相信《中国水利水电工程移民长期补偿机制研究》的出版也一定能够产生良好的社会反响。

概括地说，该书具有以下特点：

第一，鲜明的理论视角。作者把水利水电工程移民长期补偿机制研究置于马克思主义理论视角之下，坚持辩证唯物主义和历史唯物主义的方法论原则，充分运用马克思主义中国化的最新理论成果，深刻阐释水利水电工程移民工作的以人为本、以民为本理念，挖掘水利水电工程移民长期补偿机制的科学发展蕴涵，分析水利水电工程移民安置在国家脱贫攻坚战略背景下的重要意义，探讨以新发展理念引领水利水电工程移民长期补偿机制完善与优化的具体对策。

第二，扎实的实践基础。发端于工程建设耕地资源紧缺、人地矛盾突出地区的水利水电工程移民长期补偿机制，其实践旨在化解移民安置难题，解决移民长远生计。GZ 省水利水电工程移民长期补偿机制实践总体上看是成功的，而且该省资源丰富，实践范围、规模较大，研究样本比较完整，样本质量也比较高，且比较典型。这为水利水电工程移民长期补偿机制的深入研究奠定了坚实的实践基础，极大地提升了研究成果和结论的可信度和说服力。

第三，鲜明的问题意识。不可否认，GZ 省的实践是成功的，有很多经验值得总结推广，但也存在一些矛盾、问题和短板。如何以问题为导向，切实补齐短板，进而进行完善与优化，既需要理论上的武装，也需要实践上的进一步规范，实现理论和实践两个层面的共同升华。这正是该书的实践价值所在。更难能可贵的是，作者把移民长期补偿机制建设的重点置于国家脱贫攻坚、生态文明、全面小康的战略高度，从移民生态安置、绿色安置和智慧安置的要求出发，辩证分析水利水电工程移民长期补偿机制可能存在的问题和短板，充分认识和把握移民长期补偿机制作为一项创新的水利水电工程公共政策内部所具有的复杂性、整体性和系统性因素，深入探寻问题的症结所在及其解决的突破口和着力点。

第四，合理的对策建议。作者沿着我国水利水电工程建设征地补偿和移民安置既相对稳定又不断创新的历史发展大思路，通过深入分析水利水电工程移民长期补偿机制目前存在的问题和短板，针对性地提出了水利水电工程移民长期补偿机制完善与优化的基本原则，并进一步明确提出了完善移民长期补偿机制的“四个维度”、优化移民长期补偿机制方案的“六大路径”。这些对于进一步深化移民问题研究，特别是深入推进水利水电工程移民安置工作等具有重要的理论意义和现实意义。正如作者所说，水利水电工程移民长期补偿机制作为一种具有中国特色的、创新的移民安置补偿机制，通过不断完善与优化，一定会在实践目标效应和移民生态安置、绿色安置愿景等方面充分彰显其上善的物质和精神魅力，让人充满期待。

总之，《中国水利水电工程移民长期补偿机制研究》选题新颖，思路清晰，结构严谨，内容翔实，论据充分，见解独特，深刻诠释了水利水电工程移民长期补偿机制的中国特色，字里行间流露着作者对当代中国水利水电工程移民及其安置问题的深切关注，无疑是一部从理论与实践的结合上研究水利水电工程移民及其安置问题的精品力作。我愿意把它推荐给耕耘在水利水电工程移民工作战线上从事理论研究、决策管理和实际工作的朋友，以及关注水利水电工程移民及其安置工作的广大读者。

诚然，作为一部基于博士学位论文的著作，我们不能要求其研究范围能够涵盖水利水电工程移民及其安置的所有问题，疏漏之处在所难免；该书中的一些观点及其论述有可能引起相关学术争论，可能在一定范围、一定时期产生争鸣。水利水电工程移民长期补偿机制作为移民安置实践带有区域性的一个成功案例，我们也不能要求它具有“放之四海而皆准”之功效，依然有进一步探索的空间。实践无止境，创新无止境，研究也无止境。我期待该书的出版能够引起更多的人对水利水电工程移民问题的关注，期待能够看到更多将移民理论和实践问题结合研究的优秀作品，更期待全社会能够秉承以人为本、以人民为中心的发展理念，从精准扶贫攻坚、生态文明建设、全面建成小康社会的国家战略高度充分认识并尽力支持移民安置工作，团结起来，共同为实现中华民族伟大复兴的中国梦而努力奋斗！

杨怀中

2017年11月1日于武汉

前　言

水利水电工程移民长期补偿机制是我国水利水电工程建设征地和移民安置补偿制度实践中诞生的诸多新的政策、机制之一。水利水电工程移民长期补偿机制是我国当代水利水电工程移民安置补偿实践探索的产物；是在水利水电工程库区、移民安置区，突破以农业和土地为依托的传统移民安置补偿制度，化解土地资源紧张、人地矛盾等突出问题而建立的，旨在化解移民安置难题，切实解决移民长远生计。长期补偿是一种创新的移民安置方式，也是现行移民后期扶持政策框架外的一个长期扶持机制。实践出真知，21 世纪以来，移民长期补偿机制在“西电东送”的水电工程项目和水利工程项目征地中运用效果良好，被广泛推行，获得项目所在地及移民安置区移民、政府、项目法人等各方不同程度的接受，已成为水利水电工程库区、移民安置区保障移民长远生计，实现当地社会长期安稳和谐、生态恢复的一块新基石。该机制在水利水电领域中所产生的广泛而深远的影响和该机制直接涉及的理论和实践等问题备受关注，也有一系列研究成果。面对多数成果仅限于某一个方面要素或某一个问题的某些要素的现实，根据创新、协调、绿色、开放、共享“五大发展理念”，以及对实现水利水电事业在新时代持续健康发展的要求，需要对该机制进行全要素或主要要素的系统性、整体性深化研究。

本书以马克思主义基本原理、科学发展观、习近平同志系列重要讲话精神和治国理政新理念新思想新战略为指导，以脱贫攻坚为背景，以现实主要问题为导向，理论与实际紧密结合，对水利水电工程移民安置补偿制度实践进行剖析，对目前仍属于移民安置补偿制度框架外的移民长期补偿机制的实践以 GZ 省（因作者担任一定的行政职务，故用简称）为主要案例集中进行全面、系统的梳理研究，进行再认识和再诠释。以大扶贫为视域，从扶贫、生态、义利等维度出发，范围涵盖移民长期补偿机制涉及的主要方面和因素，如法律法规和政策机制、供给侧结构性改革优化，以及具体补偿标准调整机制、保障机制、决策协调机制、规范执行机制和监督管理机制等，对水利水电工程移民长期补偿机制进行系统分析。以理论成果为据，以供给侧结构性改革和优化为指向，对水利水电工程移民长期补偿机制存在的不协调、不健全的主要短板补齐补全，为实现“五大发展理念”在水利水电事业领域全面落实的要求，提出了移民长期补偿方案完善与优化的实践路径与相关对策。

作　者

2018 年 11 月

目录

1 绪　论

本章从国家和地方两个层面及其实践维度概述我国水利水电工程及移民安置制度的系统演进历程和水利水电工程移民长期补偿机制的社会实践发展历程、国内外水利水电工程移民长期补偿相关文献研究动态，简要阐述以科学发展观和习近平同志治国理政新理念新思想新战略，特别是“五大发展理念”思维为视域，开展水利水电工程移民长期补偿机制专题研究的理论和实践意义，简要介绍移民长期补偿机制实践的 GZ 省样本区域事实的真实性、完整性和示范性，说明本书研究主题的可行性和研究的内容范围、结构及思路。

1.1　问题的提出

水是生命之源，正如老子的《道德经》里传世精致之句曰：“水善利万物而不争”。老子在评价人类社会最善的德行时，就以水的美善形象来形容，誉为“上善若水”。水是生态之基，水资源是人类生态文明建设的根本基础和重要载体。水资源是清洁的、可以再生的、可以循环利用的，但在地球时空分布上却明显不均，有的地区更是匮乏，水资源已经日益成为世界经济社会发展的主要制约因素之一。当代人类对水资源的开发和利用应以生态文明理念为引领，兴水利而除水害，符合社会生态与自然生态两个生态文明建设的要求，达到上善若水的阶段。

当代中国开发水资源，建设水利水电工程，既是合理利用国内各条内河水资源，加快发展和全面提升具有中国特色社会主义的社会生产力水平，为各民族人民行大善、造大福，建设水生态文明强国，实现中华民族伟大复兴目标的最重要基础工程内容和基本举措之一，也是中国现代科学技术工程之系列基础工程之一。水利水电工程移民长期补偿机制是指以政府公布的土地年亩产值或主要农产品（如水稻、小麦等主粮）产量为补偿标准，对水利水电工程项目建设征用（淹没）的耕地面积计算每年补偿费，以现金形式或换算成当地同等质量主粮实物的形式长期、逐年兑付补偿给失地移民，补偿期限与项目建设运行寿命同期。

作为世界上水利水电工程建设数量较多、规模较大的大国，我国仅在1949年年末到2012年的60余年间，就先后共兴建了水利水电工程（water conservancy and hydropower projects）8.6万多项，水库库容达7200亿多立方米（中华人民共和国国家统计局，2014），项目之多、库容之大位列世界之首。这些水利水电工程项目在全国各地各流域的防洪、灌溉、发电、供水、航运、养殖、生态等方面发挥了巨大的作用，产生了积极而显著的经济效益、社会效益和生态效益。同时，伴随全国各地各类型水利水电工程项目建设过程，我国先后产生了数量规模近2600万的水利水电工程移民（resettlers caused by water conservancy and hydropower projects），规模之大、影响深远，是我国水利水电工程的客观实情。在“十三五”期间乃至之后一段时期，在作为中国现代科学技术基础领域重要组成部分之一的现代科技重要基础工程——水利水电“十三五”专项发展规划的实施下，水利水电工程项目在国内有关流域将继续大规模布局和梯级集群开发。与此同时，伴随项目形成的水利水电工程征地和移民的数量、规模也必将大幅增加，征地和移民安置强度必然加大，移民群众因服从国家水利水电工程项目建设征地（淹没）需要而必须搬离世居家园，不仅其田地、房屋等原有有形经济资产被水库工程征占（淹没），移民群体的社会网络（social network）、文化风俗习惯（customs and habits）等无形文化资产或类似之物也被淹没而消失。移民群体原有的人力资本因移民他乡也发生不同程度的贬值，此前长期熟练掌握的传统生产技能因生产环境、就业条件改变而难以继续有效发挥，在移民安置区，移民因生产生活方式不适应容易碰到许多困难甚至导致贫困。移民易地安置、恢复与重建工作本身是个非常复杂的系统工程，涉及政治、经济、文化、社会、生态等整个社会经济和自然生态系统要素，面广时长、敏感度高，处置稍有不当极易引发移民次生贫困，酿成区域性社会失稳及自然生态环境问题，甚至导致区域性社会和生态等矛盾危机，成为当代水利水电事业健康发展和人民福祉的主要障碍。历时几十年探索实践的不断积累，我国水利水电资源流域系统开发利用规划基本完成，单体工程项目的规划、大坝枢纽设计技术和工程建设技能、装备硬软件制造能力大幅提升，施工组织能力与水平也日趋提高。有的水利水电服务领域悄然实现蛙跳式发展，如水电方面将水电企业的电力设备、变电站、输电网络、电力用户、电力负荷、生产及管理等核心业务一体化并连接形成电力信息化的生产管理的综合信息系统，即水电地理信息系统，该系统平台的建立与运转常态化、规范化，已走在世界同领域、同行业的前列；与水电网络系统建设相类似，水利输水网络建设也正在普遍兴起建立以管道输配水、域内梯级输配水管网为主要内容的现代化水务系统；许多大型水利水电工程项目建设成果举世瞩目，有的项目成果已经成为世界同领域、同行业事实上的先进示范和发展标杆。

然而我们应该意识到，现代水利水电工程具有的一个共性是，它直接涉及工程项目所在地的人口、生态、社会、经济、文化、技术等领域诸多客观的敏感的因素和事项。现代水利水电工程是由诸多因素组成的一个复杂的系统工程。这里就我国而言，借用中国社会科学院研究员郑易生先生在美国大坝经济学家 P. 麦卡利编著的《大坝经济学》（*The Large Dam Economics*）2005 年的再版序言中就环境、生态与发展关系问题所写的“大坝在建设过程中和投入运行后遇到的种种问题，对我们研究环境、生态等问题具有启迪意义”，“当前的中国在环境与发展的复杂性超过任何一个时期的任何一个国家”这两段文字的内容在我国生态和工程征地移民方面作一个延伸性的分析和判断：在我国现代水利水电工程项目建设领域涉及的诸多复杂性矛盾因素中，移民安置困难和与之相伴的生态环境矛盾问题仍然是我国现阶段存在的两大主要矛盾因素，是关系我国水利水电工程移民中贫困人口如何脱贫、当地社会实现和谐发展和生态文明加快建设等方面的大局问题，是全社会关注的焦点之一。就征地移民而言，多年来实行的具有鲜明的中国特色的大农业安置被称为传统移民安置补偿制度模式，在实践上取得了举世瞩目的移民安置实效的同时，也在相当长的一段时间里面临着水库库区、移民安置区不同程度的人地矛盾和移民贫困难以化解等困惑，此外涉及的库区、移民安置区生态恢复的客观问题不容忽视。围绕实现中国当代水利水电事业的创新发展、协调发展、绿色发展、开放发展、共享发展的战略目标，必须以新时代的生态文明理念和大扶贫思维为引领，与时俱进，树立全新的新时代水利水电工程领域的意识形态，运用科学的理论、思维和方法，应用符合新时代中国国情的、合法合规的各种创新的安置补偿机制政策工具和措施，对目前存在的或可能发生的移民民生、生态环境等方面相关的矛盾因素问题，切实加以有效化解和协调，促进我国水资源开发利用方式方法转型，促使我国新时代的水资源开发和利用工程真正造福于人民，形成文明的和谐的美丽的良好局面。

作为地方性和区域性进行试点实践已历时十多年的水利水电工程移民长期补偿机制，它是当下我国水利水电工程移民安置补偿制度的一个有益补充、突破和完善，应立足现实，面向未来，在理论和实践两个层面共同升华，达到移民长期补偿机制的社会认识与社会实践的“知行合一”，也就是亟待列为一项尤为重要的社会认识与社会实践辩证统一的问题与课题，对其目前存在的主要短板进行补齐补全并完善优化，使其更加充分发挥化解水利水电工程项目内部结构存在的人地矛盾及移民安置难题的保障机制功能优势。按照这个辩证逻辑，把水利水电工程移民长期补偿机制的理论和实践研究直接放在马克思主义与现代科技革命和人类大扶贫思维等重要理论领域里进行切实命题和科学解题，即以大扶贫为视域，以科学发展观、习近平同志治国理政新理念新思想新战略，特别是创新、协调、绿色、开放、共享“五大发展理念”为指导，以国家扶贫攻坚战略[①]为要求，以现实存在的主要问题为导向，综合应用相关学科理论知识，聚焦和全面扫描工程内部结构性矛盾关系因素，适应平衡、化解移民安置脱贫致富。基于以及生态文明建设中的主要矛盾问题的现实和长远需要，从宏观到微观、从国家和区域两个层面，以统一通用为尺度，从扶贫、义利、生态等角度开展系统研究，既是水利水电工程领域的实际和实践需要，更是人们特别是理论界、学界和业界人士与时俱进开展研究的需要，也就成了当前理论领域比较前沿的、挑战和机遇并存的，当前必要的、紧迫的课题选项并着力行动的课题。马克思主义基本原理是我们党执政和治国的理论基础，马克思主义与当代中国建设发展和改革的不断深化的实际紧密结合，成为全党全国致力于建设和发展具有中国特色社会主义现代化国家的思想体系的理论基础。而作为进一步开辟了马克思主义的中国化、时代化、大众化的新境界的目前两大最主要的崭新理论成果的科学发展观和习近平同志治国理政新理念新思想新战略，特别是“五大发展理念”、大扶贫思维已是我国新时代全部工作的总的指导思想和行动指南，就必须成为新时代我国水利水电事业领域健康持续发展的总指导思想、强大理论武器和具体行为准则，当然就为全面化解我国当代水利水电工程领域存在的人地矛盾和移民妥善安置与移民脱贫、生态文明建设等重大难题，确保水利水电工程移民实现生态安置和绿色安置、智慧安置提供了鲜明的立场、观点和大扶贫视角的科学而重要的方法论。这也为以水利水电工程征地和移民安置补偿制度的与时俱进特别是为水利水电工程移民长期补偿机制在新时代的不断完善、不断优化，进一步发挥新时代的政策优势，规避各种风险为主要内容的本书的研究指明了正确的方向，开辟了实现路径，当然就为本书研究内容的切实有效实现和不断深化创造和提供了至关重要和宽阔的政治环境。

1.1.1 水利水电工程移民及其特点

移民（resettlers）是“离开原居住地到新居住地定居谋生的人口，也指人口迁移行为”（中华人民共和国水利部，2014b）。广义上看，移民是指人类在不同

① 国务院扶贫开发领导小组办公室. 2015. 习近平关于扶贫开发论述摘编.

国家、地区间或一定区域内不同地点之间的迁移。移民是一种普遍的社会经济现象，与人类社会的发展相伴相随。从积极的方面来看，它促进人口和人力资源在地球上的合理分配，促进各地自然资源的合理开发，加速地球上各民族、各人种（种族）的交流融合，同时优化人类自身的发展条件，为整体或者某个层面的集体提供更好的政治环境、经济环境、文化环境和自然生态环境。

1. 移民起因

移民的起因很多，主要有政治、宗教、战争、自然灾害、经济和工程等因素（梁福庆，2011）。政治上，从国家相关利益和关切出发，为了一定的疆域领土、经济、政治安全和发展利益，相应地进行行政性或军事性人口布局布点，常常引导或者驱动、强制规模不等的人口移民到特定区域。例如，在中国的历史上，为平定西南，明代曾从江西、湖南等地大量迁移人口到云贵高原等地，贵州安顺的"屯堡文化"就是其中的遗存；为抵御日本军国主义者发动的侵华战争，在20世纪30年代初期到40年代初期，我国东北三省民众大量移至关内，而东部及中部地区民众大量移至西部地区；中华人民共和国建立初期组建新疆、东北生产建设兵团，60年代末至70年代在"三线"建设时期以行政措施大量移民至西部地区。又如，进入21世纪以来，我国中西部地区特别是贫困地区和生态脆弱地区，以决战脱贫攻坚、决胜全面建成小康社会和加快生态文明建设为目标考量正在有计划组织精准实施的1000万以上的易地扶贫搬迁移民和扶贫生态移民等。又如，在国外，某些地区宗教的排斥和迫害会驱使信仰某种宗教的信徒群体背井离乡。又如，战争也造成大规模移民。另外，自然灾害也常导致世界有关区域人口大量减少、迁移，近年来因自然环境恶化，生态移民的规模也越来越大。在近现代以来世界各国的城市化过程中，城市市政建设造成的工程移民（project-induced resettlers）数以亿计，工业、商业等产业发展吸引农村劳动力到城镇就业定居等也造成大量移民。

2. 移民分类

移民可按发生移民现象诱因、移民意愿等标准进行分类。按照发生移民现象诱因，移民可以分为政治宗教性移民、军事性移民、生态环境性移民、灾害性移民、经济性移民和工程移民。根据移民意愿，移民可以分为自愿移民和非自愿移民。水利水电工程移民，也可称为水库移民（reservoir resettlers），它属于工程移民，并可经妥善安置从非自愿移民变为自愿移民，除具有移民的一般性特点外，还具有本身的个性特征。

（1）自愿移民与非自愿移民。根据移民意愿，移民可以分为自愿移民和非自愿移民。自愿移民指为寻求更好的发展机会而自愿从一个地区迁移到另一个地区或者从一个国家迁移到另一个国家而产生的移民，重要特征是主动性、非强制性。自愿移民主动性强，劳动力素质较高，一般从事第二、第三产业，主要是为获得更好的经济回报或者个人发展机会而迁移到目的地，没有外力驱使他们迁移。自愿移民比较容易融入目的地社区，不易形成社会不稳定因素。非自愿移民是由于政治运动、宗教迫害、战争、自然灾害、环境恶化和工程建设征地等而产生的移民，主要特征是被动性、强制性。工程建设征地而引发的移民属于非自愿移民。亚洲开发银行把政治、战争、宗教、自然灾害等引发的移民称为难民，把因工程建设而产生的移民称为非自愿移民（狭义）。还有边远的深山区、石山区和石漠化严重区等生态环境恶劣地区，由于资源匮乏，其水土已养不好一方人，不适宜人居和生产。为推进当地自然生态环境恢复、保护，切实改善人居与生产环境，将贫困人口易地搬迁，在异地寻求脱贫的环境和条件而进行的移民为生态移民也是易地扶贫搬迁移民。这类移民主要是自愿的，有内动力，也有个别的非自愿。

在我国的现阶段，工程移民或者狭义的非自愿移民因一些地缘、历史和社会背景等因素，一般呈现出文化教育水平低、劳动技能单一、主要从事传统农业生产等特点。工程移民的这些特点，使工程移民对移民后新工作岗位和新生活方式等环境适应性较差，面临的困难多，如原来的劳动技能可能失效且新的劳动技能一时又难以掌握，失去的原有社会网络关系在移民安置区恢复重建需要一定的周期等。因此，在一些移民安置区或多或少遗留的一些工程移民矛盾纠纷问题一旦没有得到及时妥善解决，移民怨气一旦产生、累积，不断发酵升温，就容易诱发区域性移民群体性矛盾纠纷事件，进而影响区域社会稳定。

（2）水利水电工程移民。水利水电工程移民在当代中国是因水利水电工程建设用地的需要，必须离开原居住地迁移到新居住地定居谋生和需要进行生产安置的农业人口（agricultural population），也可简称为水库移民。由此可知，水利水电工程移民是因国家开展水利水电工程项目建设而产生的迁移群体，是大规模实施水利水电工程项目建设而出现的区域性的必然社会现象和结果。从移民主体上看，主要指因水能资源开发和水利水电工程建设而搬迁安置的人口，他们一般具有高被动性、低适应性、高依赖性等特点。我国水利水电工程移民还因客观存在的地缘差异和社会资源分配差异等自然、历史和现实社会背景因素，具有受文化教育程度普遍偏低、劳动技能单一、贫困程度较深或贫困发生率较高等特点。同时，移民原所处区域自然生态环境脆弱，经济基础差，发展第二、第三产业受到的制约较多。从移民的一般轨迹和过程看，先依照有关规程规范精心编制水利水电工程移民安置规划（resettlement plan），再按规划实施移民易地搬迁和安置，接着在移民安置区恢复重建移民社会、经济、文化和生态等系统，紧接着实施一系列移民后期扶持政策（after-support policy），帮助和促进移民发展生产、脱贫致富，建成小康社会，实现移民社区长期可持续发展。移民安置的整个过程是一环必须紧扣一环，前面环节的规划、决策与实施情况将直接影响后面环节的决策和实施，一个时期一定区域中移民安置状况将会连锁影响下一个时期、下一个环节和其相邻区域中的移民安置。这个移民过程既是移民原有的经济社会网络体系迅速拆散、破坏的过程，又是移民与迁入地居民逐渐相互融合、崭新的经济社会网络体系恢复重建和较长时间的后期扶持发展过程，其间机遇与挑战是并存的。

（3）水利水电工程移民的特点。廖蔚在《水库移民经济论》中列出并阐述了我国水利水电工程移民具有如下特点：政府主导性、多方参与性、有组织性和系统性、规模性和复杂性、非自愿性和被动性、经济性、社会性、长期性和发展性等。相对于其他工程性移民如城市市政建设、交通工程建设等移民，水利水电工程移民面临着特有的不利条件和特殊困难因素。具体归纳有三：其一，水库库区（reservoir area）、移民安置区（hosting area）经济基础薄弱，发展条件较差。无论是以什么目的功能任务而建设的水库，其工程项目所在地相对于区域整体环境来说，都是经济基础和条件较差的山区谷地，也只有建在这样的地区，水库工程项目的经济性指数等才更优更强。此外，水利水电工程项目建设在前期工作的初始阶段，论证确认工程项目功能任务和项目用地范围及界限，需要按照规定程序报经省级政府批准并专门向工程项目规划确定的占地区和淹没区社会公开发布“停建令”（order to stop construction），以行政命令和措施强制冻结工程占地区和淹没区现有全部经济社会实物，保持所有的实物现状，全面禁止新增实物，并由专业规划设计机构与项目所在地地方政府紧密配合，依照政府下达的停建令和相关指示、水利水电工程行业规划设计相关规程和规范及时部署安排，组织全面开展工程占地区、淹没区实物的调查和核定，为水利水电工程项目技术设计、建设征地和移民安置补偿规划的编制等提供相关前置条件。通过向社会公告，进行社会动员和社会部署，当地所有行政、事业、企业机构和社会人、自然人活动都须奉令为水利水电工程项目的建设自觉让路让行。水利水电工程项目建设一般周期较长，水库库区、移民安置区社会经济基础条件的恢复重建和改善也同样需要一定的周期，必然给移民恢复正常生活、发展生产带来很多困扰；城市市政建设工程拆迁则主要在经济基础较好的地方进行，交通工程拆迁如高铁、高速公路等涉及区域主要也是人口比较稠密、经济相对好的地方，一般是呈线性进行建设，使项目的交通运输沿线效益尽量实现最大化。其二，移民劳动力素质偏低，再就业问题突出。一般来说，政府在流域开发整体规划中就进行了经济性优化选择，水利水电工程项目建设一般都尽量避开第二、第三产业集中的区域，水利水电工程移民主要涉及农业区域，农村移民又主要是长期从事传统农业产业的农民，水利水电工程库区受淹耕地耕作利用现代农业机械的程度较低。城市市政建设拆迁涉及的农民群体主要生活在城市和郊区，对农业依赖程度一般较低，交通等条件处于水利水电工程移民与城建工程之间。其三，移民搬迁前呈块状、面状分布，相对集中而影响深远。在水库工程枢纽建设和库区因尽量选择河流或渠道或管网的适宜地段，追求水库适量和合理的库容，所以水库的用地（淹没）区域大都呈不规则的局部U形的、“肠胃+大肚囊”状的面及线、点的特点，被征收（淹没）的主要是沟壑河谷和盆地，往往是依山傍水的良田好土区域，涉及耕耘此地的原住人口也相对稠密。工程枢纽区和淹没区必须永久大量征用（淹没）这些耕地，涉及征地（淹没）拆迁的是规模不等的整村、整乡（镇）甚至整个县市、城（市），需要大规模持续进行社会动员、社会组织等社会工作和专项工程建设。城市市政建设工程的拆迁规模相对较小，公路、铁路等交通运输工程建设的征地拆迁一般呈线性网状分布，安置地与原居住区域相距不远，对居民原有谋生方式整体影响面、影响度相对有限。水利水电工程移民拆迁和安置工作涉及当地整个经济社会系统，量大而复杂。水库的水位（water level）线以下包括现存耕地、房屋、道路、电信、学校、医院、企业等所有有形实物、设施不仅全部被淹没，淹没区社会民族习俗、传统文化、社会网络体系等原有的无形的意识形态的物群也随着移民搬迁而发生变化或逝去。而城市市政建设、铁路公路交通项目建设拆迁对当地无形社会文化、社会网络关系等影响甚微，或者基本没有产生影响。

水利水电工程移民的上述特征决定了作为水利水电领域方面的一项现代科技领域的基础性工程集群——水利水电工程的移民搬迁与安置工作的复杂性与艰巨性，处理稍有不慎或有所闪失在短期可能造成一定区域性社会矛盾对立、矛盾激化、冲突甚至诱发群体性事件和局地社会矛盾危机，长期可能使移民在移民安置区的发展缺乏后劲而难以实现可持续发展，造成移民次生性贫困等民生矛盾问题。同时，水库库区流域和移民安置区的生态环境一时的不同程度的难以恢复的问题也相应在不同程度凸显。客观看，中华人民共和国成立以后较长的一段时间内，我国对水利水电工程移民安置的系统性、复杂性、政策性和工作艰巨性在认识上因一时的物质和意识形态方面局限，缺乏一套完整的思想理论支撑，加之缺乏相关法律法规和相关政策规范的保障等历史因素，造成了很多库区、移民安置区不同程度的移民安置矛盾纠纷和遗留问题，同时也遗留了不同程度的生态环境问题等。如今，建立健全、不断创新和优化完善以科学的水利水电工程移民理论为指导的，一个产生于中国社会土壤并具有鲜明中国特色的移民安置补偿制度和政策体系，使之既在短期内能更加有效避免、化解和协调移民安置矛盾纠纷，又能长期始终确保水库库区、移民安置区社会、生态恢复发展，推动我国现代水利水电事业实现创新、协调、绿色、开放、共享的可持续发展，是必要的也是必然的。

1.1.2 水利水电工程移民安置补偿制度演变

思想理论认识、法律法规政策制度因素下的移民安置补偿制度实践对当时当地移民搬迁安置顺利推进至关重要。我国为了加快发展现代水利水电事业，迅速提升社会生产力以造福人民，客观上必须在水利水电工程项目建设征占（淹没）区征收土地并进行大规模移民，并在征地移民实践中不断总结探索，相应逐渐形成一套符合国情的具有国家特色的水利水电工程征地和安置移民的制度和政策。据有关史料记载统计反映，仅在 1949 年年末至 1989 年，我国就产生了水利水电工程移民约 1000 万，受国家财力和法律政策等原因影响，同期各地遗留了或多或少的移民安置后次生贫困、生态环境诸多问题和矛盾。从安置方面梳理研究情况看，对 1000 多万水利水电工程移民的安置中，处理较好的、一般的和不好的各占约 1/3。遗留安置方面矛盾问题的根源和历史原因在于 1949～1989 年我国对水利水电工程征地移民安置的社会认识和社会实践均处于初级阶段。此间，国家急于摆脱国民经济十分落后的困境，实行优先发展工业、农业支撑工业、农村支援城市的政策策略，单方面强调舍移民小家为大家，就造成水利水电工程移民的安置补偿标准低。认识原因就是对移民安置缺乏理论指导，对移民特性和移民安置工作的系统性、规律性、艰巨性和复杂性认识不够，移民和移民安置的概念和内涵在那些年代普遍处于空白或模糊状态，大多肤浅地把水利水电工程移民安置视为仅仅是简单的经济补偿、搬迁建房问题，再加之计划经济体制下形成的“一大二公”“一平二调”（即平调）等宏观政治和意识形态方面因素（田纪云，2016）及某些社会因素的主导影响，对移民安置既缺乏感性认识，更缺乏理性认识。实践原因主要在于水利水电工程移民安置当时属于我国客观遇到的社会实践的全新的课题，各个层面普遍缺乏移民安置实践经验。各地安置实践基本处于无法可依、随意性较强、变数较多，而且没有一套完整制度保障和约束的状态。具体操作和效果反映上基本取决于地方政府领导决策和组织实施等人为因素，地方政府及相关部门负责人重视则移民安置情况就稍好些，如果是实行简单的行政强迫命令式搬迁，那么产生大量难以处置的遗留问题就在所难免。这一时期明显缺乏理性认识、缺乏法律政策制度保障、缺乏安置工作社会实践经验的三个因素相互联系、相互影响、相互作用、互为因果。

1. 我国水利水电工程移民安置补偿的实践与制度变迁

在我国长期实践中形成的征地移民安置补偿制度及方式主要可以分为制度性安排的生产重建和生活重建及其补偿补助两个方面，从基本内容对象处理上看，包括移民耕地配置，房屋重建，提供就业、创业条件，提供交通、水利、科教文卫等基础设施和公共服务产品。水利水电工程移民安置补偿制度和政策实践是一个逐渐发生嬗变的历史过程。其中，最核心的嬗变要素是工程项目建设征占耕地的补偿和移民安置方式的变化。杜景灿等（2011）的《水电工程移民长效补偿研究》总结性地认为，中华人民共和国成立以来的水利水电工程建设征地移民安置补偿制度与方式变迁可大致分为补偿性安置移民（1950～1957 年）、平调性安置移民（1958～1978 年）、开发性安置移民（1979 年以后）三个阶段。在补偿性安置移民阶段，由于当时政府掌握一部分公地、移民实物指标简单、专项设施少、政府重视等历史条件，移民可以得到等量和质量相当的土地补偿，绝大多数移民安置比较妥善。在平调性安置移民阶段，国家加快了江河治理和水电开发步伐，兴建了一大批大中小型水利水电工程，但因受这段时期复杂政治、经济和意识形态因素干扰，以及对移民安置问题认识不够等因素影响，这段时期的移民安置工作有重工程、轻移民、补偿低，根本无法可依，工作方式方法简单等缺陷，一般只是通过行政划拨一些土地和房屋，常见的做法是在库周淹没线上对移民进行就近安置（resettlement within the village or nearby area），行政划拨给移民的土地质量较淹没的土地要差很多，加上库区、移民安置区交通状况差，移民安置后留下了不同程度的生产、生活困难等问题。开发性安置移民阶段又可以分为几个不同时期。1979～1990 年的移民安置主要是实行大农业的“有土安置”，1986 年国家正式提出了“水库移民”的概念和“倡导开发性移民”[①]（development oriented resettlement）的方针。1991 年国务院颁布实施《大中型水利水电工程建设征地补偿和移民安置条例》（国务院令第 74 号），第一次以法规形式提出“国家提倡和支持开发性移民，采取前期补偿、补助与后期生产扶持的办法”，但是当时确定的征地移民补偿标准仍然偏低；在此期间开始出现移民安置“农转非”、安排移民进入企业就业等无土安置方式。2000 年以后，随着改革开放不断深化，一系列相关法律法规相继颁布实施，同时随着农民对土地的保护意识增强，工程征地移民安置补偿出现的矛盾纠纷越来越引起社会的关注。2000～2006 年的征地移民安置由于受到工程库区、移民安置区日益凸显的人地矛盾、生态环境恶化等因素影响，主要采取外迁和大农业安置，同时在中东部一些中小型工程和西部土地资源紧张地区，部分移民选择无土安置。在多种无土安置方式中，催生的涉及面最广、社会影响最大的是建设征占耕地移民长期补偿方式（resettlement by long-term compensation），也就是本书所说的水利水电工程移民长期补偿机制（the long-term compensation mechanism of land requisition compensation and resettlement），它是在人均耕地资源少、人地矛盾突出的水利水电工程库区、移民安置区为解决无法给失

① 国办发〔1986〕56 号. 1986. 国务院办公厅转发水利电力部关于抓紧处理水库移民问题报告的通知.

地移民配置足够耕地、难以实现有土生产安置移民情况下而不得不实行的征占耕地的一种无土安置移民方式。

2. 水利水电工程移民安置补偿制度创新

水利水电工程项目建设必然会带来移民安置、生态环境等一系列问题，但因为加快我国社会主义社会生产力发展的需要，满足日益增长的社会公共利益的需求总是长期存在的，国家总是需要计划布局和投资建设城乡水利水电设施的，水利水电工程项目征地和移民安置问题的产生也是不可避免的。“十三五”期间和未来一段时期，国家大中型水利水电工程项目建设高潮将不断兴起，同期乃至更长一段时间里还将继续产生大量的移民。政府及相关管理机构必然要关注如何协调好项目与全社会公共利益特别是移民群体公共利益的关系，其实质就是在意识形态领域里认清并处理好水利水电工程项目内部结构性的社会关系问题，也就是工程项目整体与局部、受益区与淹没区、项目法人与移民的利益关系，以及当地生态环境等问题。就移民安置而言，如何与时俱进不断探索、优化设计、完善一套新移民安置补偿方式作为现行移民安置补偿制度方式的有益补充，使移民安置取得更好的效果，使移民历史遗留问题尽量降到最少，并与现实相关联的问题的处理达到相对均衡协调状态，把移民问题产生的不利影响降到最低，避免或减缓水利水电工程项目区域性的社会利益矛盾对立冲突和生态环境恶化，如何使工程项目内部各种结构性因素关系保持平衡，避免内在的结构性关系框架出现失衡乃至倾倒状况，把工程项目可能出现的负面社会因素有效转化，变成工程项目应有的正面社会能量并实现强大而广泛的正面传导，努力构建项目所在地的人与人、人与自然的和谐关系，形成项目所在地崭新的社会文明、生态文明的双文明面貌，就必然成为摆在政府和项目法人及工程师团队面前的需要探索研究、努力解决的关键课题之一。

我国的水利水电工程移民安置补偿制度的建立与不断完善是与水利水电工程移民安置等主要矛盾问题的不断出现与不断协调、平衡、解决紧密相连的。在 1949 年年末至 1980 年 30 余年间的移民安置实践中，大量的诸如移民群体次生性贫困范围广、程度深，库区、移民安置区基础设施落后、经济发展后劲差、生态环境恶化等遗留问题逐渐暴露，如三门峡、新安江水库工程等国家重点水利水电工程项目还曾经引发严重的阶段性的局地移民安置矛盾、生态矛盾危机，移民安置和生态环境问题一度上升为人们感觉比较纠结、比较沉重的正如张海洋和杨筑慧（2006）描述的涉及国家性的社会民生、生态环境矛盾的公共话题。正是在这样严峻的形势下，20 世纪 80 年代以来国家层面上发生了移民意识形态和安置补偿制度政策上的不断升级和变化，相继出台了一系列改善移民生产生活条件、改善生态环境的重要政策文件，以及水利水电工程建设行业相关规程规范。国办发〔1986〕56 号文件首次提出开发性移民方针，要求全国各地、各相关部门要重视水库移民问题，强调有关省份要抓紧处理水库移民问题。1991 年，国务院颁布《大中型水利水电工程建设征地补偿和移民安置条例》（国务院令第 74 号），这是我国水利水电工程征地移民安置的第一个国家级专门法规，结束了我国移民安置工作几十年无法可依的被动局面。2006 年，国务院颁布了新修订的《大中型水利水电工程建设征地补偿和移民安置条例》（国务院令第 471 号），标志着水利水电工程移民遵循以人为本、科学发展的全新理念，移民安置补偿理论认识和法律法规政策实践实现了新的飞跃，进入全面依法移民的崭新的时期。根据国务院颁布实施的以上移民条例，国家发展和改革委员会、水利部随后分别发布了 DL/T—2007 和 SL—2009（行业内俗称 8 个规范性文件），即包含移民补偿和安置内容的两个水利水电行业规程。寻求解决移民安置、改善移民民生和生态环境问题一直是国家水利水电工程征地和移民安置补偿法律法规政策出台和不断修订完善的初心。一个具体历史时期的水利水电工程征地移民安置法规政策和制度反过来又会在其政策出台之前和出台之后的重要节点给征地移民安置工作带来一定新的问题，使不断修订完善或不断出台新的征地移民安置法规政策成为必要，因果循环，相辅相成，推动水利水电工程征地移民安置工作不断探索实践、不断演进、不断发展。我国水利水电事业在工程领域处理移民安置矛盾和生态环境矛盾问题的认识和实践经历就是这样一个由初级阶段逐步进入成熟的高级阶段、生态阶段和朝着智慧阶段与绿色的文明阶段努力并一直处在爬坡上坎、往前行走的路上，未有尽期的客观辩证发展过程。

1.1.3 水利水电工程移民长期补偿初步实践与探索

1. 水利水电工程移民长期补偿机制的概念和内涵

水利水电工程移民长期补偿机制即水利水电工程建设“征占耕地长期补偿安置”，也可称为水利水电工程移民长期补偿安置方式。它是指按照水利水电工程建设征用（淹没）的耕地，以征地（淹没）前政府公布的土地年亩产值或主要农产品（如水稻或小麦等主粮）的产量为补偿依据，按照移民意愿（resettlers' intention），换算成相应的年度实物量或货币现金量，由水利水电工程项目法人或有关区域政府及其机构列入本公司或本区域水利水电工程项目建设和项目运行成本并予长期预算，通过移民管理机构（resettlement management agencies）拨付，委托当地银行机构办理，长期、逐年分期分批兑付补偿给失地的移民。

通常以一年一次或两次或若干次进行兑付。其间视当地物价变化情况对补偿标准指数适时进行适当调整。长期补偿的初始年限与水利水电工程项目征地开工建设同步，末端年限与项目的运行结束时间同期。建立移民长期补偿机制的目的在于化解水利水电工程移民安置存在的主要民生矛盾问题，确保移民当前利益不受损，长远生计有保障（罗用能，2009）。经实践检验的移民长期补偿机制是有效解决水利水电工程移民当前生计乃至长远生计难题的当今可以比较优选的一个安置创新的模式和安置新政策工具。采取这种移民补偿机制之后，移民安置区政府不必继续完全搞有土生产安置，也就是不必相应配置耕地或可以少量配置耕地给失地的移民。这种移民安置补偿方式在 20 世纪 70 年代一些中小型水利水电工程移民安置的尝试中形成雏形。2000 年国家开始实施西部大开发战略，“西电东送”工程实施以后，在西部地区有关流域陆续建设了一大批大中型水电站项目，这些地方往往土地资源紧缺，人地矛盾日益尖锐，移民有土安置实施日益艰难。为了破解此类十分重要的社会基层矛盾难题，广西、贵州和云南等地先后以省（自治区）层面设计，以个案试点的方式在许多项目实践了水利水电工程移民长期补偿机制。目前，移民长期补偿机制的社会实践正在进行，在水利水电工程项目的移民安置中逐渐广泛实施，移民长期补偿机制的社会实践基本成熟，并在西南、西北广大地区乃至东北地区水利水电工程区复制推行。客观上可以说，移民长期补偿机制现今已是我国水利水电工程现行征地和移民安置补偿制度体系、政策机制的一个有益的补充和丰富，是一个重要的创新和完善，也是现行水利水电工程移民后期扶持政策框架之外的一项重要的长期的扶持移民的机制和举措。

2. 水利水电工程移民长期补偿机制的产生背景与早中期探索

从产生和实践背景看，移民长期补偿机制的产生主要有水利水电工程库区、移民安置区人地矛盾日益突出、耕地资源分布不均、优质耕地减少、土地调剂（land reallocation）难度增大和适宜开发的土地资源枯竭、移民外迁安置难以实现，以及第二、第三产业安置风险增大等客观原因。主观原因有新时期移民安置需求多样化、项目法人和地方政府加快推动水利水电工程项目建设倾向而主动采纳移民长期补偿供求意愿等。广西、贵州等地部分中型水利水电工程项目是移民长期补偿机制萌发雏形的历史发源地，这些地区也是进行早期初步探索的历史发源地。2000 年“西电东送”工程在西部地区的贵州、云南等地实施，大中型水利水电工程项目建设是移民长期补偿机制主动实践、基本成型、不断复制推广的社会实践项目基础和载体。西部地区各个流域人地矛盾突出是水利水电工程移民长期补偿机制复制推广实践的主要地理环境因素。移民长期补偿机制不断推广是科学发展观提出并成为国家经济和社会发展的基本指导思想，在水利水电工程领域得到的具体贯彻和落实的成果之一。水利水电工程移民长期补偿机制登上当代移民安置补偿舞台并迅速在各地新项目中得到不断复制实践，是科学发展观及其宏观政策贯彻执行的一个重要结晶。

历史上早就有南方几个省区在若干个中小型水利水电工程项目探索移民长期补偿的实践案例。20 世纪 80～90 年代，广西浪水水电站、容城水电站，广东都平水电站，四川槽渔滩水电站，福建东固水电站等中小型水电工程项目建设征地中，我国开始应当地之需而尝试应用长期补偿方式安置移民。这些水利水电工程涉及征地搬迁安置的移民人口虽然相对少，项目法人又特别有意要使水库实现提前下闸蓄水，使项目提前投产的欲望与移民就地就近安置、排斥外迁的意愿相加，两相情愿、良性互动共同促成了移民长期补偿机制的产生，项目法人与移民比较尖锐的矛盾对立关系由此得到基本化解。进入 21 世纪以来，广西壮族自治区长洲水利枢纽工程、云南省金沙江中游水电站、GZ 省 SHK 中型水电站、LT 大型水电站 GZ 省库区、GZ 省 SBX 大型水电站、GZ 省 QZ 大型水利枢纽等大型水利水电工程项目陆续开展移民长期补偿实践，方兴未艾。截至 2014 年年底，GZ 省已经实施和筹备实施移民长期补偿的大中型水利水电工程项目达 20 多个，含 16 个水电工程和 8 个水利工程。其中已经实施并正常运转的有 6 个，正在实施的有 8 个，筹备实施的有多个。GZ 等省区的水利水电工程移民长期补偿实践已经实现了在大中型水利水电工程项目的大面积推广，促使各省区内水利水电工程建设和移民安置双双顺利推进。从水利水电工程征地移民的主要客体——耕地征收进行分析，库区、移民安置区耕地资源日益稀缺是催生并推广移民长期补偿机制实践的根本原因。中华人民共和国成立之初的水利水电工程建设由于当时人口基数少，人均耕地相对较多，工程实施地又主要位于耕地资源相对丰富的东部、中部地区，政府采用行政强制手段为移民调剂耕地比较容易，实施有土安置的困难不大。但是到了现今，因实行农村土地家庭联产承包责任制度并保持长久不变，市场经济条件下农村土地已开始从两权分离到三权分置等，在发生这样深刻变化的时代背景和条件之下，单靠政府行政划拨手段已经难以实现移民安置区土地调剂，水利水电开发重点已深入延伸到水能资源拥有量占了全国 80%以上耕地资源却相对稀少的西南、西北等地区，在这些地区水利水电工程移民安置耕地对接难以实现的情况必然大面积出现。由于西南、西北等土地资源稀缺地区人地矛盾日益尖锐突出但又必须加快这些地方的水利水电事业发展步伐，加之前期已实施的工程相关移民安置遗留问题影响日渐增加，又有移民长期补偿机制实践成功先例可供借鉴，未来有更多新上马的水利水电工程项目会选择实践移民长期补偿机制。

3. 移民长期补偿机制的实践成效、经验与短板

实践经验方面，移民长期补偿机制作为水利水电工程移民安置补偿制度领域的一个新生事物，显示出了强大的优势和生命力，主要在于该机制在社会实践方面已经取得显著成效。无论是从多年前就实施的中小型水利水电工程还是从近年来实施的各类大中型水利水电工程项目实践情况反映看，移民长期补偿机制大都取得了移民群众、地方政府的满意，以及水利水电工程项目法人的认可和满意，可谓达到了多赢的效果。对移民而言，他们的土地实物虽然被工程水库建设征用（淹没），但仍然可以长期持续得到土地模拟性实物收入也就是不劳动而可获得，得到的年度收益平均量还要明显高于征地（淹没）前土地的农业实际收益，而且都是旱涝保收，其眼前的生活和长远的生计基本得到保障；劳动力从土地上释放出来后，移民可以自主选择从事其他工作，促进了移民增收。对工程项目法人而言，移民长期补偿机制使工程征地变耕地一次性补偿为长期性逐年补偿，减少了工程项目前期投资和随迁人口数量，水利水电企业在项目的前期投资和融资压力、移民困难等内部外部存在的经济负担和精神压力明显减轻，促进了工程项目的顺利建设，使项目能按时或提前投产，总之破解了工程项目开发中存在的移民安置耕地难以落实的重大难题，使工程项目带来的移民人口社会包袱顺向转化为由工程项目衍生的独特的社会人力资源，充分发挥工程项目经济效益和社会效益；对水库库区、移民安置区政府而言，移民长期补偿机制较好地解决了移民安置给当地政府带来的无形和有形的负担和社会压力问题，既推进了当地水利水电工程项目的顺利建设，又促进了移民社区长期稳定和库区生态环境的恢复与发展。同时工程项目受益区因其河流上游关键部位修建必需的关键性的水利水电工程大坝，对上游流域来水有效地拦截、排放，既精准而又彻底地避免了本辖区自然性水害，解决了工程性缺水问题，使当地经济和社会发展获得基本能源尤其是清洁的可持续的能源。总而言之，工程项目受益区必需的也是广大公众日益增长的在水和电等方面基本的、稳定的、长期的需求从此有了保障，各项民生事业所需的用水用电、防洪抗旱等基本条件得到改善。移民长期补偿机制实践的社会效果、经济效果和生态效果明显，可谓一举多得，并可以举一反三。

现在看来，移民长期补偿机制的实践基本适应了新兴水利水电工程项目库区、移民安置区安置移民和相关各方当时的客观需求，朴素地体现了以人为本、以民为本的理念立场，急人之所急、急工程之所需，力求统筹兼顾移民切身利益和各方利益关切的原则和方法。其根本出发点和归宿，一是直接基本化解工程区、库区、移民安置区存在的人地矛盾，切实保障移民合法与正当权益，立足于保障移民当前利益和长远生计；二是切实保障水利水电项目长期正常运行，实现项目利

润最大化，客观上也加快库区、移民安置区生态恢复步伐，造福广大公众，促进项目所在地人和人、人和自然关系的和谐。实践反映，现今的水利水电工程项目若要实行长期补偿来安置移民，那么具有工程项目主导权和决定权的政府和项目法人要自觉实行群众路线，在移民长期补偿机制方案的酝酿、形成、决策和实施全过程，坚持民主集中制原则，广泛充分征求和尊重移民意愿，调动移民参加长期补偿的自觉性、积极性与主动性；调动水利水电工程项目法人及公司主要负责人参与移民长期补偿机制供给侧改革的主动性和积极性；坚持不断健全、完善和规范移民长期补偿方案，保障移民长期补偿机制正常运行；坚持体现实事求是，对移民长期补偿的工程项目要事前充分论证，对潜在的各种风险因素要有清醒的判断和切实应对的机制预案；与时俱进、循序渐进、因地制宜，不断推广移民长期补偿机制；根据移民群众日趋多样化的安置需求，切实精准提供多种安置补偿方案供移民选择，引导走好移民长期补偿机制+城镇化等多样化安置+移民后期扶持之路。这是水利水电工程移民长期补偿机制社会实践给人们的重要启示和基本经验。

与移民长期补偿机制实践经验并存的也有困惑和短板。首先是对水利水电工程移民长期补偿机制内涵实质的认识至今仍然存在着不够清晰的问题。有学者认为移民长期补偿机制作为一种立足于长期的角度来解决移民长远生计和发展问题的理念，应涵盖多种不同的移民安置方式如土地租赁、土地估价入股、长期实物补偿或货币补偿、土地换社会保险保障等，甚至也涵盖后期扶持；有学者从借贷的角度考量，认为移民长期补偿是一次性借贷补偿的一个转换形式；还有学者认为移民长期补偿是一种创新的移民长期安置方式。其次是移民长期补偿机制遭遇深层次障碍即现行法律法规前置要素缺失和壁垒。水利水电工程征地移民广泛实施长期补偿机制主要开始于 21 世纪初期，在此之前国家层面制定的相关土地、移民法律法规体系中并没有对这点做出超前考虑和相关制度安排，在如今的法无授权不可为的行政原则视角下，二者存在着相互的碰撞致使移民长期补偿机制和社会实践行为存在是否合法合规等质疑、疑惑客观上在所难免。再次是移民长期补偿机制尽管在法无禁止即可为之中，其相关的保障机制本身至今仍然不够健全而存在一定的风险。尤其是移民长期补偿资金供给侧、兑付保障机制不够健全，实施后如遇当地粮价、产量涨跌不定或遇天灾人祸，项目效益起伏等，对移民长期补偿机制的供给侧如何常态化可持续有效供给和运转将构成不断的挑战，现在还缺少应对这些风险因素的机制措施；再就是长期补偿机制实施后，移民的眼前生计和长远基本生计有了基本保障，移民虽然可以从土地上完全解脱出来，但也并不会很快实现一身轻松，移民对长期补偿在认识上存在着不少模糊、困惑，对选择参加长期补偿的未来信心和后劲亟待增强，加之许多农村移民劳动力因缺乏新的劳动技能，再就业、再创业需求一时难以实现的相对滞后情势愈加严峻；部分贫困移民在实行长期补偿机制+城镇化安置等多样化安置中，在其修建住房时主要面临建设资金缺口问题也同样有待帮助解决；还有水利水电工程项目在未来到期结束，水库大坝枢纽一旦正常退役，伴随其运行多年的移民长期补偿机制是否跟随退出、如何退出等未来可能面临的一系列问题也有待于后续的跟进探索和明确完善。总之针对移民长期补偿机制需要相应进行认真思索的问题较多，特别是需要找到现实显性存在的主要“短板”问题并进行发力补齐补全。

1.2 研究文献综述

我国水利水电工程建设历时几十年，已经形成了一套别具中国特色的传统的移民安置补偿制度及安置方式且实践成就明显，同时实践过程积淀的移民安置和生态破坏等问题客观上也较多，客观引发的涉及诸多相关理论和实践方面的问题都值得人们广泛关注、思考、探索、讨论和研究。因此，一段时间以来已然在本领域相应积累了一定数量的关于传统移民安置补偿方式方面的学术研究成果。

1.2.1 传统移民安置补偿方式研究文献综述

就水利水电工程移民安置的至20世纪80年代末为止的总体行政内容方面的文献汇总而言，水利部曾经组织国内理论、政策和实践等方面的五十多位专家集中编写工具书，于20世纪90年代初公开出版篇幅约69万字的《水库移民工作手册》。该手册的前言概述中认为水库移民安置工作是一项政策性很强的工作。作为具有工作务实指南意义的中华人民共和国第一部大型的、全面系统阐述水库移民工作的理论、政策和实用知识的工具书籍，其面世之际，老前辈钱正英（时任水利部部长）同志于1992年4月在该手册插页里专门留有重要的题词：移民工作是水库建设的重要组成部分。16字题词体现了当时的国家部委领导同志对水利水电工程移民工作的正确判断与非常重视。该手册开宗明义阐述了水利水电工程征地移民安置应遵循的原则：移民安置应当因地制宜、全面规划、合理利用库区资源，就地后靠安置（resettlement within the village or nearby area）；没有后靠安置条件的，可以采取开发荒地滩涂、调剂土地（land swap）、外迁等形式安置，但应当遵守国家法律、法规的有关规定。此可谓全国上下各方各级实施移民安置行为的基本准则。

而对水利水电工程移民安置补偿方式的研究则呈现出百花齐放态势，国内各种文献主要是归纳总结传统移民安置补偿内容与功能效应，各篇文献著述主要涉及我国传统移民安置补偿方式，包括生产安置补偿和生活安置补偿两方面内容议题。在生产安置补偿方面的文献研究主要指向是移民恢复生产、再就业等获取生产资料、重建谋生方式方法和措施；在生活安置补偿方面的文献研究主要指向是研究与安置地域相对应的生活方式。也可以分为经济补偿安置方式、社会统筹安置方式和生态安置方式（罗用能，2013a，2013b）方面的研究。例如，余文学和范云（2010）的《城乡统筹背景下的水库移民安置方式》在综合分析中，把各种移民安置补偿方式划分后认为，现今我国传统移民安置补偿模式基本上可以分为有土安置、货币安置、农转非安置、小城镇安置、城乡联动安置（第二、第三产业）、养老保险安置、社会保险保障安置、入股分红安置、长期补偿安置，其提到的各种模式具体情况见表 1-1。

表 1-1 水利水电工程移民主要安置补偿方式简表

安置方式	适宜人群	资源要求	面临风险	风险对策
有土安置	适合大多数农村移民，特别是文化和技能水平不高的移民	土地资源支持； 生计方式不受影响； 生活公共设施的完善	受土地承包政策及土地数量限制，土地调整困难； 土地资源数量较少、质量较差，使移民长期徘徊在贫困线附近（无法灌溉、沙化、盐碱化等）； 从安置区居民中征收土地容易导致本地居民与移民发生冲突； 失去更好发展农业的机会	对拟用于安置的土地数量和质量进行充分评估； 充足资金安排，提前进行安置区土地开发； 让本地居民与移民共享安置成果（基础设施与公共设施共享）； 引导移民多途径使用分配耕地； 提供其他就业机会或给予后期扶持（如就业培训、经济补偿等）
货币安置	库区外有固定住所的移民； 在库区外有能够“容身”的亲朋好友的移民； 生计活动不以农业耕种为主的移民； 抵御社会经济风险能力强的移民	政策资源； 对其他资源需求较少	收入不稳定、失业； 与当地居民冲突（土地矛盾、宅基地矛盾等）； 无法融入当地生活（语言、生活习惯等）； 返迁，在库区形成棚户区； 市场风险	严格货币安置审核条件（自谋职业、投亲靠友等审核）； 政府积极发挥服务职能（与接受地确定土地、房屋等）； 建立长期跟踪监测机制； 建立反馈预防方案； 建立健全移民社会保障
农转非安置	有一定生产技能和经营性能力的个体户； 脱离农业生产可以维持家庭生计的农民； 对城镇生活方式有较强适应能力和“农转非”意愿的移民	对土地资源需求较少； 有较多的就业机会或创业条件、环境好	抵御风险能力可能不足； 社会保障制度不健全； 不适应非农或城市生活，造成心理落差	建立健全社会保障； 进行技能培训或就业、创业培训，增强移民发展能力； 将移民纳入城镇社区管理

续表

安置方式	适宜人群	资源要求	面临风险	风险对策
小城镇安置（城乡联动安置）	对土地依赖性较小的移民； 拥有第二、第三产业谋生技能的移民； 在城镇拥有稳定职业收入的移民	满足移民基本生活的土地资源； 有较多的就业、创业机会； 城镇在水电、能源、环境等方面有足够的承载能力	市场风险，由于小城镇企业大多规模较小，抵抗市场风险能力较差； 失业风险； 收入和可持续发展缓慢的风险	生产技能、就业技能培训； 将小城镇安置移民纳入城镇社会保障体系； 制定完整、可靠的后期扶持政策、措施
养老保险安置	主要是超龄或丧失劳动能力的移民，或18周岁以下的孤儿； 男性满50周岁、女性满45周岁的移民，考虑到因自身因素而带来的就业限制，也一并纳入养老保险体制中	养老的需要； 保障不低于一定的生活水平	老年人的精神慰藉不足； 生活的孤独； 保障水平受当地的经济发展条件制约	完善养老保险安置的相关法规； 鼓励社工参与老年精神慰藉； 建立安置方式的跟踪评估机制
社会保险保障安置	一般面向的是非劳动力，即达到退休年龄的人	政府提供适当标准的保障水平； 社会保险保障个人适中额缴费比例	移民的社会保险保障基金管理混乱，政出多头； 社会保险保障资金来源存在风险	将水电工程移民交由社保机构代管、建立移民管理部门参与、移民监管的管理模式
长期补偿安置	库区、移民安置区生产资料和资源缺乏的农村移民	一定水平的生活保障； 实物需求	缺乏法律、政策明确依据； 项目运行结束后，剩余土地如何分配	项目业主或政府与移民签订长期补偿协议，明确双方责权
入股分红安置	集体安置的全部农民	合理的入股比例和股息分配，对土地价值的正确估计	生活习惯的改变需要一定的时间； 移民收益受到项目收益的影响； 随着时间的推移，股份的继承方式和条件难以界定	确定合适的分红比例； 制定移民参与分红的规章

张娜和孙中良（2011）把水利水电工程移民安置方式主要分为传统安置方式和创新安置方式，前者包括大农业安置（具体有就地后靠、集中外迁、投亲靠友等）和农转非安置（具体有企业安置、小城镇安置、自谋职业等）；后者主要有养老保险安置、入股分红安置、长效补偿安置、“政银企”三方联动安置、移民培训教育安置、城市楼房安置和多样化组合的移民安置等。大农业安置符合我国农村移民思维模式和行为习惯，能充分利用移民安置区的农业生产资源，使安置后的移民较快过渡，减轻了各种安置成本负担，但是受制于我国人地矛盾日益尖锐的国情，大农业安置难以落实，也在某些程度上制约了城镇化的进程，而且因自然条件、交通通信条件、文化、生产生活习惯等相近，库区生产方式与主导产业趋同，导致产品单一、市场风险大；不同安置方式各有优缺点，

组合安置方式不仅能发挥各种方式的优点，而且能规避单一方式的不足。

马巍等（2011）认为，按移民安置后移民从事产业划分，把安置方式分为农业、非农业和兼业安置三大类；按迁移距离划分，可分为就地后靠、异地近迁和异地远迁安置；按就业途径划分，可分为农业、企业招工、自谋职业和养老保险安置；按移民群体组合形式划分，可分为分散和集中安置等。对各种具体的安置方式进行研究后，马巍等（2011）认为，农业安置还是目前我国移民安置的主要方式，在移民文化素质较差、尚未脱贫、社会保障体系不完善、抗风险能力差情况下有一定优越性，但在耕地日益紧缺、经济持续发展的情况下，无法满足移民多样化安置需求，存在如下问题：一是土地资源稀缺、加剧日益突出的人地矛盾；二是淹没补偿标准偏低，移民发展资金不足，易导致移民的次生贫困；三是后靠移民安置区基础设施条件差，生存条件仍较恶劣，移民长期处于贫困落后状态；四是后靠移民安置区自然灾害频繁，水土保持与生态环境保护较差，抵御自然灾害风险的能力较低；五是单一的有土安置模式难以使移民尽快脱贫致富，且库区主导产业趋同，产品单一，市场风险大；六是政府行为可能与移民意愿存在一定的背离；七是权属与利益分配问题。非农业安置和兼业安置为移民安置提供了多样化选择，随着我国经济社会的不断发展、耕地资源的日益紧缺和生态环境保护的日益迫切，非农业安置的地位和作用将逐渐凸显并提高，既可为我国粮食安全生产提供支持，也可为日益严峻的人地矛盾舒缓压力，而且能够加强欠发达地区的城镇化进程。同时，非农业安置在政策、资金、社会管理等方面存在风险或待解决的问题。

王毅杰和李利浩（2011）认为特定地方的生计模式是一个复杂的系统，水库项目仅仅征用移民的部分土地，但随着这片土地失去的是移民拥有的一个包含各种生计来源的生产生活方式。因为移民具有非自愿性质，只有尊重其固有的生产生活方式，才能促使移民较快地适应新的环境，实现发展；要想使移民能够恢复到或者超过以前的生活水平，就需深入研究移民的生计模式，制定符合地方实际的生产安置策略。

苏爱华和付保红（2008）对比分析各种安置方式后认为：后靠安置是在生产力水平低下、城市化进程缓慢的特殊社会历史时期存在的一种传统、普遍的移民安置方式，目前已很难适应中国经济社会的发展；有土安置方式是当前水库农村移民安置的主要选择，但受中国人多地少国情和农村土地承包政策的限制，它在一定时期、特定区域内虽会继续，但不会长久；随着我国城乡经济发展、新农村建设及城镇化的推进、农民进城务工、农民生活水平的提高和思想观念的巨大变化，以工促农、以城带乡、城乡一体化的局面逐渐形成，成建制的外迁安置和以城镇为依托集中安置，逐渐实现非农化的安置更符合我国国民经济持续、快速增长和工业化、城镇化不断推进的国情。

王斌等（2008）认为，创新移民安置方式的研究是必要的，也是及时的；传统农业安置方式，是妥善安置移民的重要途径，但筹措土地越来越难，采取农业安置方式安置大规模移民几乎不可能，必须寻求政策的突破，创新移民安置方式；由于法律、政策出台滞后于实践，部分省区在移民安置方式方面进行了探索和实践，赋予创新移民安置方式以实践基础；创新移民安置方式符合社会发展方向，能使移民群众真正从水电工程项目建设中受益，需结合地方实际情况认真研究。

笔者认为，中华人民共和国成立以来数十年的水利水电工程移民安置的主题和特征，可归纳为经历了从经济安置到较长时期的社会安置，并已开始转到重视实施移民生态安置和绿色安置为主题的崭新阶段（罗用能，2013a，2013b）。这方面的国外研究现状将在下节即移民长期补偿机制研究文献综述里一并简述。

1.2.2　移民长期补偿机制研究文献综述

1. 国内研究现状

与开展历时十多年的水利水电工程移民长期补偿机制社会实践的宽度、长度不太对等的是，对移民长期补偿机制领域的理论研究在国内起步较晚，深度也较缺乏，没有引起相应的足够的重视。国内水利水电工程移民长期补偿内容有关的文献主要有杜景灿等（2011）的《水电工程移民长效补偿研究》。而大部分其他的相关作品把水利水电工程移民长期补偿仅仅作为其中一节或一小部分简要地就事论事，粗略描述点评作罢，有的仅以几笔文字简述很快带过。2012 年年初在中国知网上以“移民长期补偿”为关键词能搜索到公开发表的相关文章数并不算多，以“移民长效补偿”为关键词的相关文章也只能搜索到几篇。目前大多数文章在理论论述上的表现仍主要局限于就事论事。在这里可以说，直接明确冠以马克思主义有关基本原理或以科学发展观和习近平同志治国理政新理念新思想新战略，特别是以“五大发展理念”为指导，从大扶贫思维的视角具体对照研究水利水电工程移民长期补偿机制内容方面的文章目前几乎难以看见，有待本领域有专业研究条件和研究技能的学者、专家逐步献出理论高见，进行研究文献的实质性填补。

在水利水电工程移民长期补偿机制的基础理论方面，杜景灿等（2011）对水电工程项目建设征地对移民的资产影响和土地对农民的价值功能影响进行了深入分析，认为农民主要有经济资本、人力资本、社会资本和组织资本四种主要资产：经济资本主要包括房产和土地，房产由于受制于中国农村土地集体所有制和城市土地国有制，农民房产作为小产权房，只能居住，实际上相当于家具等自用消费品，缺乏增值的市场条件，很难给农民带来经济收入。我国农民土地所有权归属于农村集体经济组织，但是经营权属于农村承包户，能给农民带来经济收入，几乎是农民唯一的经济资本。人力资本主要是农民从事农业生产、适应淹没区的生产能力。社会资本是库区移民的经济支持网络、生产支持网络和情感支持网络。组织资本是依据国家政权组织、党组织系统或结构性很强的社会系统中通过宗教、宗族地位等拥有的支配社会资源的能力。

在水库工程建设征地拆迁中，移民可能面临经济资本丧失、人力资本贬值、组织资本转换、社会资本弱化等问题，因此在移民安置中需要进行经济资本、人力资本、组织资本和社会资本的重建。关于土地功能，杜景灿等（2011）认为土地的主要功能是生活保障、就业机会和直接经济效益三个方面，在农业收入占收入比重较大的西部地区，这些特点尤其明显。首先，在分析了长效补偿方式的可行性之后，杜景灿等（2011）认为长效补偿方式对于替代被征收土地的经济资本没有风险；移民基于传统的农业生产的人力资本部分或者全部贬值是长期补偿的不利影响，但是农民不用耕种可以保证衣食无忧，这样，就有条件参加职业技能培训，增值其人力资本；对于社会资本和组织资本，由于减少了外迁、远迁，有利于维护原有的社会关系，有利于保持原有的社会资本和组织资本。其次，土地作为生产要素的功能不可替代，但是如果剩余土地产出能够满足需求，农产品能够通过市场进行交换，那么，被征收土地的基本生产要素功能是能够被其他地理位置的土地替代的，而且补偿金会随农产品价格上涨而增加，不会存在补偿金不够购买相应数量粮食的情况；土地的就业功能，可以通过发展经济、增加就业岗位，同时对被征地移民进行技术培训实现移民在其他领域的就业替代；如果被征地农民就业后获得收益，就能替代原来土地承担的社会保障功能，但是由于农民本身素质低，通过就业完全替代被征地农民的社会保障功能是不现实的，所以要在一定的期限内，向被征地农民支付现金，替代原来土地的经济来源功能。这样，从移民资本和土地功能考察，长效补偿是可行的。最后，杜景灿等（2011）还对长效补偿安置方式的风险及防范措施、适用条件和外部影响做了分析，其对长效补偿机制内在机理的可行性分析很透彻，但是把移民长效补偿的视角与焦点仅仅局限于单一的水电工程项目。涉及各方主体的可接受性即实践操作的可行性仍需要进一步研究，对于适用于何种环境条件、应对何种风险和外部影响的个别论断等仍有待更多的调查验证。

相对而言，对于水利水电工程移民长期补偿机制具有的优点和优势进行分析论述得比较多也比较清晰的是王应政（2010）的《中国水利水电工程移民问题研究》。王应政（2010）全面观察研究了移民安置各个重要环节客观存在的基本要素，并专题分析比较了现今各种安置补偿方式的特点。其中以耕地长期补偿为题，认为征占耕地长期补偿方式适合于人地矛盾突出、安置容量有限的水利水电工程建设地区，能缓解耕地矛盾，减轻政府安置移民的困难，减缓项目法人的工程前期投资压力；同时认为移民长期补偿在具体实施中的关键是要把相关政策精神和利弊关系向移民解释清楚，移民群众才容易接受长期补偿。李丹等（2010）认为长效补偿是基于资源入股、土地入股的工作思路而建立的一种“政府、业主、移民及地方利益共享”的补偿运行机制，可以减少工程前期投资，减轻业主负担的资金压力；另外，移民可以从水利水电工程中获得长期稳定收入，确保移民生产生活水平的稳定与发展，并可以促进移民劳动力转移就业，优化区域经济结构，最终达到实现移民自身发展、能够逐步致富的目标。实行移民长效补偿的后期扶持政策既体现了我国政府对移民负责到底的精神，又体现了移民群众分享工程效益的原则；既有利于移民生产生活水平的恢复和提高，也符合我国水利水电工程建设快速发展的客观要求。此外，许多长期从事水利水电工程移民工作管理实践的行政工作人士也对此有较多分析和研究。其中，刘道明等（2006）认为移民长期补偿的有利方面主要是减少了随迁人口的数量，进而减少了相应的移民安置补偿投资，对水电站业主而言，不仅减少了水电站项目建设期的工程总成本，而且大大减轻了移民补偿的一次性投入，缓解了水电工程项目前期融资的压力；对移民而言，可以实现年年旱涝保收；对地方政府而言，减轻了移民安置的工作压力，加快了移民搬迁安置的进度，减少了当地社会矛盾纠纷。移民长期补偿机制在中小型水利水电工程中实施已经历时多年，近年在西南各省区的大型水库项目中都有开展，目前实质上已经广泛开展，就在于它具有诸多优势和长处。

在移民长期补偿机制涉及的法律法规和政策文件依据方面，主要内容如下。①《中华人民共和国土地管理法》第二条规定：“国家为了公共利益的需要，可以依法对土地实行征收或者征用并给予补偿。”第四十七条规定：“征收土地的，按照被征收土地的原用途给予补偿。”②《中华人民共和国物权法》第四十二条规定：“为了公共利益的需要，依照法律规定的权限和程序可以征收集体所有的土地和单位、个人的房屋及其他不动产。征收集体所有的土地，应当依法足额支付土地补偿费、安置补助费、地上附着物和青苗的补偿费等费用，安排被征地农民的社会保障费用，保障被征地农民的社会生活，维护被征地农民的合法权益。”③《中华人民共和国水法》第二十九条规定：“国家对水工程建设实行开发性移民方针，按照前期补偿、补助与后期扶持相结合的原则，妥善安排移民的生产和生活，保护移民的合法权益。”④《大中型水利水电工程建设征地补偿和移民安置条例》（国务院令第 471 号）总则中的第三条规定：“国家实行开发性移民方针，采取前期补偿、补助与后期扶持相结合的办法，使移民生活达到或者超过原有水平。”第四条规定：“大中型水利水电工程建设征地补偿和移民安置应当遵循下列原则：（一）以人为本，保障移民的合法权益，满足移民生存与发展的需求；（二）顾全大局，服从国家整体安排，兼顾国家、集体、个人利益；（三）节约利用土地，合理规划工程占地，控制移民规模；（四）可持续发展，与资源综合开发利用、生态环境保护相协调；（五）因地制宜，统筹规划。”⑤《国务院关于深化改革严格土地管理的决定》第十三条规定：“妥善安置被征地农民。县级以上地方人民政府应当制定具体办法，使被征地农民的长远生计有保障。对有稳定收益的项目，农民可以经依法批准的建设用地土地使用权入股。在城市规划区内，当地人民政府应当将因征地而导致无地的农民，纳入城镇就业体系，并建立社会保障制度；在城市规划区外，征收农民集体土地时，当地人民政府要在本行政区域内为被征地农民留有必要的耕作土地或安排相应的工作岗位；对不具备基本生产生活条件的无地农民，应当异地移民安置。劳动和社会保障部门要会同有关部门尽快提出建立被征地农民的就业培训和社会保障制度的指导性意见。”⑥《国务院办公厅转发劳动和社会保障部关于做好被征地农民就业培训和社会保障工作指导意见的通知》（国办发〔2006〕29号）关于移民补偿安置内容的规定：“保障基本生活长远生计。各地要从实际出发，采取多种方式保障被征地农民的基本生活和长远生计。”⑦党的十七届三中全会通过的《中共中央关于推进农村改革发展若干重大问题的决定》提出，“在土地利用规划确定的城镇建设用地范围外，经批准占用农村集体土地建设非公益性项目，允许农民依法通过多种方式参与开发经营并保障农民合法权益。”这些法律法规和权威文件条款虽然没有直接规定征占耕地实行移民长期补偿机制的条文，但包含了其基本精神，一些研究者从各自的角度对这些基本精神进行了一定的延伸剖析。把“耕地长期补偿安置”直接以条文写入官方正式文献的是水利部于2014年10月底印发的《水利水电工程移民术语》（SL697—2014），其对“耕地长期补偿安置”条文作了“按照移民意愿，对征占用耕地进行长期逐年补偿的安置方式”的表述，可谓我国国家层面目前做出的最新的也是权威的释义。

在水利水电工程移民长期补偿的内涵方面的研究文献中，目前并存着各种不同的认识与论述，同时存在着认识和理论观点上的分歧和争议，具体如下：①一次性补偿资金长期支付论。其也称为借贷论，认为长期补偿是一次性补偿资金的长期支付方式，把现行政策规定补偿支付的倍数存入银行进行折算，就能够进行长期年度补偿金的支付，并且进一步认为水利工程也可实施。②效益共享论。其认为水利水电资源开发的效益，有关的主要方面（企业、政府、移民）都要分享，长期补偿年补偿款是移民共享工程效益的一部分。③土地入股论。其认为移民长期补偿分为两种，一种是在水电资源开发中国家与地方、开发实体与库区移民、受益企业与受淹群众的关系，按股份比例的大小进行分配，使不同的股东都能受益；另一种是以移民补偿总投资（静态）中的征地补偿费入股，水利水电工程移民所占股份比例为征地补偿费占水电站工程总资本金（静态）的比例，按股分红。④土地地租论。其认为移民长期补偿就好比水利水电项目业主向移民（农民）年年租用土地，每年向失地移民支付土地租金。

在水利水电工程移民长期补偿机制涉及的风险因素方面，众学者专家的研究的关注点主要集中在与当前的征地法规政策衔接缺失、移民富余劳动力就业风险、工程项目经营不善或国家支农政策调整可能引起的长期补偿资金支付违约，以及库区、移民安置区移民对项目法人形成的长期依赖、对其他项目的影响等。在政策文献上，移民长期补偿机制目前还缺乏国家政策权威文件的支撑，在长期补偿资金供给上受制于水利水电项目的运营管理水平，在长期补偿资金的管理兑付上还缺乏足够的有效监控机制；在社会管理，移民劳动力新的就业、创业课题等方面具有一定的挑战性，需要有关机构和移民积极应对；将来的库区耕地在项目运行到期终止后，涉及是否恢复整理、如何构思恢复整理，涉及恢复整理、退还等政策设计、工程设计和实施路径机制、保障措施等许多因素课题，均有待未来进一步探索论证。

2. 国外研究现状

人们长期的共同关注点是非自愿移民问题，基本上大多研究者都认为世界性的难题之一主要是在世界范围内每年产生大约 1000 万工程性的非自愿移民，其中有 40%～60%的非自愿移民是中型和大型水坝（media and large size dam）工程建设征地而引起的。在这里就其理论领域作一简述。由于国外土地制度等国情国策因素与我国土地制度等国情国策因素上的根本不同，尤其是美国等西方发达国家和其他一些发展中国家在包括水利水电工程在内的国际上各个工程的征地移民与我国的包括水利水电工程在内的工程征地补偿和移民安置选择走的是完全不同的道路。因而在水利水电工程领域征地的国外研究文献中基本上没有水利水电工程征地移民之说，更没有水利水电工程移民长期补偿之理。从专业术语到民间用语上，对应我国水利水电工程的内容和名称，国外称呼上目前比较流行的是“水坝”及“大坝”工程，而其工程项目建设征地补偿均进行的是大坝项目业主和被征地对象完全一次货币买卖的“一刀两断”式的实践，基本上没有水库征地移民补偿补助或移民长期补偿之类实践案例和理论文献。另外，移民之词广泛用于国际上人口移民领域，并无类似于我国水利水电工程征地领域的移民之说。

就国外大坝工程项目建设征地方面的实践情况而言，有关国际史料和文献上先后记载了北美和南美、北非、东欧地区，以及印度、泰国等地曾在大坝工程建设征地实践中，存在许多影响既广泛也很负面的深层次的人权问题和生态环境等矛盾纠纷，甚至几度发生流血事件和严重自然生态危机的悲剧。为了对田纳西流域内自然资源进行综合利用和开发，促进地区发展，美国国会曾于 1933 年通过“田纳西流域管理局法”，成立作为美国联邦一级机构的田纳西流域管理局（Tennessee Valley Authority，TVA）。该局是一个享有政府权力同时又具有私人企业的公司加行政型机构，它的大坝征地案例比较典型（王翠文和王兆刚，2006）。该局从20世纪30年代的罗斯福新政时代持续到80年代的尼克松、卡特时代并延至老布什时代，持续50多年实施了田纳西河—密西西比河流域的7个州的佩克堡大坝、道格拉斯大坝、肯塔基大坝、诺里斯大坝、惠勒大坝、威尔逊大坝、博尔德大坝等60余座大坝工程项目建设（利连索尔，2016），虽然美国田纳西流域开发取得了一系列成效，曾被美国前总统杜鲁门赞为美国的一项伟大的成就，但开发中存在官僚、政客与投机商混搭的现象。该局与有关开发公司团队台上不惜搞政治经济欺诈，台下尤其在征地方面肆无忌惮，对工程区、库区土地所有者120多万失地被迁人口（ousters）和失去生计的人们几乎没有给过长期的帮助，相反采取了高压政策措施，甚至动用了工程兵部队搞现场清场（麦卡利，2001）。强行收购和掠夺该流域土地，造成了长时间的项目业主与失地者双方严重的矛盾对立，导致了形式不同、规模不等的群体武力对抗对峙现象，同时殃及了该流域自然生态环境，形成程度、范围不同的环境污染、生态失衡等情况可谓不一而足，由此受到当地民众乃至国内自然资源保护主义者的强烈抵制，也失去公众的广泛支持。还有发展中国家的项目如埃及的阿斯旺大坝、印度的萨达尔大坝、泰国的南村大坝和匈牙利的大毛罗斯大坝等因强行征地（强行购买），都发生过规模不等程度不同的项目业主与失地实体、民众之间的群体性冷热兵器战斗的流血事件，相互斗争的事件可谓数不胜数。后来美国田纳西流域的大坝工程项目征地虽然逐渐进入有着项目业主与失地者或移民团体之间的所谓平等的充分的谈判，但又陷入双方互不相让的无休止的谈判等博弈过程，最后的结果是：直到1994年的一天，时任美国田纳西流域管理局局长比尔德（Beard）只好在国际大坝委员会年会（Congress of the International Commission on Large Dams）上向众多与会的工程师同时也向社会宣布项目业主退出田纳西流域的大坝项目建筑业活动，明确未来主要任务调整为改善该流域水资源管理和环境恢复活动；美国国际开发署主任也在同年稍后的时间里明确指出美国的建造大坝时代到此就结束了（麦卡利，2001）。此后，该流域的这一历时长达半个世纪的社会和生态等尖锐矛盾问题才慢慢得以缓解。而在印度，1949年以来的如萨达尔大坝等工程项目产生的2000万非自愿移民迁移后仍有约75%的移民生活状况比移民之前更差是不争的客观事实。总之，这些基本情况反映了大坝建设征地移民的国际效果，也可以说是负面的社会效果居多。综上所述，20世纪30年代以来，在国外就大坝工程项目建设征地实践领域几乎没有移民长期补偿方面的实践案例信息，那么其大坝工程项目征地特别是涉及移民长期补偿的现存文献研究也相应为空白，仅有一些精神在世界银行等机构及专业人士有关非自愿移民政策内容和一些征地补偿理论研究文献库里散见，但其文献表述显得比较宏观，其言辞也比较含糊。

在理论研究方面，这里对国际上该领域的比较有代表性的四位国外专业人士的现存理论观点进行略述。麦卡利（2001）提出合理使用水资源和水能是社会发展过程中人类必须遵守的自然法则之一。人类经济的、文化的和精神的生活方式需要得到满足，而维护健康的流域应当受到鼓励，而破坏流域的力量，即从总体上破坏自然界的力量，应当受到遏制；只有与自然和谐相处，人类社会才有美好的前景。从长远的观点看，没有健康的流域也就不可能有健康的社会存在。在美国田纳西流域开发 10 周年之际的 1944 年，利连索尔的《民主与大坝》反思性地指出“人民在日常生活之中，只有运用历史所赋予我们的民主力量，才能打退从内部袭来的进攻。这样，民主才能够从实验与斗争中苏醒过来”（利连索尔，2016）。要将自然作为一个整体去观察，以民主的方式管理和开发，以增进人民幸福为宗旨。塞尼（1998）综合分析并指出非自愿移民会导致移民生产性资产的丧失和移民社会网络的破坏，从而给移民带来贫困的风险。他提出的移民贫困风险与重建模型（impoverished risks and reconstruction model），认为非自愿移民生活水平恢复和重建中具有内在联系的主要贫困风险，分别是丧失土地、失业、失去房屋、边缘化、食物没有保障、发病率与死亡率的增加、丧失享有公共财产和服务的权利、社会解体 8 个方面，并讨论了非自愿移民风险强度差异、移民安置区居民风险，以及生活重建的方法和基本过程。他还探讨了恢复重建的途径与措施，提出应通过制定相应的重建战略来适当分配资源，以控制和规避各种风险。Downing（2009）曾出资并牵头组建了有数十位专业人士参加的国际移民安置协会网站（the international network on displacement and resettlement，INDR）①，他认为大坝等工程失地者所付出的很多无法用金钱来衡量的代价没有被纳入赔偿范围，导致对失地者赔偿不充分。以上观点可以归纳为三方面：一是人类在各个流域不宜建设水库大坝，应保护流域自然生态；二是如果开发流域资源应当以民主的方式进行，以人民的福祉为宗旨；三是若进行大坝土地收购要有类似其他的补偿，能够在一定范围内规避如失地者食物没有保障、社会解体等部分风险，失地者可以得到相对合理的补偿。四位国外专业人士具有代表性的论述给人的基本印象如下：文章的站位、创意和视角较高，视域也比较宽广。但并没有用人类扶贫视域和相关理论工具紧密联系大坝工程征地移民及移民长期补偿方面的直接的或间接的研究内容显示。从国外文献得出的一个基本结论如下：基于人类大扶贫视角的水利水电工程移民安置补偿制度，包括现今的水利水电工程移民长期补偿机制，无论是理论的还是实践方面的作品，实属我国社会本土的原创，属于中国特色的水利水电工程征地移民理论与实践的范畴，属于典型的“中国智造”。

① INDR 于 2000 年在里约热内卢，由 20 多个国家的 60 多位移民安置专家组成。它是为尝试解决预防发展导致的贫困提供一个虚拟方法的全球网站。

3. 研究现状简评

国内对水利水电工程移民长期补偿机制的理论基础、政策依据、利弊分析、实质和风险等方面虽然都有了不同程度的研究，而且各种相关理论研究文献成果有积极影响力和重要的理论意义，但与水利水电工程移民长期补偿机制社会实践的广度、时间维度和实践深度目前仍难以完全相匹配和相协调，多数研究只建立在对局部的个别的实践经验的实证总结上或只关注一个领域内的一部分问题，缺乏系统的辩证的分析研究、实地调查研究、定量研究和动态数据研究，存在着一定的局限性。缺乏有力的理论支撑和法律政策层面的支持，移民长期补偿机制的地方社会实践也呈现出五花八门的形态，其结果是各地实践时不时产生各种偏差现象，甚至又由此诱发局地移民群体性事件等，不同程度地产生了负面社会效应。科学发展观于 2012 年被正式写入国家宪法总纲，以其先进的理论统领并具体联系推动形成了水利水电工程征地移民安置制度完善和政策不断改革的一系列新成果，但目前直接进行系统研究和总结的文献数量比较匮乏还是一个明显的客观现实。而以“五大发展理念”和大扶贫视域系统观察的水利水电工程移民长期补偿机制研究目前也几乎处于空白的状态，期待共同构建系统的理论。在国外，因为其大坝项目征地移民特别是移民长期补偿机制的社会实践和相应实证普遍缺乏，对大坝工程项目征地长期补偿机制有关内容的文献或论述相应几乎是空白，仅在少数资料一些理论论述片段上有比较委婉、比较含糊或者比较宏观的表述。在这里得出一个客观的基本结论是，国外大坝工程征地方面现存的各个语种文献对我国水利水电工程征地移民理论体系的充实完善特别是对于移民长期补偿机制理论和实践研究没有多大的直接参考意义，若人们继续观察研究此领域的课题研究动态，预计在将来国外此领域文献价值仍然有限，未必能再产生可以为我所用或为我所借鉴的更多更高的价值。我们对国外文献研究这种长期存在的局限性状况应予以充分理解。讨论水利水电工程征地移民安置补偿制度的公共领域政策理论特别是移民长期补偿机制的优化与完善路径的研究属于中国本土性专门领域研究。但涉及人类工程伦理和公共领域的社会公正、社会契约、实践行动范式和法律范式、社会保障及公共管理、社会消费等相关的、必要的、基本的公共理论时，应秉持国际学术包容、交流、交融和互鉴的态度，从中吸取有价值的东西。

综上所述，国内现有的关于水利水电工程移民长期补偿机制的研究文献数量不是很多，且文献分布较为分散，国外则更是基本没有此类文献。国内文献中关注移民长期补偿某一个领域因素或者某个问题的一些因素的居多，而在科学发展观和人类大扶贫视域下的系统要素的完整性研究则比较缺乏，可以说与它的主体在国内社会实践广泛性不相匹配，而缺乏理论指导和法规政策支撑的实践也难以避免地会产生许多矛盾问题。现实中的各个研究主体和个人现有研究分别对长期补偿的风险、实质、补偿标准、适用条件、个案分析等有较多论述，但仍然缺乏对移民长期补偿机制的系统性整体性研究，更有待以马克思主义基本原理、科学发展观和习近平同志治国理政新理念新思想新战略为立场、观点、方法和方法论及大扶贫的站位和视角进行全面的研究。从文献研究内容范围看，对在单一水电项目领域就事论事的移民长期补偿机制研究较多，对水利水电工程移民长期补偿理论和实践两个领域综合研究的文献成果呈碎片式状态，即水利水电工程移民长期补偿机制需要一个完整的科学理论体系的有力的支撑。加强水利水电工程建设征地移民长期补偿机制的全面系统理论与实践相结合的研究，特别是运用以马克思主义相关理论和科学发展观、习近平同志治国理政新理念新思想新战略，特别是“五大发展理念”的立场、方法，放在大扶贫的思维制高点站位来进行系统研究，将有力推进水利水电工程移民长期补偿机制在科学理论层面的规范实践，以及快速、健康发展，理论与实践意义重大。

1.3 研究意义

对现实的水利水电工程移民长期补偿机制的研究，尤其是立足于运用马克思主义基本原理，科学发展观，习近平同志系列重要讲话和治国理政新理念新思想新战略，特别是“五大发展理念”，大扶贫立场、观点和视角的思维方法和方法论指导对移民长期补偿机制的全面系统研究，具有一定的理论意义和实践意义。

1.3.1 理论意义

第一，为水利水电工程移民安置及其长期补偿机制的理论研究提供新视角。本书把水利水电工程移民及其长期补偿机制的理论研究置于科学发展观视域之下，以马克思主义基本原理、科学发展观、习近平同志系列重要讲话和治国理政新理念新思想新战略，特别是创新、协调、绿色、开放、共享的“五大发展理念”及大扶贫[①]思维为指导，试图站在研究的理论制高点，综合运用多学科开展研究，有助于促进水利水电工程水库库区、移民安置区政府和有关方面理智透彻认识并自觉树立以人为本、以民为本的执政理念；有助于揭示水利水电工程移民长期补

① 国务院扶贫开发领导小组办公室. 2015. 习近平关于扶贫开发论述摘编.

偿机制如何做到和体现对移民和项目法人两方面利益的科学统筹、合理兼顾，维护社会公平正义和生态正义的道理；有助于增强对长期补偿机制的本质内涵及适用性、规范性的正确理解，使水利水电工程移民长期补偿机制得到充分的理论基础和指导。当然，也试图为水利水电工程移民安置补偿及移民长期补偿机制理论研究的重要文献基因库里增添一个有机的、鲜活的、有一定积极作用的基因。

第二，从水利水电工程内在结构性矛盾因素及运动规律出发系统建构移民长期补偿机制。本书从事物矛盾和矛盾运动理论出发，研究水利水电工程内在系统性、结构性矛盾，主要涉及范围包括水利水电工程移民长期补偿机制涉及的若干主要深层次方面，如法律法规依据、补偿标准、风险及保障等，突破了现有研究只关注水利水电工程联系性而研究征地长期补偿其中一个问题或某一个方面或环节的局限。以系统的矛盾运动理论进行研究的优势是能更全面地揭示和体现在工程系统结构性矛盾关系中起着平衡和协调作用的水利水电工程移民长期补偿机制所彰显的丰富的、具体的科学发展理论和大扶贫理论思维的意蕴。

第三，提高水利水电工程移民安置尤其是移民长期补偿在统筹兼顾协调方面作用和价值的认识。本书通过系统研究，认为对水利水电工程移民长期补偿需要从工程项目内部统筹兼顾、协调平衡和制度机制创新的角度上进行辩证考察，确认它是一种综合价值与功能兼顾的创新的移民安置方式，既与被征用土地的使用价值及增加值相关、与被征用土地的年亩产值直接挂钩，又部分地使移民群众直接参与工程项目建设成果效益的长期分享共赢，保障移民有持久收入和持久消费的客观条件，为实现移民的脱贫和致富奠定基础。揭示水利水电工程移民长期补偿机制实践功能，阐释移民长期补偿机制是水利水电工程新时期创新的移民政策和工具之一，是提供移民脱贫致富的机制措施之一，其在当代水利水电事业领域具有理论上的正义性、正确性、创新性和发展性，在社会实践上具有一定的普适性和实用性。

1.3.2 实践意义

当今，水利水电工程移民长期补偿机制需要从社会实践上升到社会认识，再从社会认识回到社会实践，实现社会认识和社会实践两者的辩证统一，两者互相促进，不断升华。也就是说，对水利水电工程移民长期补偿机制研究的价值在于增强其社会实践的理性认识，落脚点重在实现以理论有效指导移民长期补偿实现具体规范的社会实践。近年来移民长期补偿机制在南方有关省区的社会实践的规模和功能作用不断增大，可以说移民长期补偿机制在新建的水利水电工程移民安置项目实践上已基本接受并积极植入，并有着在水利水电领域全范围中广泛实践、广泛覆盖的大趋势。自觉接受并主动选择参加长期补偿的水利水电工程移民的人口数量越来越多，规模越来越大。移民长期补偿机制在新时代的社会实践的面积、规模、强度越来越大。

以 GZ 省的大中型水利水电工程项目移民长期补偿机制社会实践情况而言。GZ 省有 20 多个项目 10 余万的移民参加了长期补偿，如 LT 大型水电站 GZ 省库区、移民安置区长期补偿机制就覆盖 4 万多人次农村移民，长期补偿参加率达 50%以上，QZ 大型水利枢纽一期工程库区、移民安置区参加长期补偿农村移民达到 2 万人，覆盖率达 80%以上。GZ 省其他类型水利水电工程的移民有意愿选择参加长期补偿的人数也越来越多。GZ 省人民政府长期以来高度重视水利水电工程移民安置工作，从实际出发专门出台包括移民长期补偿机制内容在内的进一步加强移民工作的若干意见。进入 21 世纪以来，全国水利水电安全和高效的体系虽然已经基本形成，但作为新能源和可再生能源、清洁能源的全国水能资源开发程度至今还不够高，区域经济社会发展中普遍性的工程性缺水、缺电问题仍然存在，目前尚待开发利用的水资源区域分布主要是水能资源相对富集但耕地资源又相对缺乏的金沙江、澜沧江、雅鲁藏布江流域的云南、西藏，还有青海、贵州和四川等地；在“十三五”期间乃至今后一段时间的发展需求中，从整体上不断优化水利开发和水电供应的国家目标出发，我国还要陆续建设一批大中型水利水电项目，并做出了规划安排，计划在西南、西北地区和中原、东北部分地区重点布局投资建设 172 项大型的、近千项中型的水利水电工程项目①，旨在优化各个流域的水能水务系统的梯级调度，全面改善全国经济社会健康发展所需供水和供电条件，提升各地工农业生产能力、抗旱防洪能力和生态环境保护能力，实现发电、城乡生活生产用水、生态环境和谐发展。2016 年，国土资源部、水利部、国家发展和改革委员会、国家能源局共同行文，明确加大用地政策支持力度，以促进全国各地大中型水利水电工程建设。国家“十三五”专项规划中表明水利水电工程项目建设在“十三五”期间用地需求量很大，征占（淹没）土地将达到 350 万亩；该文件强调各地采取多项举措保障工程建设用地需要，既要保障大中型水利水电工程建设合理用地需要，也要切实落实国家最严格的耕地保护制度措施，更好地维护失地群众利益。作为长江、珠江上游的主要支流交汇地带的重要生态屏障的 GZ 省，工程性缺水一直是制约该省经济社会发展的主要客观因素，有关分析反映进入“十二五”以来，GZ 省水利工程拥有的年供水能力为 110 亿 m^3，而 2020 年要求同步精准脱贫、建成全面小康社会的全省用水需求量达 150 亿 m^3，目前仍然存在着 40 亿 m^3 以上的供水缺口。GZ 省“十三五”发展规划中已重点瞄准该省的工程性缺水制约关键问题，

① 参见《中华人民共和国国民经济和社会发展第十三个五年规划纲要》。

尽力挖掘该省境内几大河流及支系蕴藏的水能资源，计划建设17个大型水利枢纽工程，100个以上中型水库工程，同步配套建设供水管网及输配水工程，初步建成水资源合理配置和高效利用的现代水利体系，为全省大扶贫、大生态战略行动，实现百姓富、生态美的新GZ未来提供重要的基础项目支撑，并正在强力加快推进水利工程项目的各项、各阶段的前期工作。

在“十三五”规划开局之年的2016年，GZ省就已先后开工建设大型水利枢纽工程项目2个，中型水库项目15个，还有遍布全省各地的小型水库项目30多个。GZ省正在把水利水电工程项目建设变成重要的看得见的城乡民生基础设施工程项目，把“十三五”时期奋力实现市（州）有大型水库，“县县有中型水库，乡乡有稳定水源”[①]，基本解决全省工程性缺水问题，把提升全省抗旱防洪和生态文明建设能力及条件的全省水资源开发，以及建设生态美、百姓富的主要目标规划加速变为一个个的现实。GZ省对水利水电工程建设中伴随的日趋增多的移民和移民安置民生问题具有十分清醒的认识，重视工程建设的同时十分重视移民的创新安置、绿色生态安置，坚决避免移民次生贫困，努力使水利水电工程建设成为成果与效益共享工程。进一步而言，毫无疑问包括GZ省在内的正在新建和拟建的大中型水利水电工程项目所在地的全国各个省区，征地（淹没）面积数量规模均不在少数，移民数量规模也相应日趋上升，移民的安置工作强度和力度同样必然日趋加大。在如何妥善解决人地矛盾和安置移民矛盾等困难问题上，仍然需要有关各方结合工程项目与移民实际，锐意进取，努力探索创新多样化移民安置方式，包括继续大量开展创新的移民长期补偿机制实践。可以断定，新建的水利水电工程项目推行移民长期补偿机制的实践运用，在未来仍然具有一定潜力。但是在顶层的宏观决策实践上和基层的具体实践中，因缺乏理论层面的科学认识和法律法规政策层面的合法支撑，移民长期补偿机制实践中缺乏法制性、系统性、规律性把握和规范性运作。如果水利水电工程移民长期补偿机制仍然一直处于各地自行摸着石头过河，以及不规范的初级认识和初级实践状态，则客观上不利于对移民长期补偿机制实践规律的准确把握，不利于对移民长期补偿机制存在的短板的认识与解决，不利于移民长期补偿机制实践运用中各地相互间的交流互鉴，也不利于国家层面的宏观控制。总之不利于移民长期补偿机制社会实践的可持续规范稳健推进，甚至将影响水利水电工程移民长期补偿机制的生命力，影响移民的妥善安置和如期脱贫致富，最终将影响国家水利水电资源的健康顺利开发和小康社会建设的进程。

本书对水利水电工程移民长期补偿机制研究的实践意义如下。

---

① 贵州省人民政府. 2016. 贵州省国民经济和社会发展第十三个五年规划纲要.

一是促进创新的水利水电工程移民长期补偿机制不断优化和不断推进，更能规范地运用于当今和未来社会实践。本书揭示了移民长期补偿机制的内涵实质和可能面临并需规避的内外部风险因素，为各级政府及移民管理机构实施安置移民实践政策提供参考，有效化解水利水电工程库区、移民安置区突出的人地矛盾，有利于推动水利水电工程建设和妥善安置移民；为水利水电工程移民长期补偿机制持续推行提供理论支撑，试图推动消除水利水电工程项目法人和地方政府、移民和社会各界对移民长期补偿机制的各种困惑、疑义和顾虑，做到认识清晰、明白道理、心中有数、广泛接受、自觉参加、规范运作、提高效率，尽可能避免运用于实践时可能出现的认识和行为的盲目性和随意性。

二是将创新的水利水电工程移民长期补偿机制在实践中暴露的主要短板补齐补全，特别是促进相关法律法规政策因素不断完善和实施方案制定等不断优化。本书集中分析的作为创新的水利水电工程移民长期补偿机制所涉及的法理、政策依据，对现有的法律法规及政策文件条款进行对照分析研究，为立法决策机构研究制定水利水电工程征地移民安置补偿法律政策提供参考，在立法上推动移民长期补偿机制获得相应的法律地位，消除移民长期补偿机制涉及的法律法规障碍因素。以 GZ 省实例样本为典型集中考察，为相关机构和方面合心合力地推进水利水电工程移民长期补偿机制供给侧具体的改革，为规范制定和完善水利水电工程移民长期补偿机制实施方案和社会实践提供一般规律性的路径参考，进一步助推移民长期补偿机制规范的社会实践实现可持续。

总体来说，本书从理论研究和法律政策、策略的具体实践角度上将水利水电工程移民长期补偿机制作为主题，试图推进全面贯彻落实党和国家现阶段有关水利水电工程征地移民安置补偿政策和依法改革、创新移民政策工具机制，破解水利水电工程移民传统安置面临的难题；从深化水利水电领域经济改革具体实践角度上，试图为推进水利水电移民安置需求的主要供给侧从目前比较低端阶段到高端阶段的提升作结构性的改革调整，补齐补全主要短板，促进水利水电经济增长方式的转变，有助于提高水利水电企业尤其是国有企业核心竞争力，积极应对国内国际相关挑战；从新发展理念的具体实践上，试图推进全面落实科学发展观和创新、协调、绿色、开放、共享“五大发展理念”在水利水电事业领域涉及的各方落地生根，加快构建和谐库区及和谐水利水电工程项目、和谐水利水电企业；从国家决战脱贫攻坚、决胜小康社会建设和生态文明建设战略具体实践上看，试图通过移民长期补偿这一机制不断实践，推进水利水电工程项目所在区域牢牢守住发展和生态两条底线，推进库区、移民安置区移民尽快实现脱贫，同步建成小康社会，加快生态文明建设，共同走进生态文明建设新时代[①]，实现库区、移民安

① 新华社. 2013-07-19. 致“生态文明贵阳国际论坛”2013 年年会的贺信. 人民日报，1 版.

置区脱贫和百姓富、生态美的目标。可以说通过本书的研究，积极推进水利水电工程移民长期补偿机制以真知促范行，以普遍范行再促普遍良知，实现“知行合一”，即移民长期补偿机制实现知和行二者的辩证统一，也就是试图使水利水电工程移民长期补偿机制的主观和客观、理论和实践达到有机的历史的辩证的具体的统一。为水利水电工程移民长期补偿机制在社会实践到社会认识、再从社会认识到社会实践不断深化的相互良性促进上做出一点实际贡献。

1.4 研究内容范围、思路

前面已述，“移民”一词在广义上涵盖了政治、宗教、战争、自然灾害、经济和工程等原因引发的各种自愿移民和非自愿移民。本书将其限定为一个既定的狭义的范围，也就是专指水利水电工程移民，也简称为水库移民。在本书中，“移民”作为动词时指水利水电工程移民安置活动行为，作为名词时指因水利水电工程建设而搬迁安置和生产安置的对象群体。本书中的“移民”分别具有作名词用和作动词用两种语境含义，也就是有时用作名词，有时用作动词，在其具体语境发生具体变化时就有相应不同的或名词或动词的语境和语义。本书相应明确了研究的范围，主要是水利水电工程移民长期补偿机制。就水利水电工程移民长期补偿机制概念而言，需要说明的是，在各地一段时间以来所进行的水利水电工程建设征占耕地移民长期补偿实践中已形成了多种具体的内容，如以土地作价入股分红、土地租赁、长期主粮实物补偿或货币补偿、土地换社会保险保障等，但其主流仍是长期逐年的主粮实物补偿和由其转换而来的长期逐年的货币补偿。本书在具体实务研究中把水利水电工程移民长期补偿机制限定为对移民长期逐年以当地主粮实物补偿、货币补偿或两者相结合运用的方式，而把其他形式统称为其他长效补偿方式，本书拟系统地分析移民长期补偿机制直接涉及的法律法规政策依据、产生和发展状况、内部风险和外部影响等各方面因素状况，同时设计一个较为完善的移民长期补偿机制实施方案，为各相关方面在从事新的工程项目的移民安置实践时提供比对方案，提供范式性选择参考。

1.4.1 研究内容与主要观点

本书主要内容具体如下。一是辩证分析水利水电工程传统移民安置的现状与困境，主要是运用唯物辩证法的观点、方法分析研究传统移民安置补偿取得的成绩、面临的困境现状，以及长期形成的工程项目结构性内部矛盾纠纷，分析在新的历史条件下开展传统移民安置制度受到的制约因素，厘清水利水电工程内部结构性关系和要妥善开展传统移民安置需要与时俱进地满足必备的相关条件。二是以马克思主义基本原理和科学发展观、习近平同志系列重要讲话和治国理政新理念新思想新战略、大扶贫战略思维为指导，对照创新的移民长期补偿机制进行辩证分析阐述，探究在其萌芽阶段和发展演变过程中水利水电工程体现出来的各方辩证关系，政府、项目法人应秉承的施政、治理理念，行政、经营伦理，履行的社会责任，应遵循的法理、经济、社会、生态等方面的原理。明确支撑创新的移民长期补偿机制的基本理论基础和依据，多角度分析明确移民长期补偿机制的内涵，从经济基础和上层建筑之间的矛盾辩证关系观察移民长期补偿机制的法律政策依据，探讨其在水利水电工程项目中的广泛适用性；从长期补偿机制中看农民资产变资本、土地换社会保险保障功能关系，厘清工程结构性矛盾辩证关联的项目法人、政府、移民等在移民长期补偿机制中的各自责任；从结构性必然联系的观点研究内外风险因子对移民长期补偿机制可能产生的影响及应对机制。三是基于科学发展观，习近平同志系列重要讲话和治国理政新理念新思想新战略特别是创新、协调、绿色、开放、共享“五大发展理念”，大扶贫战略思维的要求，从现实的维度构想移民长期补偿机制作为供给侧结构性改革的现实和未来直接涉及的顶层设计、立法和制度安排，规范移民长期补偿运作实践机制，防控移民长期补偿机制运行中的内外风险。围绕国家重点水能工程 LT 大型水电站 GZ 省库区和 QZ 大型水利枢纽、SHK 水电站等大中型水利水电工程移民从传统安置过程到长期补偿阶段性实践过程的经验与问题，从现实的维度进行构想，努力完善、优化（设计）一个可行的移民长期补偿机制实施方略路径。使水利水电工程移民长期补偿机制的主观与客观、理论与实践上尽力达到理论和实践两方面辩证统一。

按照上述内容范围，本书试图聚焦并回答水利水电工程移民长期补偿机制的内涵、本质、发展规律和目前移民长期补偿机制现阶段存在的主要短板如何补齐补全，如何完善和不断优化等一系列重大问题。坚持水利水电工程移民传统安置制度与长期补偿机制实践问题研究和理论问题研究的统一；坚持长期补偿机制样本范围具有典型性、代表性的案例整体研究和相关比较研究的统一；坚持水利水电工程移民传统安置制度发展历史及存在短板问题的辨析和移民长期补偿机制现实短板问题需要补齐补全、优化完善方向性专题研究的统一。试图全面描绘水利水电工程移民传统安置到创新移民长期补偿机制的整体图景。

本书的主要观点如下。

（1）水利水电工程移民长期补偿机制是以人为本、以民为本、以人民为中心理念立场，全面协调可持续发展要求，统筹兼顾根本方法的具体实践和具体体现。优化完善健全移民长期补偿机制，是贯彻落实创新、协调、绿色、开放、共享“五大发展理念”，贯彻执行国家扶贫攻坚战略在水利水电领域必然要求的有机组成部分的一个具体体现，是推进水利水电工程领域移民安置供给侧的一个结构性改革与优化完善的具体项目。

（2）水利水电工程移民长期补偿机制符合我国生态文明建设战略目标和总布局、总要求，顺应新时期移民生态安置、绿色安置和智慧安置的鲜明时代主题要求。它是水利水电工程移民实现生态安置、绿色安置需求的现阶段主要创新方式、创新手段之一。移民长期补偿机制体现了水利水电资源开发生态正义包括群（种）际、代际公平正义原则，其不仅是水利水电事业健康可持续发展的重要支撑，是确保国家水能资源开发和能源经济安全的定海神针、压舱石、推进器，也是水利水电工程移民现实生活和长远生计的压仓粮、保护伞，是构建稳定的和谐的企群关系，从而形成企群联盟、区域同盟乃至工程利益共同体、命运共同体，建设区域生态文明，构建和谐社会的一个重要推进器、一条重要纽带、一块厚重基石。移民长期补偿机制体现了水利水电资源开发以人为本理念立场，是作为需求侧的水利水电工程移民群众获得感最强、最现实和长远的实物之一，是移民群众最实惠的现实经济收入保障更似长期可持续的旱涝保收的压仓粮，如“期货交易所”里一个基本看好的“期货”。

（3）移民长期补偿机制是水利水电工程项目法人新时期转变经营理念，转变经济增长方式，构建创新水利水电企业科技文化的重要方向，特别是提升水利水电国有企业竞争力和科技创新人文环境建设能力的重要举措之一，也是构建具有中国特色的水利水电工程移民文化的努力方向。

（4）水利水电工程移民长期补偿机制要从公平正义和民生扶贫、生态正义立场原则出发，观察研究创新的移民长期补偿机制，切实解决这一“木桶”中存在的现实短板问题，筑牢这一民生基石。聚焦主要矛盾问题，以完善法律政策机制为着力点，以规范方案、补齐补全主要短板，实施精准管理、规范有效执行为发力点；要从理念维度、制度维度和机制维度三个层面的维度，思考提出化解水利水电工程移民长期补偿机制的有关问题的针对性的意见。

（5）把水利水电工程移民长期补偿机制方略完善优化列入经济发展新常态下水利水电领域移民安置公共服务供给侧结构性改革优化范围，促使水利水电工程移民长期补偿机制供给侧在具体改革中得以规范，在规范中得以发展，在发展中进一步规范，在规范中得以健全。

（6）对管理运行和具体执行中的水利水电工程移民长期补偿机制进行制度监管。实行供给侧的有关责任主体法人——企业董事会和公司首席执行官（chief executive officer，CEO）、政府法人代表专项视察、巡视，进行专项述职报告评议制，进行项目稽查，科学评议、评估中应注意把握维度，提出进行专项视察、巡视和稽查、述职报告评议、评估成果的运用包括启动相关问责机制等，对保障推进移民长期补偿机制稳健致远是十分必要也是十分重要的。

本书创新点主要在于：以大扶贫为基本视域，综合运用马克思主义基本原理相关论述、科学发展观、习近平同志系列重要讲话和治国理政新理念新思想新战略特别是“五大发展理念”的立场、观点、理论与方法，从义利、扶贫、生态等立场维度出发，系统研究分析水利水电工程移民长期补偿机制，范围涵盖移民长期补偿机制涉及的主要方面和相关深层次因素，如法律法规政策机制、供给侧结构性改革优化，以及具体补偿标准调整机制、保障机制、决策协调机制、规范执行机制和监督管理机制等，从而突破了现有研究成果的局限。进而以理论成果为依据，以供给侧结构性改革优化为指向，深入探讨如何对水利水电工程移民长期补偿机制中不协调、不健全的主要短板补齐补全，提出了移民长期补偿机制现实方案完善与优化的原则，完善的维度和优化的路径与对策意见，同时指出了移民长期补偿机制与社会养老保险保障机制衔接的实践路径。

1.4.2 研究思路

本书的基本研究思路如下。

第一，坚持沿着我国水利水电工程建设征地补偿和移民安置乃是一个长期的一直在路上既相对稳定又不断创新的历史发展过程的大思路。随着社会经济的不断发展和改革的不断深入推进，我国每个历史阶段和重要节点都会有着不同的但是承前启后的鲜明的政策机制特色。对水利水电工程移民长期补偿概念内涵机制作用与传统移民安置补偿制度关系进行 DNA（deoxyribonucleic acid，分子生物学上的脱氧核糖核酸概念，双链结构，也就是生物遗传基因，这里以其义作比喻）理顺分析，可以十分明确移民长期补偿机制的 DNA 既完全属于我国水利水电工程移民传统安置制度的系统工程基因的有机组成范畴，同时又作为该移民安置补偿制度系统的 DNA 在新时期因其基因传承与发展方向指令而正常衍生出来的一个新生支系或肢体，它又自我形成了一个边界基本明确、相对独立完整的一个系统性机制工程。始终坚持毛泽东在《论十大关系》中提出的“两点论”，对水利水电工程传统移民安置现状及存在矛盾问题坚持作客观辨析研究。辩证地、历史地看待传统移民安置补偿制度独特优势和存在的矛盾也就是“短板”问题，既看准其问题，又讲其成绩，是对具有鲜明特色的传统移民安置补偿制度 DNA 基因关系的一种积极的包容和维护、补充和创新，绝不是排斥与否定，更不是颠覆传统移民安置补偿制度，坚决反对推倒重来的极端行为。

第二，把移民长期补偿机制重点放置在人类大扶贫、科学发展观、习近平同志系列重要讲话和治国理政新理念新思想新战略特别是“五大发展理念”及经济发展新常态视域下和水利水电领域供给侧结构性改革框架与思路中进行思考探索，全面辩证认识移民长期补偿机制作为一项创新的水利水电工程公共政策供给侧工具内部所具有的复杂性、整体性和系统性因素，深入研究影响它的内部结构要素，积极探索其得以展开和实现的外部政治、社会条件和工作条件，包括涉及法律政策环境、地理环境因素等，辩证观察水利水电工程移民长期补偿机制运行的现状、存在的短板，实事求是地分析存在矛盾的原因，为作为新时期移民安置的重要公共政策供给侧和水利水电企业特别是国有企业科技文化构建和创新的移民长期补偿机制建设方略的完善优化健全和运作探寻理论和实践依据。

第三，围绕社会实践事实——创新的 GZ 省水利水电工程移民长期补偿机制的实践典型案例样本进行研究。这里就移民长期补偿机制实践有关事实样本的完整性、代表性和示范性等进行说明。从实践的层面上而言，水利水电工程移民长期补偿机制在西南地区有关省区先后建立，后来在东北地区的辽宁省等地也都各自有自己的做法，积累了不少成功的实践经验。在兴建以流域防洪、城市供水为主要任务的大型综合性水利工程——辽宁省锦州市锦凌大型水利枢纽工程时，传统安置方式出现了亟待处理的矛盾和困难问题，有部分库区移民也针对当地人多地少突出矛盾，而向政府提出请求实行移民长期补偿，当地政府高度重视，迅速回应，立即组织省有关职能部门赴水利水电工程移民长期补偿机制实践样本较多的西南地区几个省区特别是实践步子走在同类前头的 GZ 省移民长期补偿现场进行了专题重点考察，并且就紧密结合该水库工程征地移民实际进行专题研究。辽宁省人民政府 2009 年年底就该库区建立移民长期补偿机制事宜做出相关决策，辽宁省有关部门相应制定了具体方案并认真实施，移民长期补偿机制实践几年来取得的效果不错。辽宁省 2010 年以后接着将已成功的移民长期补偿机制在省内复制推广，如工程涉及淹没浸没葫芦岛市的兴城市、建昌县和绥中县土地总面积近 45 000 亩，征占土地近 47 000 亩，安置人口近 16 000 人，总库容达 6.67 亿 m^3 的大（2）型水利工程项目——辽宁省葫芦岛市青山水库枢纽工程又积极引入移民长期补偿机制。推行移民安置补偿新机制、新方式——移民长期补偿机制之后，水利水电工程建设和移民安置基本迎来了多赢的崭新的面貌，辽宁省新建的大中型水利枢纽工程从此开辟了新的纪元。辽宁省水利水电工程移民长期补偿机制从立意酝酿、调查研究、谋划构思、编制方案，再到顶层决策、基层执行等实践环节过程、运作方式，其中无疑吸取和借鉴了 GZ 省的基本做法和经验，客观反映出 GZ 省的实践案例已具有一定的范式。

就 GZ 省范围的主要样本点上的社会实践情况而言。2006 年以来 GZ 省已有 20 多个水利水电工程项目先后以省级试点的方式实施了移民长期补偿机制，特别是 LT、SHK、SBX、DQ、QZ 等若干个大中型水利水电工程项目的实践案例样本在相关层面上具有一定影响。在 SHK、LT、SBX、DQ、ST 等一批大中型的水利水电工程水库库区、移民安置区长期补偿方案均以 GZ 省政府个案批准进行试点实施，各个项目实践相继成功。2010 年开工建设的大型水利工程——QZ 水利枢纽一期工程，是中华人民共和国成立以来 GZ 省最大的公益性水利枢纽工程，有六个地级市和十多个县市（区、特区）城市和众多乡村近 1000 万公众直接受益，一大片 QZ 水利枢纽输灌水区域地带经济社会发展长期受制于严重的工程性缺水、水灾问题基本得到解决。对于移民难以实现有土安置问题主动寻求走长期补偿之路，按程序报经省人民政府批复同意，涉及该库区、移民安置区的农村移民 20 000 余人踊跃选择参加了耕园地长期补偿，人口参加长期补偿率达 71%。经省级审定确认，QZ 水利枢纽一期工程的库区 ZJ、NY、SC、LZ 四个县（特区）选择参加长期补偿的耕园地面积共达 16 800 亩，约占淹没影响总耕园地面积的 81%。QZ 水利枢纽一期工程库区、移民安置规划已由工程项目初步设计阶段确定的调剂耕地+出县外迁集中安置为主+分散安置为辅，到实施阶段因势利导，主动切实调整实施为长期补偿机制+集中安置（城镇化安置）+县内分散或相对集中安置（城镇化安置）+外迁相对集中安置（城镇化安置），近 20 000 人次农村移民的长远生计问题基本得到解决，移民安置情况总体反映良好。近年来，国家发展和改革委员会等部委对 GZ 省移民长期补偿机制试点的各个“苗圃”的具体实施情况进行实地考察调研，并给予了充分肯定。至 2016 年上半年的十余年间，从西南、西北到东北，乃至中原地区有近 20 个省区移民管理机构、国家和地方数个水利水电勘测规划设计研究机构、高等院校等先后组团赴 GZ 省深入进行专题考察，对这些移民长期补偿实验的“苗圃”进行现场观摩交流，均不同程度地受到启发，认为 GZ 省的成果可以借鉴，复制推广，稳步实践。实践证明，GZ 省开展的水利水电工程移民长期补偿机制试点实践具有的一定规模性、完整性、规范性和先导性，可谓当下在全国的本领域、同行业产生了正如哈贝马斯所定义的一种社会行为范式[①]和一定的示范张力（哈贝马斯，2014），享有了一定声誉，可谓处于本领域实践创新范式高地（陆洲，2014）。对创新的 GZ 省水利水电工程移民长期补偿机制实践基本事实，典型案例样本着重集中解剖考察，提炼水利水电工程移民长期补偿机制的共同特点，从而揭示水利水电工程移民长期补偿机制建设实践一般规律。这对于积极推进创新的水利水电工程移民长期补偿机制建设既有立足当前的现实意义，又有着眼长远的深远意义。

就本书所取 GZ 省信息资源质量而言。从 GZ 省创新的水利水电工程移民长期补偿机制实践历时 10 余年的事实上看，其一，GZ 省“试点”工作基本取得成功，实践效果明显；其二，GZ 省实践范围广、规模大、样本点上的事实是比较完

① 范式概念是指某一种科学体系或学科研究立场、观点与方法的综合体，是一种理论模型与框架，一种思维方式和理解现实的思想体系，以及科学共同体的共识。其也是社会行为的一种模型。

整的，当然就是比较有说服力的。总之 GZ 省资源可谓比较丰富，样本质量较高，比较典型，可以满足本书研究需要。进一步说，选取 GZ 省内水利水电工程实施移民长期补偿机制样本的主要做法及成功经验，并进行比较分析，从目前众多分散的呈碎片式的实践素材中认真观察、集中总结，归纳出具有启示及借鉴价值之处，然后基于大扶贫思维、科学发展观和“五大发展理念”，按照大扶贫视域对水利水电工程移民长期补偿机制实践的一般规律性进行概括和提升，使本书研究质量有保证，也有说服力。

第四，重点研究水利水电工程移民长期补偿机制的完善优化的方略路径、对策与建议。本书在理论和 GZ 省实施水利水电工程移民长期补偿机制实践样本实证分析相结合的基础上，进一步探索加强水利水电工程移民长期补偿机制建设的运作对策，为作为长期补偿主要供给侧的政府公共政策专项机制决策和各个水利水电工程项目法人、各个水利水电工程师团队在规范编制水利水电工程移民长期补偿实施方案和审批决策、具体运作执行包括总体思路和基本原则、完善和优化移民长期补偿机制管理的现实举措、移民长期补偿实施情况进行监管，实行专项视察、巡视和进行述职报告评议、项目稽查、评估等提供理论和实践参考。

总之，本书从水利水电传统移民安置制度尤其是移民长期补偿机制的现实理论与实践出发，主要运用辩证思维、系统思维、法治思维等思维方式和方法，以供给侧结构性改革优化为指向，以移民长期补偿机制的系统、结构、功能、矛盾、信息、运行保障和监管机制等主体要素为分析框架，最终形成 5 章。第 1 章是绪论，着重概述我国水利水电工程及移民安置制度系统的演进历程、移民长期补偿机制的实践发展历程和国内外相关研究情况，以及本书研究的意义和思路。第 2 章是水利水电工程传统移民安置补偿制度思考，在阐释移民安置补偿目的、意义的基础上，着重辩证考察分析水利水电工程传统移民安置补偿制度实践的现状与困境，对移民安置补偿功能作用进行再认识。第 3 章是水利水电工程移民长期补偿机制理性分析，辩证考察水利水电工程项目内在结构性关系，描述工程内部结构性矛盾的各个要素是如何相互影响和相互依存的，简述水利水电工程移民长期补偿机制的实践对工程内部结构各个要素的作用和影响。第 4 章是水利水电工程移民长期补偿机制蕴涵的理念，深入论述水利水电工程移民长期补偿机制所蕴含、实践、体现的科学发展理念和立场观点、方法，即以人为本、以民为本、绿色发展、共享发展是移民长期补偿机制的价值目标，统筹兼顾是移民长期补偿机制的根本方法，全面协调可持续、实现绿色发展和共享发展是移民长期补偿机制的基本追求等。第 5 章是水利水电工程移民长期补偿机制完善与优化，根据理论研究成果，与时俱进地提出水利水电工程移民长期补偿机制完善优化的基本原则，完善移民长期补偿机制的维度，提出优化移民长期补偿方案的路径等。主要从法律政策措施的顶层设计和政府机构决策运作层面、水利水电企业供给侧直到基层执行管理侧层面，提出水利水电工程移民长期补偿机制的现实维度的完善和优化的实践运作策略和举措。对水利水电工程移民长期补偿机制实施情况监管机制如对责任主体单位开展述职报告评议、稽查、评估与巡视、视察等提出可操作的对策意见，提出移民长期补偿机制与社会养老保险保障机制衔接的实践路径。

2 水利水电工程传统移民安置补偿制度思考

本章在阐释水利水电工程移民安置补偿目的、意义的基础上，着重从“两点论”的视角辩证思考水利水电工程传统移民安置补偿制度的历史演进及现状和困境，对移民安置补偿功能作用进行再分析，通过对如何突破传统移民安置补偿制度矛盾和问题的深入思考，提出破解传统移民安置补偿困境的长期补偿机制加多样化移民安置的可能方案。

2.1 传统移民安置补偿制度演进的思考

我国水利水电工程建设征地补偿和移民安置经历了一个长期的历史发展过程，随着社会经济的不断发展和改革开放的不断深入，每个历史阶段都具有不同的征地移民的国家政策特色，而作为长期沿用的传统移民安置补偿模式迄今仍是我国保持鲜明特色的相对稳定的制度政策模式。传统移民安置补偿模式也是现行的水利水电工程移民大农业安置模式，主要指的就是国家现行水利水电行业规程、规范中工程征地移民安置专项 DL/T—2007 和 SL—2009（行业内俗称 8 个规范性文件）两个行业系列规程、规范文件体系确认并坚持的实行移民一次性大农业安置。一次性大农业安置及补偿包括按照征地移民安置规划设计规程、规范原则上规定的有土安置和一次性货币补偿等。用唯物辩证法和历史辩证法的立场观点和方法来观察传统移民安置补偿制度实践，有助于正确认识水利水电工程征地移民安置补偿制度机制的演进。从传统移民安置补偿制度实践的认识过程来看，我国对移民安置工作目的的认识经历了一个认识、不断深化认识和实践、不断规范实践、不断演进实践、不断深化实践的总之不断跨越升华和发展的历史演进过程。

2.1.1 传统移民安置补偿实践的初步考察

中华人民共和国成立以来的前三十多年里，我国水利水电工作面临的主要矛盾是生产力水平严重低下、国民经济落后特别是水利水电工程设施建设整体严重滞后、工程技术整体落后，与日益增长的人民群众生产用水、生活用水、用电和流域防洪、抗旱、航运等需求之间的矛盾。这期间国家主要考虑的是尽快发展和提升水利水电的水库大坝工程建设技术水平、尽快建成更多水利水电工程项目，更好地发挥项目效益，推进经济建设，改善人民的生产生活条件，发展和提升我国的社会生产力水平。但是客观地看，那个时期因为从国家层面到地方基层对移民安置的成熟的意识形态即理性认识缺乏，对移民安置工作在水利水电工程项目结构性因素中的客观存在的重要性、复杂性和艰巨性均存在着不同程度的认识不足。有关方面甚至在工程项目思维中只见物不见人，并没有真正的工程移民概念，仅仅把移民视为水利水电工程项目外在的一般联系性的某一附属性事项或另类个案问题简单认识、简单处理，同时缺乏相应处理移民安置矛盾问题的实践经验。在特定时期的行政管理体制、基本土地制度下，移民安置问题一度成了与水利水电工程仅有外在联系的一般普通问题，对移民安置大多以简单行政命令强制实施，移民安置工作主要价值取向是重工程、轻移民，移民安置工作的主要目的纯粹是工程，为移民着想甚少，强调移民必须绝对服务工程建设、推动工程建设，使水利水电工程尽早发挥经济效益。新安江水电站工程项目建设方案的目标选择就典型地反映了这一点。

附例 2-1 新安江水电站工程项目方案选择——追求发电量第一

1954 年年初，当时的燃料工业部水力发电建设总局、华东水力发电工程局等 6 个单位抽调人员组成农村、城镇、移民 3 个专业小队，在新安江流域进行经济地理和淹没损失调查，通过比对、研究，形成两个开发方案，具体见表 2-1。

表 2-1 新安江水电站建设方案经济性对比

开发方案	坝高/m	坝址	电站装机/万 kW	淹没耕地/万亩	移民/万人
一级开发	105	罗桐埠	66.25	33	23.34
二级开发（甲）	36	罗桐埠	8	2.1	3
	55	黄江潭	14	4.7	1.7
	小计		22	6.8	4.7
二级开发（乙）	36	罗桐埠	8	2.1	3
	73	云头	16	7.3	4.6
	小计		24	9.4	7.6

从表 2-1 中可以明显看出，新安江水电站项目一级开发方案装机容量是二级开发方案（甲）的 3.01 倍，淹没的耕地是二级开发方案（甲）的 4.85 倍，产生移民数量是二级开发方案（甲）的 4.97 倍。一级开发方案装机容量是二级开发方案（乙）的 2.76 倍，淹没耕地是二级开发方案（乙）的约 3.51 倍，产生移民数量是二级开发方案（乙）的 3.07 倍。显然，一级开发方案的经济性要低于二级开发方案。当时正值我国国民经济极度困难时期，需要加快恢复，正是基本设施和重工业、基础产业建设高潮兴起之时、华东地区电力严重不足之际，当时该水电站工程项目在项目的规划、设计、运行到项目效益评价的每一个环节中，经专家和项目决策者权衡，最终拍板选择了追求水力发电量为第一等经济指标较优的一级开发方案，但是该工程项目一级开发方案涉及的移民迁移人口、淹没土地数字巨大，使得在项目建成运行历时二十多年之久，新安江水电站工程的这些移民才得到较为妥善的安置，历经了移民“安置-返迁-再安置”不断反复的艰巨复杂多变过程（汪新琴，2010）。

由此可见，在当时的该工程项目前期工作的各个重要因素和重要环节中，专家团队和项目决策者由于当时意识形态方面因素的局限，谁也没有意识到涉及的移民安置问题的复杂性和严重性是该工程的重大制约因素之一。客观上讲，当时国家正处于经济特别困难、装备和建设技术落后的状态，大家关注的热点主要是工程技术、建设经验和投资限制问题，当时对移民的概念大都处于模糊不清状态，只是把移民问题作为工程一般联系性矛盾或附带问题简单对待，更没有意识到移民是水利水电工程项目内部结构性、必然性重要制约因素，没有意识到移民的特殊属性和移民安置具有的特殊规律性。从工程前期到建设期到后期都没有硬性要求也没有自觉编制实施移民安置规划。传统移民安置补偿方式在当时既是不成熟的，在实践中也未能认真加以落实。改革开放初期，随着我国的行政管理体制改革不断深化、实行的农村家庭联产承包责任制和农村基本土地集体所有权和经营权的两权分离制度的逐步建立，农村、农业、农民的“三农”管理运作机制发生了史无前例的巨大变化。与之相伴随的水利水电工程征地和移民安置遗留问题也逐步暴露，让人久久反省思辨。

改革开放初期我国对水利水电工程和移民安置工作仍然存在着一重一轻（重工程、轻移民）的官方和社会主流意识形态，仍只能算是传统水利水电工程移民安置的初步认识和初步实践，所遗留的移民矛盾等问题在所难免，影响深远，处理和化解遗留矛盾问题工作任重道远。改革开放的不断深化带来经济社会的快速发展，政府行政理念和意识形态方面的转变等使移民安置工作面临新的政治经济环境条件和新的形势机遇。水利水电工程传统移民安置问题的凸显，引起国家和地方各级政府重工程、轻移民的价值取向逐渐发生转变，或者说人们开始认识到为了实现真正的重视工程，也必须同样重视移民安置工作。这一时期，水利水电工程移民安置工作的目的作用逐渐清晰：从推动工程建设、维护移民群众权益、促进库区经济可持续发展到帮助移民致富奔小康、维护库区及移民安置区社会稳定，构建和谐库区、移民安置区社会等。移民安置工作的时代主题也由当初的简单和单一的经济补偿安置向着社会安置主题再继续向着复合性的生态安置、智慧安置等主题迈进（罗用能，2013a，2013b），并不断处在转变之中，且随着经济社会的发展，移民安置工作还会被赋予更新的主题和内涵。

在法规政策层面调整上，纵观1986年以来反映深化对移民安置工作目的作用认识、解决办法的国家思维和国家决策行动演进历程和轨迹，这期间相应产生的一系列标志性政策文件、法规文件主要如下：《国务院办公厅转发水利电力部关于抓紧处理水库移民问题报告的通知》（国办发〔1986〕56号）、《大中型水利水电工程建设征地补偿和移民安置条例》（国务院令第74号）、《大中型水利水电工程建设征地补偿和移民安置条例》（国务院令第471号）、《国务院关于完善大中型水库移民后期扶持政策的意见》（国发〔2006〕17号）等。

1986年《国务院办公厅转发水利电力部关于抓紧处理水库移民问题报告的通知》（国办发〔1986〕56号）首次提出了水库移民的政策概念和开发性移民方针政策。该文件要求全国各地高度重视水利水电工程移民问题，强调必须尽快从过去一段时间以来的对移民单纯安置补偿中解脱出来，改消极赔偿为扶持创业，变救济生活为扶持生产，使移民安置与库区建设结合起来，合理使用移民经费，提高投资效益，走开发性移民道路。该文件明确了移民工作要促进库区建设的相关要求。

中华人民共和国的第一部水利水电工程征地和移民安置工作法规——《大中型水利水电工程建设征地补偿和移民安置条例》（国务院令第74号）第三条规定，

“国家提倡和支持开发性移民，采取前期补偿、补助与后期生产扶持的办法”。第四条第二款规定，“移民安置与库区建设、资源开发、水土保持、经济发展相结合，逐步使移民生活达到或者超过原有水平”。该文件以条例的法规形式明确了实施开发性移民方针。

更具有里程碑意义的现行征地移民安置法规——《大中型水利水电工程建设征地补偿和移民安置条例》（国务院令第 471 号）第三条做出规定，“国家实行开发性移民方针，采取前期补偿、补助与后期扶持相结合的办法，使移民生活达到或者超过原有水平。”与《大中型水利水电工程建设征地补偿和移民安置条例》（国务院令第 74 号）“逐步使移民生活达到或者超过原有水平”相比，该文件去掉“逐步”两字，对移民安置要求更高；前者“提倡和支持开发性移民”，而后者不仅明令坚持“国家实行开发性移民方针”，还明确提出“以人为本，保障移民的合法权益，满足移民生存与发展的需求”和“可持续发展，与资源综合开发利用、生态环境保护相协调”等新要求，赋予移民工作目的崭新的内涵。

同期同样具有里程碑意义的水库移民政策文件——《国务院关于完善大中型水库移民后期扶持政策的意见》（国发〔2006〕17 号）明确提出落实水库移民后期扶持的一系列刚性政策，强调要坚持以人为本，全面贯彻落实科学发展观，做到水利水电工程建设、移民安置和生态保护并重，继续按照开发性移民方针，完善后期扶持方式，加大力度，改善移民生产生活条件，使水利水电工程移民共享改革发展成果，实现库区和移民安置区经济社会可持续发展；要求达到“使水库移民共享改革发展成果，实现库区和移民安置区经济社会可持续发展”。可以说，这些演进历程和轨迹总体反映了国家层面的对水利水电工程内在的客观结构性因素的透视认知不断加深和加广之后，包括移民安置工作目的、意义、作用方面认识上实现的由初级到高级的一个又一个飞跃，在法规政策构思指向和出台的由部分到整体的一个又一个的重大突破，在实践中不断取得新的成效。2015 年 1 月中共中央、国务院发出《关于加大改革创新力度，加快农业现代化建设的若干意见》（2015 年中央一号文件），其中提出对重点水利骨干工程征地补偿标准参照高铁、高速公路工程征地补偿标准执行，实现重要基础设施工程建设征地补偿政策“同地同价”，从而使大中型水利水电工程征地与铁路等工程征地补偿标准实现相应的并轨。这些重要的法规、政策和权威文件的相继出台的历史发展轨迹，反映出国家层面几十年来对水利水电工程移民安置工作从感性（初步）认识、简单处理的阶段进入理性（成熟）认识、科学决策，以及统筹兼顾、贯彻落实、认真执行而不断结出成果的阶段。移民安置工作不仅是为了推进水利水电工程顺利建设，而且更要促使移民能够共享工程建设和水利水电事业发展成果，实现水利水电事业整体真正的健康的可持续发展。

2.1.2 移民安置工作的基本认识

辩证地看我国对水利水电工程移民安置工作，自中华人民共和国成立以来，从初期的实践、初步的认识，随着实践的扩大，逐步产生更多的理性认识，认识和实践互相作用，螺旋式地不断升华。众所周知，人们对一个时期水利水电工程移民安置实践的目的和意义的认识状况与当时的移民安置的效果是直接相关的，今天仍需要对其进行辩证的再考察和再认识，以此推进移民安置工作实践和再实践。在我国，一个水利水电工程项目的更加理性的构建，客观需要对移民方面和移民安置工作方面进行更加科学理性的认识和分析，具体如下。

1. 做好移民安置工作是做好水利水电工程项目的内在必然需要，更是水利水电领域贯彻落实科学发展观和“五大发展理念”的必然要求

我国以科学发展观，以及创新、协调、绿色、开放、共享“五大发展理念”统领建设新时代中国特色的水利水电事业建设全局，做好水利水电工程移民安置工作，是具体贯彻落实科学发展观和“五大发展理念”，促进工农、城乡、地区和群体之间全面协调发展和绿色发展的重大举措。中华人民共和国成立以后的较长的时间里，为了尽快建立一个较为完整的工业体系，我国采取重点发展工业的战略，农业为工业提供资金和产品积累，农村和农民为国家工业化多做贡献，这时期的水利水电工程移民安置基本没有进行规划，加之工程征地补偿标准偏低、就近后靠安置较多、给予的后期扶持（after-support policy）少，客观上节省了工程投资，但同时严重影响了移民安置区移民的后续发展。改革开放以后，根据区域优先发展战略，优先发展东部，区域差距扩大。当前水库建设主要在农村和中西部地区，做好移民安置工作，促进水利水电建设，为中西部地区经济社会发展提供有力支撑，有利于统筹城乡发展，统筹区域发展。在水利水电工程移民领域贯彻落实科学发展观就是要以人为本，既要以工程建设的推进造福受益区广大人民，也要维护好库区移民群众的权益；就是要树立全面、协调、绿色、共享和可持续的发展理念和意识，社会实践的基本规律，同样认识移民安置工作特殊规律性，把握好移民安置实践的基本规律（习近平，2013），把水利水电工程建设与移民安置统筹兼顾起来，做到工程建设、移民安置和生态保护并重，具体实践创新、协调、绿色、开放、共享“五大发展理念”，实现库区和移民安置区经济社会全面可持续发展。历史和实践证明，做好移民安置工作是水利水电工程建设的重要组成部分，是水利水电事业领域具体体现贯彻落实科学发展观和“五大发展理念”的必然要求，也是落实国家扶贫攻坚战略任务，全面建成小康社会目标的有机组成部分。

2. 做好移民安置工作是水利水电工程建设健康发展必备的重要条件

水利水电工程建设中工程建设和移民安置密不可分，工程建设是移民产生的前提；移民安置工作的成与败会促进或滞后工程建设，工程建成后还影响工程项目的有效运行。在工程建设期，没有做好移民安置工作，移民为了保护自身利益，往往会采取堵路、阻工、拒绝签订移民安置协议等多种过激方式表达诉求，直接滞后工程建设，如西部大开发初期实施“西电东送”战略时曾经发生在 GZ 省 HJD 大型水电站工程的移民群体性事件、四川省瀑布沟大型水电站工程的移民群体性事件等，都严重滞后了这些工程项目建设；移民群体性事件等局地公共危机（陈福今和唐铁汉，2006）使当地水利水电开发项目饱受社会诟病，最终影响国家有关决策。例如，受包括当地生态环境保护、移民安置工作在内产生的负面因素影响，2008～2011 年国家没有审批过一个特大型水利水电站项目。2009 年年初只特例核准一个大型水电站项目。在工程项目运行期，未得到妥善安置的移民群体或时不时出现过激行为甚至直接到大坝阻止工程项目运行，或移民返迁水库库区开荒种地，造成库区生态环境发生次生性破坏，在移民安置、生态环境等遗留问题的处理中，项目法人也要承担其中一部分责任，增加了项目法人许多有形、无形的负担。有关矛盾问题也引起了国际社会一定的关注（刘杰，2010）。

我国在这方面有许多历史教训值得吸取。建于改革开放前的三门峡、丹江口和新安江水库项目，工程初期乃至后期的移民安置都没有做好，造成大批移民返迁。丹江口水库 1958～1962 年外迁的约 10 万移民中至 1965 年就有约 7 万人返迁；新安江水电站库区移民 1958 年开始大规模迁移，到 1967 年要求返迁重新安置的移民数量多达 10.5 万人（浙江省电站水库移民志编纂委员会，1998）；三门峡水库返迁人口达 15 万之多，而重新安置移民需要比原始搬迁安置更多的资金，成为工程建设沉重的包袱（王茂福，2008）。后来，我国也有了较多成功的移民实践经验，成功的移民安置实践能有力推动工程建设。“西电东送”工程建设以来，GZ 省审时度势努力探索创新移民安置方式，决策并实施了至今尚未有国家法律法规明确规定的移民长期补偿机制，同时创造性地采纳移民专项复建工程返包给项目法人代建等一系列创新机制，有力推动了 GZ 省水利水电资源快速开发。至 2014 年，GZ 省水利水电资源开发程度超过 60%；而同步进行的 YN 省的水利水电开发程度只达到当地规划目标的 30%的水平，主要是受制于移民安置工作的滞后。由此说明移民安置工作既是水利水电工程建设的内在必然要求，也是做好水利水电工程必备的、充分的条件。

附例 2-2　LBG 水电站工程项目“冲击”效应——安置移民遗留问题冲击

LBG 中型水电站位于西部地区 HSH—NPJ 上游的 GZ 省 XY 市与 YN 省 LP 县跨省交界处 HNH 大峡谷（图 2-1，近处是水库下游干涸的河床，远处为 LBG 水电站大坝）。该水电站装机容量 60 万 kW，多年平均发电量 28.49 亿 kW·h，作为一个发电实体已并入中国 NFDW 集团。该电站的水库正常蓄水位为 1130m，总库容为 1.11 亿 m^3，属大型水库。当时涉及工程征地移民 2000 余人，主要进行本地安置（resettlement inside the county）及就近安置（resettlement within the village or nearby area），实行农业安置（agricultural resettlement）。工程项目于 1957 年开始初步规划，于 1982 年 11 月开工建设，1985 年 11 月截流蓄水，1988 年 12 月第一台机组发电，1991 年 6 月 4 台机组全部建成投产。该水电站工程虽仅是个中型项目，但它是 20 世纪 80 年代初我国首次尝试利用国际金融组织——世界银行贷款并首次实行工程国际招投标和国际第三方工程监理，首次引进国外先进装备、先进管理技术，组织进行施工建设的水利水电工程项目。在国家层面上当时是一项可谓举足轻重的工程项目。该电站项目建设的成功，当时被政界、业界誉为中国水利水电工程建设领域率先拉开对外开放大幕的先锋示范窗口。80 年代中期，国内一主流媒体记者对 LBG 中型水电站工程项目运作情况进行采访，曾于 1987 年 8 月 6 日以一篇纪实通讯——《LBG 冲击》在《人民日报》刊发，使该工程项目当时以对外开放的良好形象名声产生了强烈的 LBG 冲击波，在全国乃至国际同领域迅速形成正面而深远的连锁效应，引来各地复制推广，从而助推国家加快了有关领域对外开放、利用外资及外国先进技术搞建设的步伐。

图 2-1　LBG 水电站工程项目示意

但是，囿于当时国家工程建设征地移民安置补偿政策欠缺等历史背景，所有的水利水电工程项目前期和建设期并没有考虑也没有规定要编制工程征地补偿和移民安置规划，也就致使LBG中型水电站工程项目所在地YN省的LP县和GZ省的XY县库区的移民安置事前均未编制专门的规划，安置实施中存在的矛盾和移民遗留问题（leftover problems after resettlement）凸显在所难免：征地补偿标准低，多数移民在库区就近后靠安置，移民搬迁安置区基本处于不规则的V形喀斯特地貌、石漠化地区（图2-2为LBG库区），人均拥有耕地不足三分，剩余耕地资源严重不足，至今移民生产、生活水平仍然普遍较低。据GZ省XY市有关部门统计反映，2011年LBG水电站库区、移民安置区的XY市的农民人均纯收入为近5400元，该库区、移民安置区涉及当地的XY市LBG镇、XW乡农民人均纯收入为4000元，而LBG电站XY市库区外迁的少数移民人均纯收入在4000元以下，就地后靠安置的大多数移民人均纯收入为2300元以下，不足当地农民人均纯收入的60%，仅为XY市农民人均纯收入的50%左右。显然，收入差距比较悬殊，问题相当明显。归纳地说，LBG中型水电站GZ省XY市库区、移民安置区目前主要存在着剩余土地资源严重不足、库区地质不稳定，库区基础设施较为落后、房屋结构差造成危房，加之大坝施工区人口没有纳入移民后期扶持政策覆盖范围，库区、移民安置区生态环境有待恢复等问题。YN省LP县库区和移民安置区情况也相似。总之该库区、移民安置区移民的生产生活水平与改革开放之初国家就提出的实现共同富裕的根本目标和要求相差较大。

图2-2　LBG库区

近年来，LBG水电站项目所在地的GZ省XY市、YN省LP县库区、移民安置区不时发生部分移民群体找LBG水电站CEO及项目法人中国NFDW集团总部上访或到现场阻工等群体性事件，如2012年7月中旬，GZ省XY市、YN省LP

县有移民30余人到电厂厂区找CEO群访，为移民生计问题讨说法；同年8月初，GZ省XY市、YN省LP县移民300余人到大坝和厂房门口静坐两天两夜作同样内容的强烈诉求，在LBG水电站发电厂CEO答应在3个月内提出相关解决方案后，移民方才散离。2015年年底再度发生该库区、移民安置区部分移民群众强行进入该电站厂区阻工等多次群体性事件。如果不采取切实有效措施跟进，加以解决和疏导，该库区移民群体的生活水平会与当地非移民的生活水平差距继续拉大，问题可能会越积越多。移民安置区存在的问题和移民群众诉求问题至今有待根本解决，如果对存在的问题久拖不决，LBG水电站厂区、库区、移民安置区社会稳定秩序将难以持续，LBG水电站电站正常运行秩序将直接受到严重影响。目前，国家有关部门和项目法人及公司CEO对此类似矛盾和遗留问题已予以重视，正在有序地布局并相继开展了移民避险解困、处遗、调概、后期扶持和扶助工作。但客观来看，处理类似安置移民遗留问题也并非一朝一夕、一蹴而就之事，正如中国电建集团水电水利规划设计总院教授级高级工程师蔡频先生深有体会的"调概、处遗也是一桩头痛之事，为此十多年来把头发都熬白了"的感言。

3. 做好水利水电工程移民安置工作是促进移民致富、全面建成小康社会的必然要求

国家坚持走社会主义道路的根本目标是实现共同富裕，做好水利水电工程移民安置的初心是使移民移得出、稳得住、能致富。移民的富裕是全社会成员共同富裕大目标的组成部分，移民脱贫与致富是建设社会主义新农村重要组成部分，同时也是社会主义新农村建设的难点。没有移民群众的脱贫致富，社会主义新农村建设、全面建成小康社会的目标就难以实现，因而做好移民安置工作，帮助移民脱贫致富是促进库区、移民安置区经济社会发展的必然要求。例如，GZ省现有的104.7万水利水电工程移民主要产生于珠江上游的HSH—NBPJ流域，长江上游的WJ流域和QSJ流域，其中珠江上游主要位于滇黔桂喀斯特石漠化区域，WJ流域位于乌蒙山区和武陵山区，QSJ流域库区石漠化也较严重。《中国农村扶贫开发纲要（2011—2020年）》把滇黔桂喀斯特石漠化严重区、武陵山区、乌蒙山区列入国家重点扶持的14个集中连片贫困山区名录里面。那么，做好水利水电工程移民安置工作、促进这部分群体早日脱贫，也就是对扶贫攻坚、建设社会主义新农村、全面建成小康社会的巨大贡献。

4. 做好移民安置工作是促进水利水电工程库区、移民安置区经济社会生态可持续发展，维护库区移民安置区社会稳定，构建和谐、生态、绿色的库区、移民安置区的根本保证

库区、移民安置区经济可持续发展、社会稳定、生态良好是构建和谐文明库区、移民安置区社会的三大主要特征。库区、移民安置区社会稳定是建立在移民生产稳定、生活稳定和心理稳定的基础上的，通俗地讲就是移民安居乐业。移民安居乐业的前提是库区、移民安置区经济能够实现可持续发展，生产生活、生态环境条件得到不断改善，生活水平得到不断提高。库区、移民安置区经济社会和生态要实现可持续发展必然要求统筹做好移民安置工作，安置前科学合理规划，安置时严格实施规划并给足安置各项补偿补助，安置后有力进行后期扶持。

2.2 传统移民安置补偿成效辨析与困境探讨

本书所称水利水电工程传统移民安置补偿，是依托当地农业、农村和土地的大农业安置方式实施移民安置，所以在分析传统移民安置补偿时需要对土地的农业等基本功能相应进行辩证再考察。众所周知，现行的国家水利水电行业工程DL/T—2007和SL—2009这两个规划设计规程、规范文件中明确了有土安置补偿和大农业安置补偿实际上都是同一个内容概念范畴。传统移民安置补偿主要指的是一次性有土安置补偿。一次性有土安置补偿包括按照我国水利水电工程征地移民设计规程规范和原则上规定的有土安置和一次性货币补偿安置等方式。应一分为二地看待几十年来广泛采取的以依托土地、农业和农村安置为主的传统移民安置模式。传统移民安置补偿方式实践几十年来，通过在水库库区、移民安置区调剂流转土地以充分利用闲置土地、合理开发利用荒地、改造低产耕地等方式为移民配置一份耕地，以满足移民发展生产、改善生活的需求。移民安置后可以自主经营，发展农林牧副渔等产业，也可以从事第二、第三产业，亦工亦农。其优点是符合农民生产生活习惯，农民原有人力资本依然可以发挥作用，充分利用移民安置区农业资源，移民能较快适应，有利于维护库区、移民安置区社会稳定等。但是建立移民安置区最大的前提条件是：必须要有足够剩余的并可以流转的土地资源或移民可就地开发的荒山荒地资源用于安置移民。

创新的移民安置补偿模式与传统移民安置补偿方式又是怎样的关系呢？创新移民安置补偿模式指的是改革开放以后各地探索并逐渐兴起的各种不再以土地为依托的安置模式，安置时不必给移民配置土地或少量配置土地，移民主要从事各种非农产业，主要包括第二、第三产业安置，入股分红安置，社会保障安置，长期补偿安置，城镇化安置及多种安置模式相结合的多样化移民安置等。从严格意义上看，这些方式内容的创新仍然基本属于我国传统移民安置补偿制度的范畴。创新安置补偿方式主要特点是移民搬迁后，其劳动力不再严格限制在大农业安置上，主要从事非农产业，原有人力资本贬值后的再就业、创业培训需要一个较长适应期，安置地可以灵活选择，安置后生产生活方式改变大等。在移民文化和劳动技能等素质较低、缺乏社会保障和风险承受能力差的情况下，传统安置补偿仍然是主要安置方式；在部分地区创新安置补偿模式与传统移民安置补偿模式有机结合，不断广泛应用，影响日益增大。长期补偿安置方式是相对于一次性货币补偿而言的，它是在传统移民安置补偿制度上的一种延伸和派生，也是一个直接有关的有益补充，是目前各种创新移民安置补偿方式中脱颖而出的应用最多、产生影响最深也最广的一种安置方式。

2.2.1 传统移民安置补偿实践成效辨析

传统移民安置补偿具有哪些成效呢？传统移民安置方式是基于土地、农业的安置方式，需要先对其所具有的基本功能进行分析。

1. 体现了土地的基本功能

土地承担的基本功能包含经济功能和社会功能两个方面。经济功能包括生产要素和经济收益功能，社会功能包括就业保障、养老保障和社会稳定保障功能。土地的主要功能体现在生活保障、就业机会和直接经济效益三个方面。

从土地的经济功能看，土地是农民最重要的生产资料，是农业最基本的生产要素，也是农民的主要经济来源之一。土地是农业发展基础和生产资料，农林牧副渔等基本农业经济活动都以土地为载体。近年来，随着经济的快速发展，农业收入在农民收入构成中的比例虽然在不断下降，但仍然是重要的收入来源之一，特别是在中西部地区农村，其农业收入仍然占着较大比重，靠山吃山靠水吃水的基本面貌目前并没有发生大的变化。

从土地承担的社会功能来看，土地还发挥着最低生活保障、就业保障和养老保障等直接功能，同时肩负着维护社会稳定等其他职能。社会保障本意指社会为个人提供的保障，但我国的农村社会保障体系至今还不够完善，农村医疗保险、失业保险、养老保险都有待努力探索和进一步实践，而且因农业人口基数大，《中国统计年鉴 2011》显示 2010 年我国“乡村人口”为 6.5656 亿，加上在城市的 2 亿多农民工总数接近 9 亿，农民保障水平低，土地还需要承担部分保障功能。当农民没有足够的财富积累、非农就业机会或者非农收入不够维持生活时，必须依靠自己承包地上的产品供给基本生活资料，以土地收入维持生计。近年来，平时青壮年劳动力多从事第二、第三产业，但经济形势不太乐观时，他们又可以返回原籍乡村，由于有土地产品维持基本生活，回乡后家庭消费支出可以大大减少，从而度过一时的危机，使社会稳定性也得到一定维护，2008 年国际金融危机对就业造成的影响和农民工返乡情况就证明了这一点。

附例 2-3　2008 年金融危机给农民工就业造成的影响

《人民日报》曾于 2009 年 2 月 3 日刊发记者冯华 2 月 2 日做的一篇报道，即在 2 月 2 日上午国务院新闻办举行的新闻发布会上，中央财经领导小组办公室副主任、中央农村工作领导小组办公室主任陈锡文表示，中国约有 2000 万的农民工由于 2008 年经济不景气失去工作或者没有找到工作而返乡，占外出就业农民工总数的 15.3%。陈锡文介绍说，由于金融危机的影响，有相当一部分的农民工失去了就业岗位。他指出，2000 万返乡农民工加上每年新加入外出打工队伍的农民，今年共有 2500 万农民就业压力比较大。

我国的农民养老保险机制建设目前尚在探索中，保险水平不高，农民年纪大了不能耕种土地时，可以出租部分承包的土地，获得一些资金自我养老。总之，土地在保障农民生活、维护农村稳定方面还扮演着重要角色。

2. 传统移民安置补偿功能作用

因土地至今承担着重要的功能，传统移民安置补偿对农民搬迁后的生产生活方式、思维模式、文化习俗影响小，其仍然是我国移民安置补偿的主流，具体功能如下。

第一，重置土地经济功能，移民长远生计有保障。土地经济功能体现在生产要素和经济收益方面，传统有土安置模式一方面通过开荒造地、土地流转等措施给移民配置土地，另一方面通过改善农业生产条件、提高土地产出率，移民重新获得基本农业生产要素和稳定的经济收益。移民从土地可以长远获得满足其基本生活需求的农副产品，长远生计有保障。

第二，人力资本得到保值，移民基本就业有保障。我国水利水电工程移民绝大多数是农村人口，农民在长期农业生产中形成了与其地域相适应的成熟的劳动技能，这些是宝贵的人力资本。如果进行非农安置，这些人力资本就得不到有效发挥而白白浪费掉，移民还必须参加再就业培训，学习新的谋生技能；有土安置后移民拥有与安置前相同或相似的生产资料和生产条件，可以从事他们熟悉的农业生产，既有工作可做，也使他们原有的人力资本发挥效益。

第三，重置土地社会功能，移民心理稳定有保障。土地给移民提供最低生活保障、就业保障和养老保障等社会保障功能，与移民搬迁前的思维模式和行为方式相一致，赋予移民安全感，有利于使移民心理稳定。在搬迁时能打消移民顾虑、减少移民对抗行为；搬迁后则有助于移民在安置区稳定下来安心发展生产、建设新家园，减少返迁，有利于消除区域社会不稳定因素。

第四，有利于维护库区、移民安置区社会稳定。传统移民安置不改变移民生产生活方式，不改变农村产业结构，维护稳定性较强的二元社会结构，移民搬迁后文化震荡小，就业有保障，收入有保障，有利于库区、移民安置区社会稳定。

3. 传统移民安置补偿现状

从面上看水库库区、移民安置区，2000 年以前的大中型水利水电工程基本上采取有土安置补偿方式；2000 年以后各种创新移民安置补偿方式不断复制推广，涉及移民人数逐渐增加。从有土安置移民比例看，即使在最近十多年创新移民补偿方式不断出现的情况下，有土安置移民仍然占多数。例如，在以省级个案试点方式较为广泛实施移民长期补偿机制安置移民的 GZ 省，最具有代表性的 LT 大型水电工程项目征地中，GZ 省被征占（淹没）耕地近 50 000 亩，有 23 400 余亩列入长期补偿面积，约占征占（淹没）耕地的 47%（截至 2010 年），有 50%以上的移民仍可以得到一定的有土安置；其他创新移民安置补偿模式在此库区占比极小。其主流仍是有土安置补偿。

从移民安置补偿选择方式上看，有土安置仍然是政府和项目法人首选的移民安置方式。在具体实施中，往往在有土安置不可行或移民不愿接受时才采取其他各种创新移民安置方式。例如，在土地资源稀缺的广西、贵州、云南和四川川西等地，因耕地资源稀缺、难以全部实施有土安置而广泛采取了建设征占耕地移民长期补偿与有土安置相结合的模式；在福建、浙江等经济发达、市场化程度高的地区征地中因土地市场价值高、被征地农民市场意识高而实施了耕地入股分红、土地证券化等创新移民安置方式；在湖北、河南等土地资源相对丰富地区建设的水利水电工程，依然采用以有土安置为主的安置模式，如“南水北调”中线工程丹江口库区移民安置规划坚持耕者有其田，规划农村生产安置人口为 27.38 万人，采取农村种植业安置的占 80%以上。

从移民选择意愿上看，对土地依赖程度高、年纪偏大的移民大多倾向于选择有土安置，以获得与其搬迁之前条件相似的生产生活方式，这部分人因年龄因素，学习新劳动技能、适应新环境难度大。对土地依赖意识比较低、年龄较小的移民因文化程度因素，他们容易包容接受新事物，一般具有从事非农产业的技能，选择非农安置模式的数量和比例要大一些。

虽然以土为本、以农为本在今后相当长时间内仍然是我国水利水电工程移民安置中的主要模式，但在新的形势下，由于移民安置需求正从平面化的农业安置向立体化的多样化安置不断发展，移民安置相应地要在有土安置基础上不断采纳各种创新移民安置模式，力求做到因人而异、一户一策，使每个移民家庭都得到恰当的安置，较快地恢复生产生活并致富奔小康，实现可持续发展，既搬得出、又稳得住，逐步致富。

4. 传统移民安置补偿基本成效

一是促进了移民迅速恢复生产生活，为广大移民保持基本生产生活提供保障。实行有土安置的库区，在配置土地数量和质量与移民安置区原居民相当的情况下，经过若干年融合，移民生活水平与当地原居民一般也相当。我国在实行家庭联产承包责任制以前，许多地方移民安置采用插队分散安置模式，被纳入安置地专业合作社，其生产生活条件与原居民一样，相应地现在他们的生活水平也与原居民相似。整体上看，有土安置使移民获得与搬迁前相似的生产资料和生产条件，有利于恢复移民原来的生活，只要配置的土地数量、质量有保证，达到移民安置前的生活水平是有保证的。

二是推动了水利水电工程建设，为经济社会发展提供重要支撑。当今水利水电工程建设的难点仍然在移民，有土安置能有效确保移民搬得出、稳得住，也就有效保证了水库按时建成蓄水，有力推动水利水电工程建设，从而为现代化建设提供工农业用水和能源支撑。我国水资源短缺、分布不均，必须在全国范围内采取一定工程措施合理开发调度水资源，如在华北平原地区，人口、耕地数量占全国的比例与其水资源拥有比例极不相称，而西南、西北地区集中了全国80%以上的水资源，缺水是华北平原地区现代化建设最大的瓶颈，国家实施的“南水北调”工程将极大改善这一状况。经济社会发展离不开能源支撑，水能是能源结构中最重要的组成部分，属于天然禀赋，可以再生，并且无污染。充分开发水能资源是我国重要的战略之一，“西电东送”工程实施以来西部大批水电站项目陆续建成，为国家经济社会发展提供不可或缺的能源支撑。

三是维护了库区、移民安置区社会稳定，为构建和谐、生态、绿色的库区、移民安置区社会提供了基本条件。从党的十六届六中全会提出要构建社会主义和谐社会到党的十八大提出全面建成小康社会、2015 年召开的全国扶贫开发工作会议、2016 年党的十八届六中全会提出“五大发展理念”以来，和谐、生态、绿色的库区、移民安置区社会的构建、贫困移民脱贫自然要被国家列入其中，作为一个重要组成部分。国内现有近 2600 万水利水电工程移民，连带影响的人口则更多，没有库区、移民安置区社会和生态的稳定和谐就没有整个社会的稳定和谐已成为全社会的共识。有土安置，保证了移民群体耕者有其田，保证了移民有农可操，有事可做，有业可就，有了基本经济收入保障，能够满足基本生活所需，在经济总体形势欠佳时还可以起到很好的社会矛盾缓冲作用，这些都为库区、移民安置区社会稳定奠定了坚实基础，同时也为构建和谐、生态、绿色的库区、移民安置区社会提供了基本条件。

2.2.2 传统移民安置补偿困境探讨

从附例 2-1、附例 2-2 中可以清晰地归纳出水利水电工程对移民传统大农业进行有土安置补偿一段时间以来面临着实施难度不断增大的基本现实困境。

1. 人地矛盾日益突出，受土地资源因素制约

我国虽然地大物博，但人多地少是我国的一个基本国情。根据《中国统计年鉴 2011》统计数据综合测算，虽然我国耕地资源总量较大，达到 18.25 亿亩，但人均耕地却仅为 1.36 亩，仅是世界人均耕地面积的 1/3 左右。同时经济社会的不断发展又需要大量耕地用于基础设施建设、城乡建设等，加剧了人地矛盾。此外，耕地分布不均匀，加剧了局部地区的人地矛盾，如东部中部地区平原多、山地少，耕地占比大，而西南地区多为高山峡谷和喀斯特地形地貌，耕地面积所占比例相对较小。

就水利水电工程建设涉及的用地而言，进入 21 世纪以来我国水利水电工程项目建设的重心已经转移到西部，水库工程淹没西部河谷肥沃土地，致使本来就十分突出的人地矛盾问题更加严峻，许多库区、移民安置区对移民有土安置难以实施，像三峡工程库区那样大规模向全国其他省区搬迁移民也不大可能。耕地资源稀缺是有土安置面临的最大困境。给移民筹措土地要么从移民安置区原居民手中有限的土地调剂或者从国有农场土地进行土地流转，要么在陡坡上开荒造地。西部山区坡度低于 25°的适宜开垦的荒地资源甚少，即使开垦出耕地也可能因其土质和交通水利条件差很难被移民接受。耕地资源稀缺使有土安置在局部地区失去了前提。具体地说，土地资源状况的表现可归纳为如下两个方面。

一是现有土地存量少。有土安置的前提是在移民安置区能够开发整理、流转到足够的优质土地以安置移民。没有足够数量的土地资源，有土安置移民就无从谈起。LT 大型水电站 GZ 省库区有 4 万多农村移民，LT 水库淹没 HSH、NBPJ 沿岸耕地近 50 000 亩，该电站 GZ 省库区、移民安置区的 40 000 多农村移民中有 10 000 多农村移民搬迁后难以对接到耕地，有 20 000 多农村移民土地对接情况达不到规划要求，最终被迫采取非农安置模式①。

二是可供土地开发的资源少。前面提到的 LT 大型水电站、LBG 中型水电站，受库区、移民安置区喀斯特地理条件制约，新开垦出来的荒地耕作条件普遍要差于被淹没的耕地，培育成为熟土需要很多年时间。LT 大型水电站 GZ 省库区、移

① 贵州省水利水电工程移民局. 2012. 龙滩水电站贵州库区长期补偿工作交流会文件汇编.

民安置区坡度低于 25°的适合开垦的后备土地资源十分有限，而要在 25°以上的呈不规则的 V 形和 W 形的陡坡地开垦梯形耕地必然会加剧库区水土流失，既不利于保护当地的生态平衡，也不符合国家法律法规和政策。

附例 2-4　LT 大型水电站 GZ 省库区、移民安置区耕地资源情况

LT 大型水电站水库 375m 高程的蓄水方案征占（淹没）耕地总面积 8 万余亩，其中征占(淹没)GZ 省耕地面积近 48 000 亩，征占 GX 壮族自治区耕地面积 32 000 余亩；移民安置规划预期恢复耕地 90%（包括新开水田和旱地面积、改造水田面积、抬高水田面积、新开菜地面积），达 53 300 余亩，其中 GZ 省 30 000 多亩，GX 壮族自治区 22 700 亩。但是，LT 大型水电站的水库库周，特别是 GZ 省境内库区、移民安置区的各县，因地处云贵高原向广西丘陵地带过渡的斜坡和诸多呈不对称的 V 形、W 形峡谷，形成海拔由 GZ 省中部的 1700m 左右降至 LT 水电站库区的 300m 左右的落差，地层褶皱，地形陡峻，山多地少，山地占比在一半以上。其中，WM 县喀斯特地形和砂页岩山地面积占比高达 81.8%，而小平坝面积占比都在 10%以下且呈零星分布；多数县区喀斯特地貌、石漠化地貌面积占比大，耕地资源也普遍是零星分散，水土容易流失（表 2-2、表 2-3）。

表 2-2　LT 大型水电站 GZ 省库区、移民安置区各县土地资源情况

县名	土地面积/km²	山地面积/km²	山地面积占比/%	丘陵面积/km²	丘陵面积占比/%	平坝面积/km²	平坝面积占比/%
ZF	1511.9	743.1	49.2	654	43.3	114.8	7.6
WM	3005.5	2460	81.8	462.8	15.4	82.7	2.8
CH	2596.7	1983.5	76.4	532.6	20.5	80.6	3.1
ZN	1720.6	953.6	54.4	614.4	35.7	170.6	9.9
LD	3009.5	2347.6	78	530.8	17.6	131.2	4.4

资料来源：贵州省区域地理信息项目领导小组，1996

表 2-3　LT 大型水电站 GZ 省库区、移民安置区各县喀斯特与石漠化情况

县名	土地面积/km²	喀斯特面积/km²	喀斯特面积占比/%	石漠化面积/km²	石漠化面积占比/%
ZF	1511.9	814.2	53.9	366.91	24.27
WM	3005.5	1475.7	49.1	353.62	11.77
CH	2596.7	893.9	34.4	257.10	9.9
ZN	1720.6	913.6	53.1	468.08	27.20
LD	3009.5	2097.6	69.7	705.17	23.43

资料来源：贵州省区域地理信息项目领导小组，1996

这些地区因工程实施而新开垦出的一批耕地因交通不便、供水条件不好、土质又差，移民实地考察后普遍表示难以接受。GZ 省 QN 自治州的 LD 县是 LT 大型水电站 GZ 库区淹没耕地面积最大、移民人数最多、安置任务规模最大的县份。该县有几个乡镇又是 SHK 中型水电站的库区和移民安置区。LT 大型水电站移民安置规划报告中曾经描述该县“库周 25°以下的土地，可开发水田 19 100 余亩、旱地 9500 余亩”。然而，开垦耕地可以占 90%的乐观情景在后面的实施的现实中并未出现。尽管一些偏僻的地方有少量可垦、可造的荒山荒地资源，但均不同程度地存在着耕地分布零星、土质贫瘠、水源缺乏、道路运输等耕作条件差的问题，同时还存在着开荒造地成本高、单位面积产出低的现实矛盾问题。LD 县政府曾经在距离城区不是很远的一片山坡组织开垦了 500 多亩耕地，计划配置给 LT 大型水电站库区 LD 县农村移民耕作，但移民到实地察看该土地区位、土质等实况后说：“这种土地即使连续种 50 年，都变不成良田好土”，纷纷表示坚决拒绝接受这批新开垦的耕地。新开垦的土地无人问津而被长期搁置，该笔农村移民有土安置开垦耕地工程资金也被浪费。

在有土安置普遍难以实施的情况下，实施移民长期补偿机制成为 GZ 省各县库区、移民安置区政府和移民共识和共同选项。

附例 2-5 LT 大型水电站 GZ 省 QXN 自治州 WM 县 SL 镇 LZ 移民安置点调地困难而选择长期补偿

LT 大型水电站库区 GZ 省 QXN 自治州 WM 县 SL 镇 LZ 移民安置点共安置了 42 户移民约 200 人。根据村内移民和当地村民解释，在当初开展移民对接土地的时候，当地村民都纷纷不愿把自己承包多年的好田好土调剂流转给移民，愿意流转给移民的是坡度很大、土质贫瘠、交通不便、用水无基本保障的耕地，移民皆表示不愿意接收，形成政府、移民和当地村民长期僵持不下的三方尴尬局面。由于 GZ 省 WM 县的地理条件为以坡度在 25°以上的山地为主，当地几乎已经没有适宜开垦的荒地资源。这 42 户移民在当地政府的引导下最后全部都自愿选择接受了长期补偿安置。

现在这个村组的青壮年劳动力基本外出到浙江和广东务工，留在村里的也大多到附近城镇从事第二、第三产业；通过移民安置方式的相应调整，移民劳动力全部从传统农业中转移出来。

2. 农民“户”的土地保护意识增强，增加土地筹措难度

目前，土地经营权流转实现难度较大。依照现行《中华人民共和国农村土地承包管理法》规定，农村土地承包经营关系长久不变，承包期内发包方不得收回

承包地和调整承包地。尽管一些地方采取的“生不补、死不收”的土地承包的地方政策长期存在且与土地法律规定相抵触，但当时的确使农民普遍吃了“定心丸”。因而造成土地承包经营权流转的主体现实中不是土地所有者的村集体，而是以“户”为单位的农民作为联产承包方甚至是土地的权属方。土地的原始承包方完全有权自主决定土地承包经营权是否流转和流转方式。这些变味的地方乡规及民约规定使具体的移民生产安置用地的调剂陷入了十分困难的境地。特别是随着经济社会的快速发展，伴随农业税的取消和各种惠农政策的陆续出台，土地保障功能的增强，城镇周边的土地商业价值升得非常快，当地农民更不会轻易为安置水库移民流转出自己的土地。

3. 移民安置需求变化，越来越多移民不接受有土安置

移民安置需求个性化、多样性越来越强，已不同于计划经济时代的农民普遍从事农业生产不变的基本面貌。现在农村劳动力不断转移到非农业生产，家庭收入主要构成中农业收益比例不断下降，相应的移民安置需求日益多样化。有些移民只会从事农业生产，希望进行有土安置以继续务农；有些移民则主要选择从事第二、第三产业，希望获得一次性货币补偿，以帮助自己扩大经营；有些移民迫切想改变生产生活条件，希望进行城镇化安置。有土安置客观上已很难满足多样化的移民安置需求。

4. 移民增收致富难

传统移民安置依托农业、农村和土地，依据移民安置规划，农业一般为农民收入主要来源。我国有土安置的移民一般人均需要配置 1 亩左右的耕地，想用面积这样少的耕地致富难度极大，发展后劲也显然不足，发展中容易被边缘化。在我国社会主义现代化建设进程中，农业生产值所占国民经济比例一直处于下降趋势，到 2011 年仅占 10%，社会财富主要来源不再是农业，农村移民单靠农业生产脱贫致富难度大，多数移民需要从非农产业获得主要收入来源。如果采取有土安置，安置地选择上就要相对偏离城镇经济中心，反而不利于移民脱贫致富。

5. 与工业化、城镇化发展趋势相违背

经济社会发展走向工业化、城镇化是全球历史发展大趋势。改革开放以来，我国工业化虽然呈快速推进，城镇化也以每年约 1%的速度递增，到 2011 年已经达到 51%。但目前我国城镇化率与发达国家的城镇化率（80%以上）相比还有很大距离，城镇化还需要快速推进，对移民继续在农村进行有土安置显然不符合社会经济发展的一般趋势。城镇化和工业化是推动当地经济发展的两大引擎，社会

经济发展的过程伴随着农业劳动力大量向非农产业和城市转移的过程。有土安置的农村移民、特别是在水库库周就近后靠实行有土安置的移民，难以享受城镇各种便捷的公共服务和比较广阔的就业渠道与空间，医疗、教育等各项基本权益也难充分实现，长远发展后劲肯定不足。

水资源相对富集的中西部地区是我国目前和未来一段时期水利水电工程建设的主战场。从工程项目外部可行性因素来看，中西部地区土地资源总量有限，安置区居民不愿意流转出移民愿意接受的土地，有土移民安置越来越难以实施，传统有土移民安置的基础越来越薄弱。从功能性来看，传统有土移民安置可以保证移民基本的生产生活条件，通过各方努力，可以实现搬得出、稳得住，但却很难保证移民能逐步实现致富，难以落实国家的开发性移民方针。从社会发展趋势来看，传统有土移民安置越来越难以顺应城镇化工业化社会发展趋势，越来越难以适应社会经济条件的变化，越来越难以适应移民安置的日益多样化需求。传统有土移民安置补偿面临着巨大现实和未来困境。

2.2.3 传统移民安置补偿困境成因分析

传统移民安置补偿困境成因主要有政策调整、产业结构变化、社会结构变化、政府职能转变、水利水电工程项目建设重心转移等。

1. 政策调整，流转土地难

第一，实行农村土地家庭联产承包责任制后，增加了土地流转（transfer of land rights）难度。实行家庭联产承包责任制以前，农村土地的所有权和经营权都属于集体，农业生产效率低，农民的土地保护意识相对要弱一些。如果一个村组因安置移民而迁入了一定数量的移民，若移民人口占村民人口数量只在5%以下，该村土地的利用程度整体而言会增加一些，总产出会多一些，在收入分配时对原村民的直接利益影响较小，加之有关主管部门采取改善移民安置区农业生产设施条件等措施，那么原村民就比较容易接受移民的迁入。实行农村土地家庭联产承包责任制后，农民以户为单位的生产经营积极性得到了极大提高，对以户为单位的承包土地的保护意识和维权意识的增强，也就客观增加了农村土地流转给移民的难度。

附例 2-6　广东省新丰江、枫树坝水库移民的山林、土地划拨

广东省新丰江、枫树坝水库移民到达安置地后，得到当地政府、群众的关心和大力支持，在山林、土地资源有限的情况下，当地政府、群众尽最大努力来满足移民对山林、土地的需要。当时，在只有核减划拨的土地应缴的公余粮任务指标，没有任何经济补偿的情况下，一些接受安置外迁水库移民的社、队把最好的耕地、山林无偿划拨给水库移民（河源市水库移民办，2010）。安置地原居民之所以接受，主要原因是这些土地、山林应缴的公余粮指标相对较高，歉收年份全部产出都可能不够上缴公余粮，那时在他们的眼里心里，无偿划拨这部分土地给移民，自己是没有吃亏的。

农村实行家庭联产承包责任制以后，村组集体土地所有权虽仍属于集体，但经营权属于农户个体。这种以户为单位的土地承包制度使农民可以多劳多得，农民生产积极性高涨，土地得到了充分的利用。对农民来说，土地就是财富，保护意识大大增强。随着国家一系列深化家庭联产承包责任制，如延长土地承包期限、林权改革等政策陆续出台，更加深化了农民对土地、林木的保护意识。此时如果要利用已承包到户的土地安置移民，就必须得到土地承包户个体的同意，在各地移民安置中，流转出来的土地多是属于已经不再从事农业生产的农户，或者是国有农场土地。近年来，土地农业生产带来的收入占农户总收入的比例不断下降，但因大量的工程建设占地，土地日益稀缺，土地商用市场价值大幅飙升，农民以户为单位的土地保护意识自然更强。

第二，相关征地补偿政策不断调整，注重被征地农民收入恢复和长远发展。中华人民共和国成立后至改革开放前我国陆续颁布了一些征地相关政策，我国建设征地补偿以被征土地的年亩产值为基础，耕地补偿倍数一般在 5 倍以内，补偿倍数很低但基本都有条件通过行政安排给移民配置土地。改革开放以后实行农村土地家庭联产承包责任制，征地补偿倍数大幅提升，单靠行政命令式给移民划拨土地进行安置已越来越难。进入 21 世纪以来国家加强了土地管理，强化了对失地农民的妥善安置和社会保障（表 2-4）。

表 2-4　我国征地补偿政策制度政策的变迁

年份	法规	相关规定内容概括
1953	《政务院关于国家建设征用土地办法》	妥善安置被征地者才能发展项目，土地补偿费以最近 3～5 年的年产总值为标准；如有公用土地可以调剂，则调剂土地并给农民迁移补助费。政府必须协调被征地农民解决就业，用地单位尽可能吸纳其就业
1958	《国家建设征用土地办法》	补偿标准为 2～4 年的定产量总值；应该尽量用国有、公有土地调剂，无法调剂的或者调剂后对被征用土地者的生产、生活有影响的，应该发给补偿费或者补助费。农民安置有农业安置、其他方面的安置或组织移民
1982	《国家建设征用土地条例》	明确征地费用包括土地补偿费、青苗补偿费、附着物补偿费和农业人口安置补助费。土地补偿费为该耕地年产值的 3～6 倍；安置补助费为该耕地年产值的 2～3 倍，但每亩耕地的安置补助费，最高不得超过其年产值的 10 倍；两项总和不得超过被征土地年产值的 20 倍。劳动力安置途径主要有农业吸劳、乡镇企业吸劳、迁队或并队、农转非后城镇国有企业吸劳

续表

年份	法规	相关规定内容概括
1986	《中华人民共和国土地管理法》	征地补偿按照被征用土地的原用途给予补偿，其标准是被征用土地征用前三年平均年产值的6～10倍；安置补助费为被征用前三年平均年产值的4～6倍，每公顷被征用耕地的安置补助费，最高不超过被征用前三年平均年产值的15倍。土地补偿费和安置补助费的总和不得超过土地被征用前三年平均年产值的30倍
1988	《中华人民共和国土地管理法》（1988 修正）	土地补偿费为该耕地被征用前三年平均年产值的 3～6 倍；安置补助费为该耕地被征用前三年平均年产值的 2～3 倍，但每公顷耕地的安置补助费，最高不得超过被征用前三年平均年产值的 10 倍；两项总和不得超过土地被征用前三年平均年产值的 20 倍。劳动力安置有农业安置、乡镇企业就业、农转非由用地单位及其他国营单位安置，鼓励自我就业，并发给一定安置补助费
2004	《关于修改〈中华人民共和国土地管理法〉的决定》（第二次修正）	第二条第四款修改为："国家为了公共利益的需要，可以依法对土地实行征收或者征用并给予补偿。" 将第四十三条第二款、第四十五条、第四十六条、第四十七条、第四十九条、第五十一条、第七十八条、第七十九条中的"征用"改为"征收"
	《国务院关于深化改革严格土地管理的决定》	该文件指出，实行最严格的土地管理制度，是由我国人多地少的国情决定的，也是贯彻落实科学发展观，保证经济社会可持续发展的必然要求。该文件提出，要严格执行土地管理法律法规，加强土地利用总体规划、城市总体规划、村庄和集镇规划实施管理，完善征地补偿和安置制度，健全土地节约利用和收益分配机制，建立完善耕地保护和土地管理的责任制度
	《关于完善征地补偿安置制度的指导意见》	①征地补偿标准：统一年产值的制订、统一年产值倍数的确定、征地区片综合地价的制订、土地补偿费的分配。②被征地农民安置途径：农业生产安置、重新择业安置、异地移民安置等。③征地工作程序：告知征地情况、确认征地调查结果、组织征地听证。④征地实施监管：公开征地批准事项、支付征地补偿安置费用、征地批后监督检查

《中华人民共和国土地管理法》规定水库工程征地由水利水电工程移民专门法规另行规定。2006 年颁布的《大中型水利水电工程建设征地补偿和移民安置条例》（国务院令第 471 号）对移民安置提出了更高的要求，要求坚决实行开发性移民方针，满足移民生存和发展需求。

相关征地政策制度也在不断调整，一方面，征地管理越来越严格，使移民安置时土地筹措难度加大；另一方面，对移民安置的要求越来越高，传统移民安置难以完全达到"满足移民生存和发展需求"和使"库区安置区经济可持续发展"。

2. 产业结构变化，农业比重下降

改革开放后，农业生产情况发生重大变化，农业从业人数占全社会劳动力总数的比重、农业产值占总产值的比重和农业收入占农民人均纯收入比重都有大幅下降，第二、第三产业从业人数和农业收入占农民收入比重有很大增加。查阅 2006～2011 年的《中国统计年鉴》并作综合数据分析可以看出，1978 年三次产业从业人数分别占全社会劳动力总数的 70.5%、17.3%和 12.2%；2010 年，三次产业从业人数分别占全社会劳动力总数的 36.7%、34.6%、28.7%。1978 年三次产业产值分别占总产值的 28.2%、47.9%、23.9%；2010 年的三次产业产值分别占总产值的 10.1%、46.8%、43.1%。1990 年农业收入占农民人均纯收入的 50.21%，2010 年农业收入占农村人均纯收入的 29.12%（图 2-3、图 2-4、表 2-5）。

表 2-5　农业收入占农民人均纯收入比重变化

年份	1990	1995	2000	2005	2010
农民人均纯收入/元	686.31	1577.74	2253.42	3254.93	5919.01
农业收入/元	344.59	799.44	833.93	1097.71	1723.49
农业收入占农民人均纯收入比重/%	50.21	50.67	37	33.72	29.12

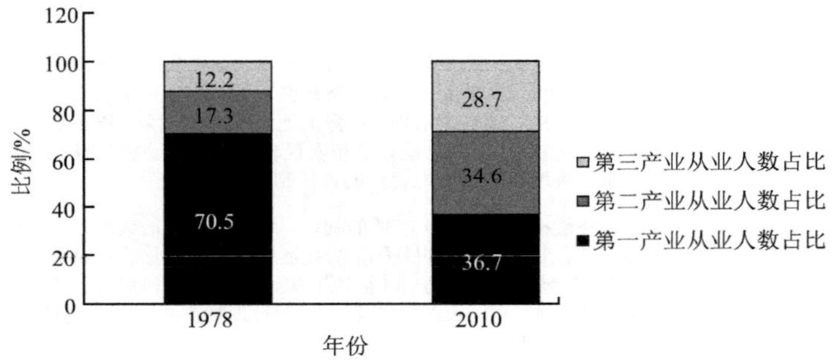

图 2-3　1978 年和 2010 年三次产业从业人数变化情况

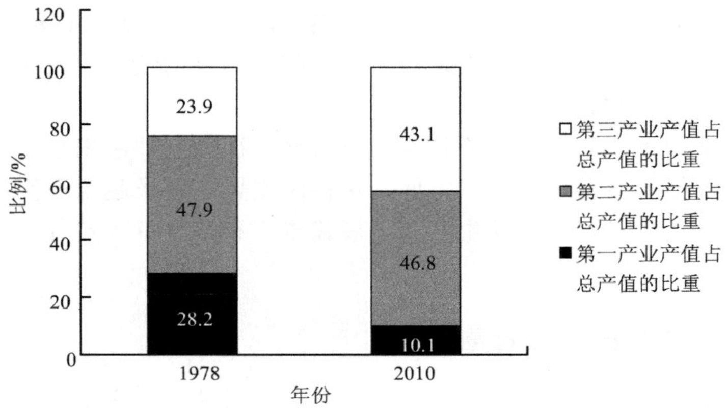

图 2-4　1978 年和 2010 年三次产业产值占总产值的比重

农业从业人数占全社会劳动力总数的比重、农业产值占总产值的比重和农业收入占农民人均纯收入比重的明显下降意味着农业、土地在就业和收入上对农民的重要性降低。与此同时，第二、第三产业就业机会，以及带来的收入比重不断增加，农民越来越关心在第二、第三产业的就业机会，更希望在城镇工作和生活。这体现在移民安置中就是有土安置对移民的重要性降低，移民关注重心转向获得第二、第三产业工作机会和收入，从而整体上倾向于这样一种移民安置方式：能够恢复或增加收入，生产生活条件得到极大改善，长远生计有保障，发展后劲强。在工业化、城镇化快速推进的背景下，传统移民安置很难满足移民的安置需求。每个移民家庭的谋生方式方法各异，这意味着移民安置中每个家庭都尽量选择能使他们收入最大化、可持续发展有保证的移民安置方式。

3. 社会结构变化，城镇化加速

城镇化和工业化快速推进，越来越多的移民选择到城镇安置。改革开放以来，我国城镇化以每年约1%的速度递增，到2011年已经达到51%。城镇能为移民提供更便捷的公共服务、更广泛的就业渠道，以及更优质的医疗、教育条件，其长远发展后劲强。工业化能为移民提供更多就业机会和更高的收入。此外，城市生活也是更受年轻人喜欢的生活方式，尤其是接受过良好教育的人群。工业化和城镇化的推进促使移民在安置点选择上尽量靠近城镇，至少是离城镇较近、交通方便的地方，但这些地方往往工商业也相对发达，土地市场价值往往也远高于移民获得的征地补偿额，移民在安置点附近要流转到等质等量土地难度大，在远离适宜耕作半径处移民又不愿意流转土地，从而使有土安置实施难度加大。

4. 政府职能转变，流转农民土地必须移民自愿

随着时代的发展，我国政府机构改革也在不断深化，转变政府职能，建立服务型政府；政企分开，政府管公共服务，企业作为市场经济主体，从事行业生产、市场经营。在水利水电工程建设领域，改革开放之前水利水电工程项目法人一般是相应一个层级的政府或者农村集体经济组织，政府常设立一个专门的直属机构组织实施工程建设并管理一个个具体的大（中）型水库项目，负责移民安置、筹措建设资金等。由于某一具体级别的政府既是水库的工程项目法人，又是移民安置的责任主体，政府有调动一切可用资源的动力，在没有实行农村土地联产承包到户时容易用行政方式划拨、流转土地，有土安置易于实施。例如，当年搬迁到江西省安置的新安江水库工程70 000移民，都采取政府行政划拨土地方式进行安置。政府机构深化改革，职能转变之后，政府不再干预作为市场行为主体的企业等经济实体的微观市场经营活动。此时，非公益性项目工程投资主要由水利水电企业筹措，向政府移民管理机构拨付移民安置费用，政府具体组织移民安置；公益性项目一般仍由政府组建项目法人，通过预算等方式筹措工程项目建设资金，拨付给水利水电管理机构用于建设之需。在这种体制下，以前的政府和移民在水利水电工程项目开发的两方矛盾关系自然演变转为移民、项目法人、政府三方矛盾关系，移民安置需根据实际情况，由三方共同博弈。采取适合当地移民和耕地等实际情况的方式，在移民安置区流转土地还需要首先充分尊重具有土地承包权的原住居民的主流意愿。这进一步增加了移民有土安置实施的难度。

5. 水利水电工程项目建设重心转向西部，资源环境压力增大

我国特殊的梯级地理结构和季节性河流特性决定了水利水电资源开发的顺序，东部地区地势平坦、交通便利、人口密集、经济先行发展但能源、水资源短缺出现得也早，所以水利水电工程建设率先展开；西部地区水能资源相对富集，但地形切割较深，耕地资源稀缺，经济发展相对落后。经过 60 多年的水能资源开发建设，我国现在的开发主战场已经转向西部地区。由于社会生产力水平的不断提升，各地经济社会的快速发展，以及用电和用水需求相应快速增长，国家有计划地开发水能资源相对富集的西部地区是客观的，也是必然的。

土地资源的稀缺性，加之水利水电工程区、库区、移民安置区生活的大多是世居的少数民族人口，这是西部地区具有的自然和社会这两个原生性的重要制约因素。例如，西部云南、贵州、四川等地是当前和今后一段时间水利水电工程建设的重要地区，云南省山地、高原和盆地的百分比分别是 84%、10%、6%，世居着几十个少数民族；四川省约 48.5 万 km^2 土地面积，耕地约 4.01 万 km^2，水利水电工程区、库区、移民安置区大多集中在省内三个少数民族自治的地方；贵州省土地面积约 17.6 万 km^2，喀斯特地形和石漠化土地占其土地面积的 68%以上，全省耕地约 1.76 万 km^2，而耕地中梯级水田面积仅占 0.7594 万 km^2，主要分布在红水河—南北盘江、乌江、清水江等流域的两岸低海拔河谷地带。这些水利水电工程区、库区和移民安置区的移民人口 60%以上是苗族、布依族、侗族、土家族、彝族、水族、仡佬族、毛南族等 20 多个世居的少数民族。少数民族移民群体千百年来形成了并已固化了喜欢聚居一地等民族传统文化风俗习惯特征，涉及搬迁安置时大多表现为具有相当强烈的故土难离情绪和要求集中安置（resettlement in a concentrated way）、不愿意拆散原社会网络结构关系的诉求心理，强烈要求就地后靠集中安置和实际上很难筹措土地的有土安置，使耕地资源本来就相当紧张的迁入地的有土安置难度叠加，安置移民就难上加难。

西部地区水利水电工程项目建设碰到的不可回避的两个原生性的矛盾制约因素使人们不得不进行聚焦，围绕破解移民传统安置面临的困局认真开展再思考。

2.3 破解传统移民安置补偿困境的思考

水利水电工程传统移民安置补偿模式以土地为基础，对移民的生产方式和生活方式影响较小，移民能很快适应移民安置区新的生产生活，土地给移民生产生活提供一个低水平的但是起码的可靠保障，安置后社会比较稳定。其存在的不足是受移民安置区土地资源的限制而难以实现土地流转，实施有土安置难度越来越大，移民依托土地、依托农业脱贫致富变得很难。各种非农业安置补偿模式能给移民提供更好的发展空间、更多的就业机会和更好的生活条件，但也使移民面临着更大的不确定性，对移民素质和实施条件有较高的要求。由于传统移民安置补偿方式和创新移民安置补偿方式有各自的优缺点，需要思考和寻找一种结合两者优点、避免两者缺点的多样化移民安置方式或采取与每个家庭相适应的个性化移民安置方式，移民长期补偿机制可以在其中扮演重要角色，发挥重要作用。

2.3.1 有土安置补偿的内在矛盾

对水利水电工程与移民这一对结构性大矛盾因素进行深入探究，并对矛盾中的主要因素进行由表及里、层层剥笋式透视，发现传统移民安置中有土安置存在的内在矛盾及成因主要如下。

1. 移民的价值取向因素

西方经济学家对于人类经济行为曾经有一个基本假定：理性经济人，即人作为经济决策的主体都是充满理性的，其所追求的目标都是尽量使自己的利益最大化和风险最小化。水利水电工程移民也是理性的，其在移民安置活动中要追求自己利益的最大化和风险最小化是必然的。在改革开放前，我国农村集体经济组织在农民生产生活中扮演了决定性角色，农民生产什么、如何组织生产、如何分配等都由集体决定，相应的在移民安置时个体价值取向是受集体价值取向影响的。而在农村土地以户为单位搞家庭联产承包责任制和市场经济条件下，集体经济组织不再干预农民个体的具体经济行为，农民可以根据自己的认知采取其自己认为的最优化的项目选择，体现在移民安置中即无论采用何种安置补偿方式，移民都努力在合法合理的基础上追求基于个人认识的利益最大化和风险最小化。个人价值取向在移民安置中客观上是起决定性作用的因素。

2. 有土安置补偿存在的内在矛盾

有土安置补偿存在的内在矛盾主要有以下三种。

一是可以保障就业，但因资源不足而就业不充分。一块土地给移民提供了一个稳定的就业机会，但我国人均耕地数量较少，给移民配置的土地也就人均 1 亩左右。无论发展什么农业产业项目，即使农业补贴再多、农业科技不断进步、农业生产效率不断提高，移民劳动力大部分时间也都仍然需要从事其他产业，移民家庭就业需求难以得到满足。

二是可以保障有一定经济收益，但收益难以满足发展需求。有土安置给移民配置的土地可以满足移民基本的生活需求，但是这一亩三分地很难满足移民发展生产的需求。农业收入占农民人均纯收入的比重在 2010 年已经下降到 29.12%的水平，即农民的 70%以上收入要来自于非农产业。无论采取什么有土安置方式，整体上看移民主要经济收入来源需要依托非农产业。

三是可以提供社会保障，但保障水平低。土地对农民而言，具有一定的失业保险、生活保障和养老保险功能，但这个水平仍然很低，一个移民家庭土地提供的平均农业产出仅够满足其基本的衣食需求。

3. 移民面临的两难选择

移民在安置方式、去向的选择上面临着生产安置需求矛盾和生活安置需求矛盾。生产安置需求矛盾指移民一方面想获得土地带来的非常可靠的经济保障和心理慰藉，另一方面又想寻找能取得更高收入的就业机会，前者要求配置土地而后者显然需要摆脱土地束缚、进入城镇或靠近工业园区附近安置。生活安置需求矛盾指移民一方面想到城镇安置，享受交通、教育、医疗等的公共服务条件，另一方面又想继续享受政府的各项惠农政策和农村的低成本生活，即移民想做城市中的农村人。生产安置需求和生活安置需求矛盾指移民生活上想得到城镇生活的便利，生产上想得到类似土地的可靠保障，这给安置点选择带来麻烦，因受耕作半径影响，选择城镇则难以流转到土地，选择农村则难以享受城镇生活的便利。

选择一种两全其美的安置补偿方式，一要能替代土地的保障功能，给移民提供长久、可靠的保障，使移民发展后劲强，增加移民收入；二要能给移民提供城镇化的生活便利。没有任何一种单一的移民安置方式能够满足上述要求，只有通过多样化、个性化的移民安置方式才能够实现，这种复合叠加的安置模式既要具备传统移民安置和创新移民安置的优点，又要能克服两者存在的弊病和缺点。基于长期补偿机制加多样化移民安置自然是其中比较可行的一种。

2.3.2 可能的方案：长期补偿机制加多样化移民安置

这里以可能的方案进行引题简议，就像开启大门的一把钥匙，既对移民长期补偿机制研究进行引题，又为后面的全面展开具体研究论述作一定的铺垫。作为大农业安置的一个新的有力的替代，水利水电工程移民长期补偿机制具有如下明显的功能作用。

一是移民长期补偿机制替代部分土地的功能。它可以具体替代原有土地的经济收益功能。移民长期补偿按照土地年产值或净产值逐年向移民兑付征占（淹没）土地补偿款，移民不但能获得与耕种土地相当的经济收益，旱涝保收，而且不用耕种、可以专心从事其他生产，获得两份收益，很好地替代了土地经济的财产保值功能。移民长期补偿机制根据当地的土地年亩产值或者粮食价格调整补偿款项，年亩产值由政府公布，是动态调整的，动态调整机制使移民不会因为物价上涨而受到损失，这与土地农业生产增值同步。移民长期补偿机制可以替代土地的社会保障功能。在移民长期补偿机制下，土地补偿效应与水利水电工程项目运行寿命同步，而且项目如果到期中止的话，还要复垦库区土地重新承包给移民，能够长期、稳定地替代土地社会保障功能。

二是移民长期补偿机制加多样化移民安置补偿的作用。它为多样化移民安置补偿创造了条件。土地把生产安置和生活安置割裂开来，想要土地就需在农村安置，想到城镇安置就难以配置土地。对征用（淹没）土地实施长期补偿后，移民可以根据意愿选择个性化移民安置方式，既可以获得稳定的生活保障，又可以获得生产生活条件的极大改善。就一个移民家庭具体的情况来说，一旦选择了长期补偿，摆脱了土地的束缚，那么，这个移民家庭在安置的选择上就灵活得多，其根据自身条件，可以选择到城市安置，享受城镇生活和工作便利，还可以拥有商业门面、商业住房等带来的经济收益；可以搬到资源丰富、条件相对较好的地方安置，租用土地或者给种养大户务工，继续农业生产；可以依托工业园区安置，在园区附近购房，在园区实现再就业。就随迁移民来说，如其剩余资源较多，可以不必搬迁，可对淹没线上的剩余土地资源加以充分利用等。

移民长期补偿机制在多样化移民安置中就好比一把钥匙，打开土地的枷锁后，移民就可以利用各种非农业安置模式的优点，同时可以克服其中的缺点。在多样化移民安置过程中，移民长期补偿机制发挥着基础性的作用。

3 水利水电工程移民长期补偿机制理性分析

本章运用矛盾运动规律学说及思维方法对水利水电工程内部结构性因素特别是工程与移民的矛盾关系、创新的移民长期补偿机制因素进行理性辨析，揭示水利水电工程与移民内部结构性主要矛盾关系本质与运动规律的特殊性；阐述移民长期补偿机制对工程项目内部结构各个要素的作用和影响，即移民长期补偿机制怎样解决或平衡工程与移民这一主要矛盾运动的普遍性和特殊性因素作用；同时分析移民长期补偿机制相关环境因素，如内部补偿范围和对象计列因素、补偿资金来源及兑现等保障机制和风险因素，阐述如何认识和平衡相关因素。

3.1 水利水电工程矛盾和移民长期补偿机制的再认识

针对人类如何认识事物矛盾运动规律和解决事物矛盾问题，毛泽东思想中的矛盾学说和相关论断已提供了科学的世界观和方法论。矛盾是事物发展的根本动力，事物的矛盾法则就是对立统一的法则，这是唯物辩证法的最根本的法则。事物矛盾客观存在着普遍性和特殊性因素。事物矛盾的普遍性是绝对性的，矛盾有两个方面的意义，一个是矛盾存在于一切事物的发展过程中，矛盾无处不在；另一个是每一个事物在其发展过程中都存在着自始至终的矛盾运动，矛盾无时不有。事物矛盾还存在着特殊性因素，也就是矛盾有其特殊性，而这个特殊性是相对的。一个事物在其发展过程中，包含着许多内部矛盾因素及矛盾运动，这一事物在其发展变化的过程中的各个发展阶段的矛盾及运动都具有一定的特殊性。这是对事物矛盾及运动规律应有的理性认识。在此对照水利水电工程和移民之间的矛盾关系，矛盾运动学说当然也就完全给水利水电工程领域中的水利水电工程与移民矛盾辩证关系的认识和化解及水利水电工程移民长期补偿机制的基础认识、再认识提供了科学的辨析方法和利器。

3.1.1 水利水电工程与移民之间的关系

马克思认为，就事物的辩证本性来看，不同要素之间存在着相互作用。每一个有机整体都是这样。[①]具有辩证思维的人们应该自觉认识，面对社会的各种实际工作和事物，面对于不同的事物矛盾问题，要用不同的方法去认识、去解决。这当然就包含着对现实的水利水电工程与移民之间矛盾关系问题的认识方法与解决方法。同时在具体的水利水电工程与移民的矛盾关系问题的处理当中注意从总体上及各个联结点上，从这一对矛盾关系及其运动着的各个阶段上进行区分，研究这一对矛盾事物所具有的特殊性，关注其有关的特点。按照《矛盾论》早就阐述过的事物矛盾对立统一关系和矛盾运动规律的主要精神，联系水利水电工程和移民矛盾关系的实际相应做这样的理解和把握。要用事物内部结构矛盾辩证运动规律的科学的观点具体认识水利水电工程与移民这一矛盾事物，认识该工程内部结构性矛盾的发展变化及其规律；用事物内部结构矛盾联系的观点来具体分析这一对矛盾关系问题，解决存在的矛盾问题，以求得水利水电工程与移民的基本矛盾问题的妥善解决和基本平衡。

联系到水利水电工程与移民的关系实际，可以从钱正英同志 1992 年挥笔的“移民工作是水库建设的重要组成部分”经典题词反映的内容和指向来具体理解，水利水电工程与移民的矛盾关系是世界上更是我国水资源开发全过程客观形成的众多纷繁复杂的矛盾关系中的主要矛盾。起于现代国家水利水电工程项目开发建设重大之机缘，水利水电工程项目法人因工程项目从筹备到实施建设各个阶段，必然直接走到该工程占地（淹没）直接涉及而失地的农民群众面前，与移民等各方紧紧联系在了一起，客观上大家都处于同一事项，同一时间、空间的统一体中，双方为了同一事项、同一目标，客观形成了工程项目内部结构性的双边乃至多边

① 马克思，恩格斯. 1995. 马克思恩格斯全集（第 30 卷）. 北京：人民出版社.

的矛盾共同体，相互对立统一并长期不断互动，长期互相作用。不言自明，水利水电项目法人与移民就此形成了工程项目主要的矛盾共同体，这一矛盾事物具有其特殊的运动规律。普遍具有较高科技文化和工商经营管理素质的现代水利水电的工程项目法人董事会代表及其公司的 CEO 和相关成员具备和应该具备的这个工程哲学上的普通的基本常识，具有和应该具有对这个矛盾事物最起码的认识。而此时，作为保持宏观经济稳定，加强和优化公共服务，保障公平竞争，加强市场监管，维护市场秩序，推动可持续发展，促进共同富裕，弥补市场失灵[①]的人民政府代表及其职能部门负责人，必须对辖区的水利水电工程项目内部结构中客观存在的这一人民内部矛盾统一体有一个十分清晰的认识，即对此项目有一个客观的辩证的认识和基本判断，那就是矛盾的双方相互密切联结，相互制约，相互影响。作为地方政府领导者和地方公共事务服务者、管理者，在这里必然是一个工程项目法人与移民矛盾关系的调解者、平衡者。利用统筹、协调、兼顾、平衡的手段，对水利水电工程项目开发中形成的这一对主要矛盾问题实施有效的协调、化解和平衡，使矛盾的双方可以朝着对立面转化而得到正确的发展，科学地规定事物和事物矛盾发展的方向，是政府及职能部门依法依规充分调节、化解这一矛盾关系，发挥公共服务的内在职能职责之一。行政职责范围内责无旁贷，要敢于担责、善于担当，这是综合行政素质和法治意识思维目前已普遍比较高的现代政府及职能管理机构成员具有的和必须具有的基本意识，必须掌握和善于应用的基本要领和方法。

政府在积极主动观察研究水利水电工程与移民这一对矛盾的特性时，必须具有科学的认识，而不能带有主观随意性，必须对水利水电工程项目法人与移民双方之间在工程征地补偿和移民安置、移民生计中存在的具体问题进行具体分析。政府对事物矛盾和矛盾运动问题的认识应该具有科学的基本观点并切实进行把握，矛盾就是对立统一。事物矛盾的对立，就是指事物矛盾双方互相排斥、互相斗争的倾向；事物矛盾的统一，就是指事物矛盾双方在一定条件下互相依存，互为存在前提，矛盾的双方共处于一个统一体中，并且在一定条件下向各自相反的方向转化。对事物矛盾具有的同一性和斗争性的理解应当是：事物矛盾的同一性是指事物矛盾的两个方面，往往是各自以与自己对立着的方面为自己存在的前提，双方共处于一个统一体中；相互矛盾的双方，往往依据一定的条件和条件变化，各自向与自己相反的方面发生转化。由此，对水利水电工程项目法人与移民的这一结构性矛盾运动的规律和走向的认识，当事地区的政府应当运用什么样的思维方式和方法行为去正确对待、正确处理，应该认识清楚，不问自明。

当然，任何矛盾事物具有重要的地位并不是绝对固定、一成不变的，而是

① 新华社. 2013-11-20. 中国共产党第十八届中央委员会第三次全体会议公报. 人民日报，1 版.

要发生变化的。随着事物矛盾发展的过程和阶段的不断推移，其中的主要矛盾可能会降为次要矛盾，次要矛盾也有可能上升为主要矛盾。而在一个矛盾事物中的两个方面里，必然有一方是主要的，另一方是次要的，主要方面起着主导作用。当然这两方面的地位也不是固定不变的，在双方矛盾的斗争中因力量的增减、条件因素的变化可能会互相转化。政府领导和相关行政管理服务机构负责人在处理水利水电工程建设与移民这一对结构性矛盾问题的时候，一定要坚持实事求是的态度，遵循从实际出发的原则，一切都要以具体的事项和具体的时间、地点、条件为转移，作出相应的准确的研判，依据相关法律、法规规则和政策，努力寻求合理的办法，对矛盾事物，采取措施加以统筹化解、协调和平衡。这就要求我们，对事物不同性质矛盾要采取相应不同的方式方法去解决。在这里，从水利水电工程项目法人、政府、移民群众三者的结构性关联的意识形态方面上看，并不是较长时间以来较为广泛存在和流行于水利水电领域里传统陈旧观念与视角下的三者关系，也就是有段时间以来有的人把三者之间关系视为水利水电工程中所谓的一般的联系性矛盾关系。在今天看来，所谓的工程与移民的关系是一般的联系性矛盾关系的意识和概念属于比较陈旧的落后的甚至是偏颇的有害的意识形态。三者之间的矛盾因素关系就是现代水利水电工程项目内部结构性的完整的属于人类社会层面反映在这一工程项目建设领域必然矛盾。这个结构性矛盾关系在现代水利水电工程项目所在的这方土地上是必然发生的，是该矛盾关系的各方特别是水利水电工程项目法人和政府只能正视、不能回避也无法回避的。

作为水利水电工程内部结构性矛盾的一个有机统一体，其内部直接涉及的多边矛盾关系因素是很多的甚至是纷繁复杂的，都是需要应对和解决的，但从中仔细透视，人们完全可以发现：作为其中起最重要作用的矛盾因素的水库大坝枢纽与移民的关系是工程项目内部的最主要的结构性关系，可以形象地把它们比喻成工程项目内部的“车之四轮、鸟之双翼、人之两足，缺一不可”（罗用能，2013a，2013b），也即始终是谁也离不开谁，一旦出现离开谁或缺失谁的问题，项目便可能遭遇不顺，甚至一事无成，再加上双方矛盾关系都客观需要的政府角色在里面进行有效的调节和化解，政府作用的因素无论任何时候都不可或缺。于是在现代水利水电工程项目内部，非常明显地存在一个呈三角形的内在的必需的客观的矛盾辩证统一关系。若从物理学原理中的力学角度和数学原理中的几何学角度看，项目法人、政府、移民群众这个三边统一结构既是水利水电工程内部完整的物体稳定的结构，也是维持一种工程内部架构（秩序）最理想的结构形态，形象比喻这个三边关系就犹如古埃及建筑物金字塔。于是，从工程项目内部结构性架构的运动规律看，政府要想确保这个三边结构最理想的稳定作用发挥，必须首先发挥主观能动性，确保驾驭这个三边结构中任何一边始终保持着结构性力量的相对均衡局面。三边中的任何一边一旦出现了或者可能出现力量倾斜、结构失衡的状况，那么三边原有的平衡性和稳定性就必然会发生动摇，原有的正常架构（秩序）就必然会被破坏甚至出现倒塌颠覆并产生系列负面的连锁反应。“覆巢之下无完卵”这条古训说的就是这个简单的关系和通俗的道理。随着水利水电工程项目从前期工作到项目的实施，拉动当地GDP（gross domestic product，是指在一定时期内，一个国家或地区的经济中所生产出的全部最终产品和劳务价值，常被公认为衡量经济状况的最佳指标）快速增长的机会到来，工程项目的预期效益特别是经济效益既可以看得见也将摸得着，同时工程项目内部三边架构矛盾关系也就随之已然确立。同时表明当地发展的一个大好机遇和一个严峻挑战双双来临。要确保水利水电工程项目顺利建设和尽快投产营运产生效益，一大前提就是要确保因水利水电工程项目建设征地补偿移民安置因素而自然形成的项目内部主要的三边架构（秩序）的安全与平衡、稳定，要确保工程项目区社会各种因素尤其是水利水电工程项目法人与移民矛盾关系平衡或相对平衡的状态。确保工程项目内部框架结构中的各个细胞因素和繁茂枝节基本实现安全和稳定平衡，一项大事当前，作为工程项目所在地的政府，其主要成员就要自觉树立工程项目系统思维、矛盾辩证思维、政府法治思维和社会法治思维，审时度势，始终做到敢于担当，善于担当，因地制宜，积极主动消除内在矛盾因素、主动化解征地移民安置中的各种矛盾，主动平衡水利水电工程项目内部三边结构性矛盾关系，将工程项目存在的潜性的或显性的各种矛盾对立因素和可能冲突因素全面消除，尽力避免“破窗效应”在一地一事出现，以此确保工程项目顺利实施，移民得到妥善安置，保持当地社会的稳定和谐与长治久安。

3.1.2 移民长期补偿机制实践梗概①

“物生于有，有生于无。”水利水电工程移民长期补偿机制实践生长于中国社会土壤，主要起源是水利水电工程项目建设区、库区、移民安置区日益突出的人地矛盾，即客观存在的耕地资源紧缺、优质耕地减少、土地调剂（land swap）难度增大，致使移民安置困难。由此，水利水电工程移民长期补偿机制的社会实践在各地项目从无到有、由小到大、从少到多，多年来正在迅速复制推广，逐步登上当代水利水电工程移民安置补偿的政策机制大舞台并长期发挥重要作用。

① 主要引自广西、广东、云南、贵州、辽宁、山西等省区移民管理机构有关水利水电工程移民长期补偿机制的文献文件、资料，进行综合概述。

移民长期补偿机制是应运而生、初试在田间地头的一种实践。最早主要是在广西、广东等地的中小型水利水电工程项目征地上的探索与实践。在1975年那个时期还没有形成移民和移民安置两个概念意识，而广西壮族自治区梧州市在蒙山县古湄水电站项目尝试征占耕地移民长期补偿方式，可谓最早的移民长期补偿机制成功实践案例。1987年先后有广西浪水水电站、容城水电站工程问需于民、问计于民，产生于基层的移民长期补偿实践。至20世纪90年代，广东省都平水电站、四川省槽渔滩水电站和福建省东固水电站等工程项目建设征地中，为解决当地突出的人地矛盾（当时这些工程项目涉及征地补偿搬迁安置的移民人口虽然相对少，但移民就地就近安置、排斥外迁的意愿特别强烈，加之项目法人的水库提前下闸蓄水、项目提前投产营运的欲望也较大）等因素，项目法人与移民的意志两相情愿，一拍即合，磨合到位，征地补偿中的项目法人与移民主要矛盾对立关系在当地当时基本得到化解。21世纪以来，广西壮族自治区长洲水利枢纽工程、云南省金沙江中游水电站、GZ省SHK中型水电站、GZ省SBX大型水电站、LT大型水电站GZ省库区、GZ省QZ大型水利枢纽等大型水利水电工程项目陆续开展移民长期补偿机制的实践。

云南省是我国西部水资源大省，省境内可供大型水电站和水库工程项目建设的资源较多，移民安置地存在山多地少也是云南省一个普遍的地理现象，加之农村实行土地家庭联产承包责任制并坚持长期不变政策，移民安置地的土地难以进行调整，除非是农场土地收购、国有土地划转等，以及集体剩余土地或其他土地可以转化。在土地资源紧缺情况下，云南省大农业安置移民已无法提供足够的土地，实行城镇化集中安置移民时更不可能提供足够土地。针对这个情况，云南省政府在2005年出台了人们简称为云南水利水电工程“116118”移民安置系列政策措施[①]，其中明确提出移民生产安置方式之一是立足一个长效补偿机制，明确定期发放移民生活补助，对移民进行长期的逐年的补偿，也就是将水利水电工程项目建设期土地补偿金转化为长期分期发放，项目运行期从水电站或水库项目收益中提取支付给移民，一般水库项目逐年补偿设置有如20年到期为止的期限。云南省先后有金沙江中游、怒江中下游水电站，如古偿河水库、龙开口水电站、向家坝水电站、青山嘴水库等工程项目均实践了大同小异的移民长期补偿机制。其中期限上设置有逐年补偿20年为期的，也有设置逐年补偿的期限与项目运行寿命同期的。通过公开各种安置方式，充分尊重移民意愿，由移民自行选择参加逐年补偿安置或其他安置方式。计列指标的模式上主要有二：一是把移民人口作为计列补偿对象（对人口，不对征占耕地面积），

---

① 云南省人民政府. 2005-05-21. 云政发〔2005〕81号：云南省人民政府关于印发《云南省大中型水利水电工程建设移民安置管理办法》的通知.

二是把土地作为计列补偿对象（对征占耕地面积，不对人口）。经过数年的实践检验，云南省利用长期补偿机制安置移民的总体情况在社会上反响良好。

2002 年年底，GZ 省于 RJ 县 QSH 流域的三军岩（图 3-1）、寨嵩两个小型水电站工程由项目法人与当地苗族移民群众双方在田间地头进行直接的充分的民主沟通与协商，形成征地与移民长期补偿方案并签订工程项目用地合同，合同虽简单也短小，但犹如卢梭在《社会契约论》里所说的相关公共契约的功效创建了一种能以全部共同的力量来维护和保障每一个结合者的人身和财产的结合形式，使每一个在这种结合形式下与全体相联合的人所服从的只不过是他本人，而且同以往一样的自由。这个契约所要解决的，就是这个根本问题（卢梭，2011）。这两个水电站项目征地移民长期补偿方案和合同分别报经当地政府以个案批复同意，初步践行了征占（淹没）耕地移民长期补偿机制。在对这两个水电站工程项目长期补偿实施情况进行调研后，2006 年 GZ 省对 HSH 的 SHK 中型水电站项目移民长期补偿机制方案以省政府个案批准方式进行省级试点。SHK 中型水电站工程占地（淹没）涉及 LD 县耕地面积达 4100 余亩，按照原编制的移民安置规划实施，规划一次性补偿实行大农业有土安置方式进行搬迁安置，需搬迁安置人口 1000 余人，而 4100 余亩耕地的实行长期补偿机制后，直迁不足 20 人。在总结 SHK 中型水电站工程移民长期补偿机制“试点”实践基础上，GZ 省 2007 年以来又先后在 SBX、TK、LT、DQ、ST、JY、QZ、ZQ、NZH 等大中型水利水电工程水库库区、移民安置区均以省政府个案批准方式相继进行省级试点，规范地实践移民长期补偿机制，试点实践相继取得成功。例如，2010 年开工建设的中华人民共和国成立以来 GZ 省最大的公益性水利枢纽工程——QZ水利枢纽一期工程，项目建设后有 6 个地级市（州）和 10 多个县市（区、特区）城乡的长期严重的工程性缺水问题可得到基本解决，输配水区有近 1000 万公众将直接受益。耕园地长期补偿的方案按程序报经省政府同意后实施，该库区、移民安置区有农村移民 2 万余人主动选择参加耕园地长期补偿。经统计审定，QZ 水利枢纽一期工程的库区 ZJ、NY、SC、LZ 四个县（特区）选择参加长期补偿的耕园地面积共达 16 800 余亩，征占（淹没）影响总耕园地面积的 81%。QZ 水利枢纽一期工程库区、移民安置区规划已由工程项目初步设计阶段确定的调剂耕地+出县外迁集中安置为主+分散安置为辅，到实施阶段因势利导，主动切实调整实施为长期补偿机制+集中安置（城镇化安置）+县内分散或相对集中安置（城镇化安置）+外迁相对集中安置（城镇化安置），近 2 万农村移民的长远生计问题基本得到解决，安置情况总体反映良好。GZ 省政府批准实施 LT 大型水电站 GZ 省库区、移民安置区移民长期补偿机制，2010 年通过项目法人 DT 集团公司董事会及 LT 水电站建管公司 CEO 与 GZ 省水利水电工程移民局和各自治州、库区、移民安置区各县、乡镇政府历时十几个月的共同努力工作后，LT 大型水电站移民长期补偿机制终于在 GZ 省库区、移民安置区建立并实施。经审定确认，GZ 省有约 2.4 万亩耕地指标计列参加长期补偿，相当于 4.8 万农村移民人均约半亩面积的耕地得到了如数模拟性恢复。同时，GZ 省库区、移民安置区继续整合其他资源对移民区的后期扶持相应跟进。据 LT 大型水电站移民安置综合监理部监测评估反映，移民长期补偿机制运行 7 年来，对农村移民生计托底功能作用发挥较好，长期补偿在 GZ 省库区、移民安置区的整体效果反映良好。GZ 省人民政府 2010 年 10 月印发《省人民政府关于进一步加强移民工作的意见》（黔府发〔2010〕12 号），其中明确全省对耕地容量紧张的水利水电工程库区积极推行移民长期补偿机制，科学确定逐年补偿的年产值标准和风险防范机制，确保移民生活水平不降低、长远生计有保障。截至 2014 年年底，GZ 省已经实施和筹备实施移民长期补偿机制的大中型水利水电工程项目规模达 20 多个，含 16 个水电工程和 8 个水利工程。其中已经实施长期补偿并正常运转的有 6 个，正在实施的有多个，筹备实施的有多个。GZ 等省区的水利水电工程移民长期补偿机制在本省的数块长期补偿试验田进行的实践已经实现一定的规模化、常态化，以及正如哈贝马斯（2014）所说的行为建制化那样，实现了在大中型工程项目的较大面积的较为规范的推广。

图 3-1　三军岩水电站枢纽，远处为苗族移民村寨

移民长期补偿机制近年来在东北地区也异军兴起。辽宁省锦州市锦凌大型水利枢纽工程是以防洪、城市供水为主要任务的大型综合性水利工程，当地政府高度重视移民安置，2009 年组织有关职能部门赴我国西南地区特别是水利水电工程移民长期补偿机制实践样本较多、实践步子较快、试点面较宽的 GZ 省进行了专题考察后，当年年底就锦州市锦凌大型水利枢纽工程库区、移民安置区建立移民长期补偿机制作出相关决策，省有关部门制定了相应具体方案并认真实施，移民长期补偿机制近年来实践反映效果不错。2010 年以后辽宁省总库容达 6.67 亿 m^3 的大（2）型水利工程项目——葫芦岛青山水利枢纽工程涉及征占（淹没）葫芦岛市的兴城市、建昌县和绥中县土地总面积 44 990 余亩，征占（淹没）土地近 47 000 亩，涉及安置人口近 16 000 人；经省人民政府同意，该工程库区、移民安置区又复制推广实施了移民长期补偿机制。工程建设和移民安置在实施移民长期补偿机制之后，辽宁省的水利水电工程项目建设和移民安置迎来了双赢、多赢的崭新面貌。辽宁省的水利水电事业发展从此开辟了新的纪元。辽宁省关于水利水电工程移民长期补偿机制从最初的专项立意酝酿、调查研究到谋划构思、编制方案，再到顶层决策、基层执行等实践环节过程、运作方式，以及取得的实践成果、存在相关矛盾问题如何协调解决等方面，其主要做法是值得思考借鉴的。

对未来长期补偿机制实践趋势的基本估计如下。正在实行的农村土地家庭联产承包责任制现今不变并将保持长久不变，市场经济条件下如继续靠行政手段已难以实现土地调剂的情况，水利水电资源正在向纵深开发，重点深入延伸到水能资源拥有量占了全国 80%以上，耕地资源却相对稀少的西南、西北等地区，移民安置耕地对接难以实现的情况必然大面积出现。目前，既有前期已实施的工程相关移民安置等遗留问题影响日渐明显并形成一定程度的社会拖累，又有各地的移民长期补偿机制实践已出现明显效果。实践出真知，成功的实践先例可供借鉴。“有以为利，无以为用。”在未来一段时间，会有更多新兴的水利水电工程项目以解决移民长远生计、妥善安置移民为目的，选择实施移民长期补偿机制。未来自觉接受并选择参加长期补偿的水利水电工程移民的耕地和参加长期补偿的人口数量将越来越多，规模越来越大。总之本着利民的基本出发点，移民长期补偿机制在各地方水利水电工程项目建设中正在不断派上用场，移民长期补偿机制的社会实践正在进行，实践的面积、规模和强度将越来越大，已有不可逆转之势。

3.1.3 移民长期补偿机制的原始目的与作用

移民长期补偿机制发端于水利水电工程项目建设的基层，启蒙于中小型水利水电工程项目的建设征地和移民安置存在的基本矛盾问题的解决办法的探索过程之中，目的在于妥善安置移民，切实解决水利水电工程与移民有土安置难这一对主要矛盾问题。

水利水电工程传统移民安置补偿方式具有重土地经济功能、移民原有人力资本得到保值增值、移民劳动力就业有基本保障、维护库区及移民安置区社会稳定等优点，但面临着土地资源、地理环境制约而难以为继，保障移民就业但就业不充分，保障移民经济收益但收益难以满足发展需求，提供社会保障但保障水平低的状况。新时代在水利水电工程安置移民时面临内外部的安置需求矛盾，在生产上，移民一方面想获得土地带来的非常可靠的经济保障和心理慰藉，另一方面又想寻找能带来更高收入的就业机会，前者要求配置土地而后者需要进入城镇或靠近工业园区附近安置；在生活上，移民对美好生活的向往一方面想通过城镇化安置，享受便利的公共服务资源，另一方面又想继续享受政府的各项惠农政策和农村的低成本生活，同时享受养老社会保险保障。移民选择城镇则难以流转到充足土地，选择农村则难以享受城镇生产生活的便利。寻求新的移民安置方式以解决工程与移民结构性矛盾关系是客观的必然的，于是产生了水利水电项目法人与移民群众基于共同的认识和直接充分的协商与自愿选择，然后经过基层政府协调一致，形成相关协议，进行征占耕地长期逐年补偿的实践。

据有关资料反映，移民长期补偿机制早期运作中一般是根据水库工程征占（淹没）的耕地面积主粮年产量，由水利水电工程项目法人支付，通过当初的政府粮食部门在粮库给移民提供谷物等主粮实物量的补偿，后来因当时的交通运输条件差，移民运粮等物流方式碰到了困难，于是又出现了双方认可的实物补偿和货币补偿两种形态相结合的逐年兑现补偿的方式。1975 年广西的古湄水电站尝试移民长期补偿方式可谓最早的移民长期补偿雏形，在持续不断完善的实践下，取得较好的移民安置效果。20 世纪 80 年代在广西的爽岛水电站、浪水水电站和容城水电站，广东都平水电站，四川槽渔滩水电站等中小型水电工程建设征地中，尝试应用了类似长期补偿进行移民安置，效果也不错。这些中小型水库工程项目征地移民的特点是淹没耕地、涉及人口少，淹地不淹房，经济效益好，实物指标简单。在项目法人看来，淹没耕地的每年补偿款或补偿粮等实物与项目每年产生的经济效益占比很小，如果能实现按时投产，就觉得负担轻，很划算；移民从此也可以获得补偿，年年有收入，大家乐于接受，项目法人和移民两相情愿。地方政府也乐于借此快速推动水利水电项目建设，拉动地方 GDP 等的快速增长。这些早期实践是移民长期补偿的雏形和初级阶段，它们为后来“西电东送”水电项目和大中型水利枢纽工程建设时由个案实施到广泛实施，从而为各地水利水电工程移民长期补偿机制的逐步建立积累了一定社会实践基础。

改革开放以来，我国东部地区工业化快速推进，对能源需求量大增，到2000年前后，东部地区不同程度地出现用电用水缺口；而在我国的西部地区，有大量的水能资源又没有得到充分开发利用，水能资源是可持续的、清洁的能源，具有一定的开发潜力。21世纪初，国家实施西部大开发战略，其中一个重要组成部分是“西电东送”的水电工程，把西部地区丰富的水能资源转换为电能、水能送往东部城市和工业地区，既增加西部地区收入，也为东部经济可持续发展提供能源支撑。但在水利水电工程建设中则遇到了西部地区土地资源稀缺、与少数民族传统文化产生冲突等导致的移民有土安置难以实施和生态环境等问题，广西、云南、贵州、四川、西藏、青海等地的移民管理机构先后开展了专题调研，研究已在一些中小型水电工程项目中在基层实施多年的征地移民长期补偿机制碎片素材，加以不断地提炼，提升为区域性比较系统的新移民安置补偿方式，从而形成更加稳定的机制，然后在大中型水利水电工程移民安置中引入实施，并取得了可喜的重要的安置成果。

移民长期补偿机制不仅在中小型水电站工程项目实施，还在21世纪以来的广西长洲水利枢纽工程、云南金沙江中游水电站、LT大型水电站GZ省库区、GZ省QZ水利枢纽等大型水利水电工程开展。截至2012年年底，GZ省已经实施和拟实施长期补偿的大中型水利水电工程达20个之多，含15个水电工程和5个水利工程，其中已经完成的有6个，正在实施的有多个，筹备实施的有多个。水利水电工程移民长期补偿实践已经实现了从中小型水利水电工程扩展到大中型水利水电工程，随着西南等地区耕地稀缺地区人地矛盾日益尖锐和大规模水利设施建设，越来越多的水利水电工程实施长期补偿生产安置方式。从发展历程看，“西电东送”的水电工程又是水利水电工程移民长期补偿机制进入基本成熟阶段的项目实践基础。现在来看，良性地化解水利水电工程内部结构性存在的矛盾对立，立足现实，围绕长期，实现长效目标，移民长期补偿机制在各个水利水电工程项目中普遍建立和推行，以此为动力机制，促使水利水电开发企业和水库库区、移民安置区、项目受益区等结构性的各方利益因项目开发统筹兼顾而不受损并相得益彰，直接长期可持续地共同受益，内部结构性矛盾保持相对平衡，矛盾关联的各方各得其所，皆具备可持续共同发展的条件因素，从而使水利水电工程结构性矛盾关系的各方从对立进入统一与和睦状态，构建项目各方利益共同体、命运共同体关系，从而使区域水利水电事业实现可持续发展。那么，作为一个创新的水利水电工程移民安置补偿机制，就移民长期补偿机制是否适合运作而言，必须考量它的外部因素等前提条件，也就是说，必须注重观察水利水电工程移民长期补偿的宏观政策和地理环境两个重要的外部因素。

水利水电工程移民长期补偿机制作为水利水电工程移民安置制度的一个有益补充，是科学解决现行水利水电工程内部结构性矛盾的重要方式、重要政策工具之一。它所具有的长期的移民安置补偿托底作用，真正解除土地等束缚因素，移民可根据意愿选择个性化的安置方式，充分利用城镇化等各种安置模式的优点，选择更加适合长远发展的地方进行安置，可有效解决在安置实践中面临的主要矛盾，形成移民长期补偿机制+城镇化等多样化安置+后期扶持的路径，脱贫致富有希望，推进并最终实现移民生态安置和绿色安置。客观地说，在水利水电工程领域，它并非解决所有移民安置难题矛盾、包治百病的唯一万能工具、万能药方，但其使移民安置脱离土地束缚，保障移民长远生计的关键作用不可低估。移民长期补偿机制与传统的和其他各种创新的移民安置补偿方式是补充、继承与创新的关系，是相互并存、相互包容的，是可以综合运用、并行运作的，相互间并不排斥，也并不否定。它与社会养老保险保障机制也应该是相互包容的，是社会保障制度的一个有机组成部分。说到底，长期补偿机制是新时期实施移民安置的组合拳之一，也是属于移民后期扶持性质的一个长期持续项目。在新时期人地矛盾突出地区水利水电工程移民安置补偿中，长期补偿机制扮演移民长远生计保证长期托底的关键角色，可以促进工程顺利建设，为受益区经济社会发展提供能源、水利支撑，同时可以有效推动工程库区、移民安置区移民实现脱贫，实现生态安置和绿色安置，保障社会长期稳定并为其同步全面建成小康社会奠定基础。全国各地特别是GZ省等地大量典型样本的实践检验证明，水利水电工程移民长期补偿机制的建立与实施不仅必要，而且经过完善优化后是可以复制推行的。只要不断推广并与时俱进对其进行完善和优化，其积极作用和能量将能得到更大的发挥。

3.1.4 移民长期补偿机制实践的宏观政策环境因素

政策环境是移民长期补偿机制出现并推广的主要因素。中华人民共和国成立至20世纪70年代末，由于那时人口基数少，土地国有制和农村生产实行大集体制，耕地的人均意识和权属意识淡薄，人均耕地相对多，水利水电工程又主要位于耕地资源相对丰富的东部、中部，政府采用行政手段调剂耕地比较容易，实施移民有土安置难度小。农业收入占农民收入比例大，农民愿意接受有土安置。现今，水利水电工程开发必然深入西南、西北等耕地资源稀少地区，政策条件发生了巨大变化，农村土地实行家庭联产承包责任制并且保持长久不变，市场经济条件下单靠行政手段已难以实现土地调剂。在工业化、城镇化快速推进的大背景下，农民经济上的收入主要来源已演变为非农产业，单一耕地农作难以实现致富，农民开始愿意到城镇安置，城镇周边土地价值迅速攀升。在这种时代背景下，水利水电工程移民安置耕地对接难以实现的情况普遍出现，创新长期补偿机制在内的各种移民安置方式成为必然的选择。

水利水电工程移民在安置过程中的主要诉求集中在安置补偿政策层面，而在传统现行移民安置补偿政策一时难以突破的情况下，如何在现行政策框架内寻求一种能相对兼顾各方利益特别是维护移民长远生计的良策，各地方政府都进行了积极探索，而长期补偿机制是其中最积极的主要成果之一。

2003 年 7 月科学发展观提出并明确“坚持以人为本，树立全面、协调、可持续的发展观，促进经济社会和人的全面发展”，按照“统筹城乡发展、统筹区域发展、统筹经济社会发展、统筹人与自然和谐发展、统筹国内发展和对外开放”的要求推进各项事业的改革和发展。科学发展观第一要义是发展，核心是以人为本，基本要求是全面协调和可持续，根本方法是统筹兼顾。2006 年《大中型水利水电工程建设征地补偿和移民安置条例》（国务院令第 471 号）、《国务院关于完善大中型水库移民后期扶持政策的意见》（国发〔2006〕17 号）（以下简称一条例一文件）的出台是在水利水电事业建设领域全面贯彻落实科学发展观的重要法规政策举措，其提出“以人为本，保障移民的合法权益，满足移民生存与发展的需求”“可持续发展，与资源综合开发利用、生态环境保护相协调”“做到工程建设、移民安置和生态保护并重”“使水库移民共享改革发展成果，实现库区和移民安置区经济社会可持续发展”等条款。2015 年 1 月初中共中央、国务院下发的《关于加大改革创新力度，加快农业现代化建设的若干意见》（2015 年中央一号文件）和 2015 年 11 月召开的中央扶贫开发工作会议对骨干水利工程征地补偿标准做出的政策规定，对脱贫攻坚战发出的全国动员令，当下全国上下正在普遍贯彻与践行创新、协调、绿色、开放、共享的“五大发展理念”，以及国家限期对贫困地区、贫困人口开展扶贫攻坚中的精准扶贫、精准脱贫，扶真贫、脱真贫等有关刚性政策措施和要求，为水利水电工程移民长期补偿机制在新项目中的不断诞生、不断持续推广提供了宏观政策环境保障。移民长期补偿机制是党和国家在中国特色社会主义进入新时代而形成的一系列新理念新思想新战略特别是“五大发展理念”与国家脱贫攻坚刚性政策在现代水利水电事业领域特别是水利水电工程征地和移民安置领域具体贯彻落实落地的一个新产物和新成果。

3.1.5 移民长期补偿机制实践的地理环境因素

地理环境因素是国家的基本地理国情因素，是影响水利水电工程征地移民安置方式推陈出新的客观重要的区域自然基本因素。我国不少水利水电工程建设区域在其喀斯特及石漠化严重，耕地资源缺乏的自然地理因素上客观存在人地矛盾日益突出、优质耕地减少、适宜开发土地资源枯竭、移民外迁安置难以实现等，是移民长期补偿机制出现推广运用的自然地理因素和社会地理环境因素（如西南地区的云南、贵州、广西等地，喀斯特地貌等山地占其土地总面积的比例分别都在80%以上，举目望去到处是呈不规则的V形、W形的千仞丛山和万壑峡谷，层层陡坡绵延数百千米，库区、移民安置区人口又众多）。移民安置工作在库区、移民安置区已经难以筹措到足够的优质耕地，必须采纳无土安置等安置方式。

一般情况下，水利水电工程项目法人的主观愿望是并不倾向于采取移民长期补偿，一是担心带来数量更多、时间更长的企业经济负担，长期补偿时限与工程项目运行寿命同期，其间年度补偿款标准还需适时进行动态调整，总补偿费在未来肯定是工程建设期一次性货币补偿的若干倍。二是工程项目进入常态化运行之后，项目法人年年都要支付移民长期补偿资金，每隔几年还需动态调整补偿费，程序复杂，增加很多业务麻烦。三是移民长期补偿机制实施中很多不确定因素难以预料把握。但是，移民安置工作进度滞后于工程建设，形成障碍因素的现实又必须面对，久拖不决造成的矛盾问题愈加复杂难理，许多情况下只有采取移民长期补偿才能推动移民安置顺利开展从而推动工程顺利建设，否则企群直接尖锐对立，矛盾问题难以化解，工程项目建设则寸步难行。

有一定清醒头脑和对移民长期补偿机制有观察并有深切体会经验的水利水电工程项目法人才会想到并主动采纳、配合地方政府实施移民长期补偿机制（如岩滩大型水电站工程移民安置区，LT大型水电站GZ省库区、移民安置区剩余土地资源十分紧张的地理环境因素，调查发现安置移民的过程中继续沿用传统的大农业安置方式已经实在行不通了，移民安置形势严峻，社会压力很大，项目法人及公司CEO更是忧心忡忡，对库区、移民安置区如此尴尬的状况也表示无奈，最后不得不主动与地方政府达成共识，相互合作，及时调整原移民安置规划。GZ省据实修编LT水电站工程GZ省库区、移民安置区的移民安置实施计划，选择采纳移民长期补偿机制来妥善安置移民）。也就是说，因为边远的深山区、石山区，以及土地资源严重匮乏区这样的特殊自然和社会地理环境承载因素，才有了水利水电工程移民长期补偿机制实践的必然试点和复制推广。正如GZ省政府有关文件所述的，积极推行移民长期补偿方式的地方是耕地容量紧张的库区和移民安置区[①]。

3.2 移民长期补偿计列模式

移民长期补偿机制需要各方认真探究、反复斟酌的一个基本的也是基础的要

① 贵州省人民政府. 2010-10-12. 省人民政府关于进一步加强移民工作的意见（黔府发〔2010〕12号）.

素，就是补偿标准在实践中拿什么物质作为有效的中介物质来进行撬动，也就是拿何种实物来作为参照标准之物，一对一地让移民既看得见又摸得着更用得成，心头感觉踏实，有关方面也易于接受，便于选择操作，这就直接涉及长期补偿的计列模式的讨论。

3.2.1 长期补偿实物补偿标准参照模式

根据水利水电工程项目的各个库区、移民安置区多个个案目前运作实际情况看，水利水电工程移民长期补偿机制的运行现有几种中介物参照模式，参照采取长期补偿的标准方式也有多种。年亩产值计算模式、净产值计算模式和实物产量计列补偿模式目前是比较广泛实施的主要参照模式。

1. 年亩产值计算模式和净产值计算模式

年亩产值计算模式以库区、移民安置区地方政府公布的工程征收耕地年亩产值为依据，用现金形式逐年支付给移民。耕地补偿标准就是地方政府公布的年亩产值，根据这个标准核算出每户移民的年补偿金，然后分若干次支付给移民。年亩产值一般 3 年调整一次，由地方政府公布；如果调整后的标准低于现行标准，以现行标准为准，即只涨不跌，而且不能低于审定的基数。LT 大型水电站 GZ 省库区采用这个模式，2007 年开始实施，按水田 1274.5 元/亩、旱地 850.5 元/亩的标准核算，在每年的 4～5 月和 10～11 月分两次把长期年度补偿金支付给参加长期补偿的移民，并从 2010 年起每三年根据库区主粮市场价格变化情况，对补偿标准适当调整一次。

净产值计算模式是在年亩产值的基础之上减去农业生产成本而得出年补偿标准，一般是以减去年亩产值的 20%～30%为基准，这种净产值实际上是不净的，因为一般不计算农民耕种土地的人工成本。

净产值计算模式能否推广取决于净产值的计算方法，由于近年人工费用上涨很快，西南山区不容易采用农业机械化耕作模式而大量使用低效率的人工耕作方式，这些地区恰好是移民长期补偿机制实施的主阵地，要严格按减去人工费的净产值实施长期补偿，农民自然不会接受，如据 GZ 省 LD 县移民管理机构 2010 年的实测资料反映，水田的收益是 1196 元/亩，旱地是 843.90 元/亩。在扣除种子、化肥等生产成本后（不含劳动力成本），农户耕种土地的实际纯收入约为水田 837.2 元/亩、旱地 590.73 元/亩；如果再扣除 5～10 天的劳动力成本，当时合 250～500 元，则实际纯收入更少。以这样的耕地净产值作为补偿标准，即净产值补偿标准因为并没有正向考虑到未来农业科技进步贡献率提高因素变量，也未考虑到国家对农业各种补贴倾斜因素变量，因而没有哪一个移民会轻易接受净产值计算模式。另外，GZ 省于 2010 年 1 月 1 日起实行建设征地统一年产值和区片综合地价政策之后，其他工程建设项目如高速铁路、高速公路等基础设施的征地补偿标准实际上是耕地地方年亩产值的 20～30 倍。尽管《大中型水利水电工程建设征地补偿和移民安置条例》（国务院令第 471 号）中把水利水电工程征地补偿单列，补偿标准是该耕地被征收前三年平均年产值的 16 倍，但在实施建设征地片区综合地价政策的大背景下，水利水电工程征地补偿政策特别是补偿标准受到冲击，已很难维持独善其身，按沿袭的 16 倍的标准实施移民长期补偿尚需要费很大力气宣传解释和动员且仍难以服人，工作效果甚差，更不用说以耕地净产值来作为长期补偿机制中的补偿标准了（典型实施耕地净产值补偿的库区是广西长洲水利枢纽工程，其采取以耕地年亩产值 70%的净产值为基数的长期补偿）。

耕地年亩产值计算模式具有操作方便快捷、权威性强、相对稳定、行政成本低等特点。该模式根据移民被淹耕地亩数直接计算出年度补偿金，年亩产值由政府部门公布，权威性高，移民易接受；不需要年年调整每户移民的补偿金额。缺点是其具有相对滞后性，难以快速跟随反映当地主要物价变化和土地增值效益情况。

2. 实物产量计列补偿模式

实物产量计列补偿模式以被征收耕地的地类和面积、主要农产品的种类和亩产量为依据，按对应年份省或市级物价部门监测的区域农产品平均价格折现给被征地农户，早期也有直接补偿粮食的。耕地单产量每 5～10 年调整一次，以区域综合平均产量为标准。农产品品种一经确定，原则上不再改变，水田一般以中等籼稻谷的年均产量、旱地一般以小麦的年均产量为基准核算长期补偿年度补偿金。GZ 省 QZ 水利枢纽是实行实物产量计列补偿模式的典型。

该模式最大优点是最大限度地保护移民利益，及时反映物价变化、土地增值程度。缺点是操作环节的过程程序多、波动大、行政成本高，折现时粮食单价需年年根据市场物价变化而定，耕地单产量需要定期调整，还需政府相关部门年年审批；另外，其供应量只增不减的特点使得在工程效益不好的年份或地方财政困难时可能因为项目法人支付能力不足影响长期补偿公信力而诱发社会不平稳。

3. 年亩产值计算与实物产量计列补偿相结合模式

耕地年亩产值与实物产量计列补偿相结合模式指在工程建设期执行年亩产值计算模式，项目运行期执行实物产量计列补偿模式。该模式集成了以上两种模式的优点。工程建设期实行简便的年亩产值计算模式，以便集中精力抓工程建设和移民搬迁；工程运行期实行更好保护移民权益的实物产量计列补偿模式，反映物价变化。

该模式的缺点是以上两种模式在转换时需要向移民做大量的宣传解释工作，

有时还产生二次选择的反复折腾问题。目前，位于 GZ 省 TR 市的 ST 大型水电站项目实行的是该模式。

4. 注意不同计列模式的适用性

不同模式各有优劣和适用性。实施移民长期补偿时，要根据系统最优原则把工程建设的推动力度、移民权益保护和工程业主的可承受度有机统一起来。对于效益高、淹没耕地少的水电工程，采用实物产量计列补偿模式，尽量保护移民利益；对于效益低、淹没耕地多的水电工程或者公益性强的水利工程，采用年产值模式，保证项目法人有充足支付能力，实际上也是一种保护移民根本利益的方式。对于工程建设规模任务大，工作特别复杂的水电工程可以采取年产值与实物结合模式，追求工程顺利推进、项目长期正常运转与保护移民长远利益的系统最优化。

要具体看待和分别选择确定以上四种模式。应注意因地制宜，因势利导，合理选择，也就是因水利水电工程的实际情况而异，因移民主流意愿和选择而异，正是体现了"具体问题进行具体分析、具体解决"的事物矛盾解决的办法和精神。

3.2.2 长期补偿耕地指标分解计列模式

移民长期补偿机制中的耕地如何套在移民户头（人头）上又是一个必须面对的具体矛盾问题。水利水电工程移民长期补偿机制的具体实践中特别涉及农村集体经济组织内部耕地指标如何分解的问题。移民长期补偿机制是以被征占耕地的平均年产值或者实物产值为基准计算。由于中国农村土地所有权属于农村集体经济组织，就产生了两种耕地指标分解模式：一是直接把耕地指标分解到户、按照每户实际被征占（淹没）承包地面积进行补偿，二是按照被征占（淹没）耕地总数计算出来人均被征占（淹没）耕地面积，再根据移民家庭人口测算出每个移民家庭的补偿数额。耕地指标分解模式与社会公平和社会稳定紧密联系，需要特别注意。

1. 人均被征占（淹没）耕地面积模式

人均被征占（淹没）耕地面积模式指以整个库区被淹没的承包耕地总量计算出年度补偿金总额，然后根据审定的参加长期补偿的库区总人口平均分配法（简称人平法），得出每个人应得的年度补偿金数额，最后计算出每个移民家庭的长期补偿年度补偿金数额，即在人平法基础上实施的长期补偿。采用该参照系外在表现类似以土地换社会保险保障，但实质却不同，因为采用该参照系的长期补偿根据粮价确定和不断调整年度补偿金，而以土地换社会保险保障是根据群众的保障需求由政府的文件规定和调整保费的。

该计划模式的优点是做到了均贫富，保障所有参加长期补偿的移民的利益，每位移民都获得均等的一份补偿；操作方便，该机制下不必把耕地实物指标分解到户，只需计算耕地总面积和核定移民总人口即可，因而使部分复杂的不同集体经济组织之间、集体经济组织与移民个体之间的土地权属纠纷问题得到解决。YN省在部分实施长期补偿机制的库区、移民安置区参照实施了这个计列模式。在移民人均耕地面积较为充足的区域，长期补偿金计列直接与被淹没土地面积挂钩；而在农村移民人均耕地面积较少的区域，长期补偿金考虑到公平与救助相结合因素，直接与农村移民生产安置人口挂钩，实行指标到组，名额到户，均衡分配。

该计列模式的缺点是搬迁期产生简单的补偿平均主义，更容易带来库区社会的不稳定，搬迁后留下很多棘手的隐患。由于20世纪50年代初期我国土地改革实行的是以乡为单位平均分配土地的政策，乡与乡之间、县与县之间的人均土地原本就存在较大差别。多年的经济建设中各地土地征用情况不同，各地人口迁移情况和人口自然增长情况不同，加剧了人均土地占有量的不同，有的相差好几倍。水利水电工程建设征地补偿若以人口平均分配土地指标，相当于在水库征占（淹没）区再一次进行土地改革，实质上是一次当地人民内部土地利益的重大调整，事关社会公平和社会稳定重大问题。人均土地被征占（淹没）较多的这部分移民就会产生不满意，一些移民只是部分土地被征占（淹没）另外一些则是全部被征占（淹没），土地被全征占（淹没）的移民产生很大抱怨。此外，人口是动态变化的，生老病死、婚丧嫁娶都会造成人口的变化，还有违反计划生育法规政策的人口等，会使人平法在当地变得复杂化，容易引起移民不断上访甚至激化原本可以避免的矛盾[如XJB大型水电站YN省库区SJ县库区、移民安置区，该县因对库区耕地征占（淹没）面积情况不一的客观因素研判上有所忽视，简单以移民人口平均计算分配（对人不对地）作为参加长期补偿的指标，并以每月直接以类似单位职工以月工资发放的形式对移民每人进行兑现发放，为此，2011年3月YN省SJ县发生数千移民群众非正常群访，滞留该县县城若干天的较大规模群体性诉求事件]。此外，在GZ省库区有土安置中已经实施了多年的土地人平法，实践证明此模式引发并留下了至今仍存在的众多问题。

2. 实际计列被征用耕地面积模式

实际计列被征用耕地面积模式是把农村集体经济组织的耕地指标分解到户，以每户的实际征占（淹没）耕地面积为准计列，计算出每户移民的年度补偿金。采用这种模式要求把耕地实物指标精准分解到户，张榜公布公示后确认，有出入及时复核纠正，有纠纷在征占（淹没）前及时调解，确保准确核实每户被征占（淹没）耕地面积，还对每户移民参加长期补偿的土地指标和协议完善司法公证手续。现在大部分水利水电工程项目都采纳移民户以实际计列被征占（淹没）耕地面积模式。

该计列模式的优点是尊重历史、符合市场经济交易原则、容易得到移民接受、遗留问题少等。在这个计列模式下，如实反映了当前不同经济组织内部拥有土地情况，在同一个经济组织内部不同移民个体之间拥有大致相同面积的耕地，公平有保证；不同集体经济组织之间耕地平均水平因建设征地、人口迁移等原因有差别，但是人均耕地少的集体经济组织之前已经获得与征地时经济水平相应的补偿，所以这时相应少获得补偿也是合理的；多淹多补、少淹少补，只对耕地地类面积而不对具体人口，符合当地实际，较易让移民接受。如果移民被征占（淹没）土地比例很小，移民可以选择一次性补偿，继续耕种淹没线上剩余承包耕地，生活同样有保障。GZ 省实施“西电东送”工程以来建设的大中型水电站项目，对移民无论是进行有土安置还是实行无土安置，采用按实际征用耕地面积进行安置补偿的库区，其遗留问题都比人平法相应少得多。

3. 人均被征占（淹没）耕地面积和实际计列被征用耕地面积相结合模式

移民人均被征占（淹没）耕地面积和实际计列被征用耕地面积相结合模式是以移民实际被征占（淹没）耕地面积为基础的，在此条件下对人均耕地过少的集体经济组织移民实行保底的优惠政策。这种模式中以实际被征用耕地面积的模式为基础，所以其操作中的特性与实际被征用耕地面积相结合模式相同。不同之处在于对人均耕地过少的移民实施了保底政策（QSJ 流域的托口大型水电站项目 HN 省、GZ 省库区实行了这个计列模式。该水电站项目中普遍实施按实际计列被征用耕地面积进行粮食直补，对于少部分人均耕地低于 0.5 亩的移民家庭实行 0.5 亩的保底政策，即家庭人均不足 0.5 亩的移民按人均 0.5 亩土地计算长期补偿年度补偿金保底）。这个计列模式具有实际计列被征用耕地面积模式的所有优点，又特别照顾了淹前淹后人均耕地都比较少的移民家庭，保障了这部分移民的基本生活。总之，需要注意长期补偿涉及的耕地指标因素，相应择善而行。

3.3 移民长期补偿的保障机制

水利水电工程移民长期补偿机制的年度补偿款来源是工程项目的运行效益及成本预算或者各级地方政府预算拨款。水利水电工程项目运行效益随流域降水量、来水量的变化而变化，政府财政也有支付能力不断变化的因素，所以移民长期补偿机制的长期顺利实施需要项目法人、政府的支付能力具有可持续性。移民长期补偿机制实施后可以不再为移民对接耕地或少对接耕地，把移民（农民）从土地束缚中解放出来的过程也就是产生移民富余劳动力的过程，必须解决移民劳动力的再就业、创业问题，否则无事难免生非，所以需要适时开展移民劳动力的再就业、创业技能培训。移民长期补偿机制把一次性补偿变为长期逐年补偿，由此产生该机制的长期的常态化管理问题。水利水电工程移民长期补偿机制能促使移民从传统农业安置方式中彻底脱离，实践证明该机制能够解决移民生计和持续发展问题。从联系和发展的观点出发，一个部分获得利益，另一个部分就要失去利益或者有新的利益来源，这就产生了利益平衡问题。长期补偿的平稳推进需要有以下这三个保障机制来解决相关保障问题。

3.3.1 风险保障金机制

长期补偿机制进入水利水电工程项目运行期之后，顺利实施的关键是作为主要供给侧的项目法人的长期补偿年度补偿金支付能力的长久可持续性。水利水电工程项目法人长期补偿年度补偿金来源于项目的盈利，水利工程项目法人支付能力受制于降水量、电价、地方政府财政状况和粮价等因素。一方面，这些制约因素会发生变化，如 2009～2011 年西南地区发生大旱，有关流域的库区河流来水量小于往年，曾使这些流域的一部分中小型水电工程运行效益受到严重影响；另一方面，移民的年度补偿金支付是往上逐渐调整的，一旦发生资金短缺难以满足支付情况，就会引起移民群众强烈不满，甚至诱发区域性社会的不稳定。因此，需要建立一个移民长期补偿风险保障基金，在工程运行效益不好或者地方财政发生暂时性困难时能够应急保证移民获得补偿。为规避应对长期补偿年度补偿金暂时性支付困难，GZ 省的做法是由水利水电工程项目法人预提取三年的移民长期补偿预备金，转交移民管理机构，存入双方共同指定的银行机构的专门账户，以备不时之需。

3.3.2 劳动力就业培训机制

水利水电工程移民参与耕地长期补偿以后，他们获得的年度长期补偿金可以保证长期基本生活，但是劳动力完全从土地耕种中转移出来以后，必须要实现再就业、创业和再创业。授之以鱼的同时还更需要不断地授之以渔，尽量提供就业岗位和就业条件。移民劳动力实现就业和再就业的一个主要途径是接受相应的劳动技能培训和职业技术教育，建立就业、创业和再就业培训机制就显得尤为重要。就业、创业和再就业培训需要科学化、适用化、层次化和多样化，可以由政府有关部门直接组织、职业院校与企业的各种岗位需求相挂钩的订单式方式具体实施，也可以采用教育培训补贴的形式发给自行在职业院校里学习并拿到职业资格证书的移民劳动力等多样化的形式。目前，许多地方都开展了移民劳动力的再就业、创业技能培训，但如何使移民劳动力真正成为劳动大军中文化素质较高、技能熟练的技术工人，尚未探索出一个很成熟的劳动力技能培训机制。这个移民劳动力的就业培训和保障机制需要不断加强和完善，详细内容将在第 5 章阐述。

3.3.3 常态化管理机制

水利水电工程移民长期补偿机制变工程征地一次性静态补偿为长期性的动态性补偿，相应地需要建立一套常态化管理机制，使长期补偿移民档案（resettlement documents）的长期管理、长期补偿财产的家庭成员变更登记、年度补偿金末端支付、长期补偿标准调整等工作进入规范化和精细化管理轨道。在移民长期补偿机制常态化管理中，涉及项目法人、政府和移民管理机构、银行机构等供给侧角色的各自职能发挥，还涉及长期补偿机制与社会养老保险保障制度的常态化衔接，具体内容将在第 5 章进行详细描述。在 GZ 省，大中型水利水电工程移民中的征地移民长期补偿机制实践已经开展多年，形成了较为成熟的移民长期补偿机制的常态化系列管理机制，涵盖了风险管理、补偿标准调整、年度补偿金支付管理，以及长期补偿的移民档案管理等系列微观执行、指向层面，值得人们观察、总结和借鉴。

3.4 移民长期补偿机制取得的效应

水利水电工程移民长期补偿机制有力地推动了工程建设，基本保障了移民群众生产生活，有效助推移民群众生活水平的提高，同时节省了一定的工程项目建设费用，化解了棘手的相关矛盾纠纷，构建了移民、项目法人和政府等各方基本满意的多赢局面（罗用能，2009）和良好关系，并具有库区、移民安置区自然生态环境得到有效恢复和保护的一定的综合作用和综合效应。

3.4.1 破解生产安置土地等束缚

人地矛盾是水利水电资源开发一段时间以来面临的最突出的主要矛盾，长期补偿机制则可以有效化解这个主要矛盾。长期补偿机制主要是通过货币补偿替代被工程征占（淹没）土地的经济收入和社会保障功能，不必再给移民配置土地，使移民安置摆脱了土地因素的束缚，实现了从单一的以土为本的大农业生产安置向灵活性很强的多元化安置的转变，赋予移民自愿选择安置地和安置方式的空间，有利于对每个移民家庭的个性化安置。“西电东送”战略实施以来 GZ 省掀起的水利水电工程建设高潮中，移民长期补偿机制为这些工程的移民安置破解土地等约束走出了一条新路，取得了一定效果，具体体现在以下方面。

第一，直迁移民在安置去向上选择更多，对提高移民生活水平有利，比较容易实施适合每个移民家庭的个性化移民安置。淹没线上剩余资源较多，交通等基础设施条件尚好的地方，直迁移民不必远迁，在当地可以继续谋生；随迁移民指标不必再计列，更不必搬迁，可以减少安置及相应的基础设施建设投入，从而减少安置对库区社会网络结构和传统文化因素的冲击和生态环境的破坏。淹没线上剩余资源较少、交通等基础设施条件也较差的地方，直迁移民则可以进城镇安置，融入地方的工业化、城镇化。

第二，比较节约安置占用土地，有利于维护库区、移民安置区的生态环境恢复。生产安置中无须再一味坚持调剂或开垦耕地，随迁移民规模相应减小而减少安置地对土地资源的挤占；可以实现移民最大可能的就近、就地后靠安置，减少了移民在异地社会的融入难度和压力。最明显的效果是可充分利用淹没线上剩余资源，避免了移民大规模远迁后淹没线上剩余资源处理难的问题。

第三，尊重当地少数民族生产生活方式和传统文化习俗。对于坚持不愿外迁或者要求集体外迁、集中安置的少数民族村寨，实施移民长期补偿后对集中连片有土安置的要求相应降低，容易满足当地少数民族群体集中安置的集体需求，维系了当地少数民族原有传统农业生产方式、生活方式和族群社会网络结构，有利于少数民族地区民族传统文化及风俗习惯（customs and habits）的保护传承。

以下为 GZ 省移民长期补偿试点对外产生的张力效应的实例。青海作为西部一个少数民族人口聚居占比较高的省份，为探索寻求妥善安置本省水利水电工程库区少数民族移民人口的政策路径和方法，青海省移民管理机构会同省发展和改革委员会、国土资源厅、人力和社会保障厅、各新工程项目相关地方政府等于 2011 年派出移民长期补偿专题联合调研组到 GX、YN、GZ 等省区专题考察少数民族地区水利水电工程移民长期补偿实施情况。进行现场观摩交流后普遍认为 GZ 省的移民长期补偿机制比较尊重当地少数民族传统文化习俗和顺应、适应当地耕地资源等实际情况，评价效果良好，普遍认同GZ省做法具有较高的参考价值。联合调研组事后紧密结合当地少数民族地区传统文化习俗等实际因素，积极提议主张参照借鉴GZ省基本做法，向青海省高层提议在青海省内大中型水利水电工程项目中吸收运用推行。由此反映出GZ省移民长期补偿机制已在一定范围形成了实践范式。

3.4.2 保障移民长远生计，促进就业多样化

1. 与持久收入理论基本相吻合：有利于增加移民稳定而持久的经济收入

美国经济学家米尔顿·弗里德曼（Milton Friedman）的持久收入理论认为，居民的消费不取决于现期收入的绝对水平，也不取决于现期收入和以前最高收入的关系，而是取决于居民的持久的收入（弗里德曼，2014）。它是一种长期平均的预期内得到的收入，一般用过去几年的平均收入来表示。只有持久收入才能影响人们的消费方式。以此对照而言，移民长期补偿变静态的一次性补偿为动态的长期的年度补偿，将现行规定的一次性补偿的金额延伸扩大到若干倍并逐年进行补偿，移民由此获得了比耕种以前的土地收入还要更多、更稳定、更长久持续的收入，可以维持相应周期的消费。而移民自己耕种土地，因受天气、市场因素影响，收入是很不稳定的。在移民自己的账本中，假设风调雨顺，在国家最低粮食收购价保障前提下一亩地种粮收入在扣除种子、化肥、农药和劳动力等成本后，纯收益仍很低，自然影响了移民的周期消费。

根据水稻生产大省湖南省的“湖南成本价格发布平台”发布数据，2012年该省每50kg水稻生产销售盈利情况见表3-1。

表3-1　2012年湖南省每50kg稻谷生产收购情况

品种	2012年9月收购价格/元	2012年（统一）			2012年（雇工）		
		成本/元	利润/元	亩利润/元	成本/元	利润/元	亩利润/元
普通早籼稻	134.48	100.20	34.28	342.8	139.74	−5.26	−52.6
优质早籼稻	141.01	100.20	40.81	408.1	139.74	1.27	12.7
中籼稻	138.25	96.57	41.68	416.8	137.39	0.86	8.6
普通晚籼稻	133.58	95.50	38.08	380.8	132.45	1.13	11.3
优质晚籼稻	147.15	95.50	51.65	516.5	132.45	14.7	147
综合	138.38	97.59	41.3	413	136.35	2.54	25.4

注：表中的统一，即按统一工价计算；雇工，即按雇工价格计算；亩利润中以亩产500kg计

由表 3-1 可知，2012 年按统一工价计算，湖南省的每亩水田种植一季水稻综合收益为 413 元；按雇工价格计算，湖南省的每亩水田种植一季水稻综合收益为 25.4 元；两者的平均数为 219.2 元，种植两季为 438.4 元。湖南省具有比西南水库建设区域优越得多的水稻生产条件，而且西南的很多地区不能种植两季水稻、不能使用大型农机进行生产。这意味着在风调雨顺的情况下，2012 年农民耕种一亩水田的利润，单季在 200 元左右，双季在 400 元左右，要遇到旱涝灾害，则可能亏本；西南地区经济效益则要更差些。而实行长期补偿，2012 年 LT 水电站库区参加长期补偿的移民每亩水田每年可获补偿金 1247.5 元，旱地 850.5 元，是种粮收益的数倍；QZ 水利枢纽补偿则更高。农民自己对种植粮食的收益有真切感受，如 GZ 省 SN 县 SDS 乡 BY 村的村党支部书记在调研时反映说，“我们这里在采用人力生产情况下，每种 100 斤（1 斤=0.5kg）水稻的纯收益不会高于 10 元人民币”，即人工耕种 1 亩水田年纯收益在 100～200 元，旱地粮食种植的收益更低。

实施长期补偿机制后，与一次性货币补偿收入相比，移民实际获得的补偿收入显得更高一些，也比征占（淹没）前的耕地的亩产值要高出不少。LT 大型水电站 GZ 省库区、移民安置区实施移民长期补偿机制是在一次性有土安置无法实现的情况下中途转向而建立的，当中发生有一个特殊的情况，即出现了相当部分数量的移民主动寻求银行贷款参加长期补偿。这为计算移民长期补偿资金折现提供了一个范例。在移民长期补偿机制实施以前，耕地补偿款已基本按一次性补偿发放到移民手中了，移民已将其大量用到日常开销上，甚至挪用到修建住房等基础性开支上，后来应参加长期补偿需要，必须返还一次性有土安置的耕地补偿资金，许多移民户由此一时拿不出返还资金，政府协调当地农村信用社机构为移民贷款参加长期补偿。当地农村信用社机构按当时的人民银行基准利率下浮 10%为移民办理专项信用贷款，明确月利率 4.455‰，利率 20 年基本不变。贷款额度是每户得到的一次性补偿款除去 2007～2010 年移民应得的长期补偿金，移民用每年度的长期补偿年补偿金来还贷。经测算，移民要经过 20～23 年才能还清该笔贷款，以后每年能拿到长期补偿款。但对移民来说贷款仍有吸引力和积极性：相当于其本身没有出现资金投入，仅签订一个信用贷款协议、还贷合同和参加长期补偿协议，就能在为期 20 年左右之后每年可以完全获得一份长期补偿的持续的稳定收入。而实际上由于当地主粮市场价格上涨的因素，年度补偿金上涨趋势是客观存在的，移民应该能在稍短的时间内拿到长期补偿的年度资金。相比于一次性补偿而言，这对移民自身可持续的收入计量来说是相当划算的。

从财务测算方面看，参加长期补偿的移民所获持久实际收入也大于一次性货币补偿。下面选用我国市场体系相对较成熟以后的农村居民消费品价格指数和银行贷款利率测算工程运行期（50 年）内 1 亩水田获得的长期补偿费用现值情况。耕地年产值与粮食市场价格直接挂钩，这里不直接采用粮食价格指数，因为粮食作物是一种涉及民生的战略性物资，受政府计划调控因素影响较大。利率上采用贷款利率而非存款利率计算（因为采取一次性补偿后，多数移民自然首先用于改善其生活条件，子女教育支付等，最后有盈余才考虑存入银行）。以我国2001～2011年的农村居民消费品价格指数分别为100.7、99、100.9、103.3、101.6、101.5、104.5、105.6、99.1、103.2、105.3。而2012年7月6日至1999年6月10日期间我国共有24次银行贷款利率调整，其中涉及五年及五年以上期贷款年利率百分点分别为6.55、7.05、6.8、6.6、6.4、6.14、5.94、6.12、7.2、7.47、7.47、7.74、7.83、7.83、7.56、7.38、7.2、7.11、6.84、6.39、6.12、6.12、5.76、6.21。这里选取以上数据的算术平均数（取6.826）对LT水电站库区长期补偿金进行测算，得出的具体情况见表3-2。

表3-2　LT大型水电站1亩水田长期补偿金折现情况

支付年限	年产值不变现值/元	按物价和利率现值/元	支付年限	年产值不变现值/元	按物价和利率现值/元
5	5 214.25	5 663.1	30	16 658.23	22 134.06
10	9 058.46	10 316.06	35	17 495.53	23 941.82
15	11 892.60	14 143.24	40	18 112.83	25 427.12
20	13 982.07	17 342.85	45	18 567.93	26 648.82
25	15 522.23	19 971.74	50	18 903.46	27 670.15

注：年亩产值1247.5元

从表3-2可以看出：

第一，年亩产值没有随着物价上涨而调整，50年的补偿现值是18 903.46元，比一次性补偿的19 960元少1056.54元，这对移民是不利的。

第二，年亩产值与主粮市场价格同步上涨，则到第25年的补偿费现值总和就超过一次性补偿，与LT水电站GZ省库区部分移民向信用社贷款参加长期补偿，用长期补偿费用还款情况相符合（如部分移民贷款参加长期补偿，还款时间预计在22年左右，比这个计算值要短几年的原因是信用社执行基准利率下浮10%的政策），50年补偿现值总额为27 670.15元，是一次性补偿的1.39倍，从移民方面的收入计算看是可观的。

第三，LT大型水电站GZ省库区、移民安置区移民更多考虑用手头现有的资金改善生活条件，而不是用于投资获取资本收益。相当多移民拿到一次性补偿金后不是用来对接土地或投资，而是用来建房。现场调研中发现，许多移民建成了规模达300～500m^{2}的小楼房，把所得全部补偿资金押在了不能带来直接收益的住房建设上。这种一次性补偿实际上对移民无论眼前或长远算计都是很不利的，已经不是单单从货币的折现角度可以完全解释了。实行长期补偿，则是基于有明确的实际收入情况下，引导移民综合统筹考虑眼前生计和代际可持续的长远生计，逐步走向健康持久收入和消费，对移民的长远生计是相对有利的。对照弗里德曼的持久收入理论，长期补偿形成的持久收入维持移民持久消费，与之具有持久收入的理论观点有一定的异曲同工之效。

2. 有利于促进移民就业多元化

改革开放以后，随着第二、第三产业的快速发展，农业占比不断下降，从《中国统计年鉴 2012》有关数据可以看出三次产业比例变化情况，第一产业就业比例由 1978 年的 70.5%降至 2011 年的 34.8%，第一产业占国民生产总值的比例由 1978 年的 28.2%下降到 2011 年的 10%，农业收入占农民人均纯收入的比例由 1990 年的 50.2%下降到 2011 年的 27.18%，第一产业贡献率在 2011 年仅为 4.6%。在改革的潮流中，无论在搬迁前还是搬迁后，无论采取有土安置还是无土安置，水利水电工程移民都不断向非农产业转移，农业收入占家庭总收入比例也在不断下降。实施有土安置，因我国国土资源方面的基本国情，人均配置的耕地仅 1 亩左右，移民还是需要以其他产业收入为主要收入来源的。实行长期补偿后，移民可以更专心从事非农产业，能加速移民就业多元化，就业上更加灵活、更趋合理，原来农忙务农、农闲务工移民，可专心务工；原来务农农民，在获得长期补偿收益外，可以帮种养大户耕种土地赚钱，也可以通过就业培训从事其他产业。在就业地域上，一些农民不愿或不能离家太远的，就在附近的工厂或服务行业打工；要外出打工的，就业范围和领域变得更为广泛。总之，通过长期补偿，移民从被征收耕地上获得了稳定的长期补偿收入，同时通过务工又获得了另外的一份收入，而且这份收入一般要高于移民原务农收入。

3. 有利于城镇化安置移民

长期补偿机制促进了移民从第一产业向第二、第三产业转移。长期补偿机制有效替代了土地对移民的经济收益功能和社会保障功能，移民对土地的依赖性下降，移民富余劳动力势必加速向第二、第三产业转移，符合区域城镇化发展趋势，有利于移民到城镇安置、再就业，使移民的生产生活条件得到质的飞跃（在 QZ 大型水利枢纽工程的移民安置主战场的 ZJ 县 JC 乡，根据签订的移民搬迁去向协议，共有 432 人选择该乡的 CS 安置点集中安置，522 人选择该乡的 FF 安置点集中安置。CS 安置点位于 JC 乡政府东北侧宽缓的溶蚀槽谷上，为一条自西南向东北长 679.2m、宽 7.0m 的主街道，且与乡政府驻地凤西大街相连接，在安置点主街道中段预留一条向北西方向发展的街道。东南侧紧临县级公路，北达 ZJ 县城、南抵 LZ 特区，交通极为便利。FF 安置点位于 JC 乡政府西南侧的 JC 中学侧面，距离 JC 乡政府所在地约 0.2 km。安置点西可去 LZ 特区、AS、GY，东可去 ZJ 县城，北可去 NY 县城，过往车辆多，交通便利）。

由于城郊安置难以筹措到足够耕地用于移民生产安置，移民长期补偿机制的实施解决了该地筹措土地的难题，同时促进了移民的城镇化安置。

3.4.3 减少工程初期投资成本

水利水电工程项目开发是典型的资本密集型基础产业和公益性或产业经营性设施项目，工程项目建设需要大量的资金，且项目资金回收周期较长是共同的特征；随着国家最严格的耕地保护政策的实行和工程征地补偿标准的不断提高，工程建设成本越来越高，移民安置矛盾问题已成为水利水电工程的重要制约因素。从水利水电工程项目法人角度看，实行移民长期补偿机制，移民搬迁规模有所减少，相关补偿费用相对较低；移民征地补偿可分期支付，项目投产前一次性投资相应减少，在一定程度上减轻了项目法人融资难度和银行贷款利息负担，降低了项目投资门槛；加快了移民安置进度，确保了工程项目顺利建设，使大量前期投资如期产生效益，有时水库提前一个月投产的效益能够满足兑付几年甚至十几年的长期补偿费用需求。此外，在电价核定上，现行长期补偿的水库工程项目成本是按移民安置规划编制的一次性补偿投资概算确定，但实施又是分年度计划进行的，实际成本并没有这么多，加大了电站电价核定成本，拉升了上网电价，为工程项目运营获取了更为长期持续的经济利益。

例如，国家发展和改革委员会核定工程项目时明确的 LT 大型水电站上网电价是 0.307 元（2007 年），蓄水位 375m 装机 420 万 kW（实际扩大装机为 490 万 kW）的年设计发电量是 156.7 亿 kW・h。如果年均实际发电量仅按设计的 80%即 125.36 亿 kW・h 计算，电站全部投产后前几年的月产值约是 3.207 亿元。如果项目提前一个月投产，获得的收益可够支付 LT 大型水电站 GZ 省库区、移民安置区耕地长期补偿费用约 12.2 年；反过来算，如果没有采取长期补偿而耽误工程投产 1 年，则造成项目业主直接损失约 38.5 亿元，足够支付 LT 水电站 GZ 省库区长期补偿年度补偿金约 146.4 年（按 2007～2012 年的上网电价和同期长期补偿标准计算）。LT 大型水电站项目建成投入运行后，前几年每年节省投资额的利息肯定比每年长期补偿的费用要高许多，还能节省涉及随迁移民等的有关费用，在核定电站电价成本上还能占一些先机。所以，移民长期补偿在缓解工程初期成本压力、使前期投资尽快发挥效益上是非常有效的。

在 QZ 大型水利枢纽一期工程建设中，建立移民长期补偿机制后相应减少了工程项目前期投资，一定程度缓解了地方政府专项资金筹措初期压力，使工程项目得以顺利实施。QZ 大型水利枢纽工程投资来源主要是中央财政预算、省级地方财政预算、水投集团企业预算和向银行贷款筹措等几方预算进行拼盘。国家发展和改革委员会审定 QZ 大型水利枢纽工程总投资 66.95 亿元（可研阶段），其中，中央预算内投资 33 亿元，由 GZ 省负责从本省水利建设专项资金、水资源费和水能资源出让金等资金中统筹安排 22.19 亿元，申请中国建设银行贷款 11.76 亿元。中央预算内定额补助包干使用，超支不补。QZ 大型水利枢纽工程水库淹没影响区和枢纽工程建设区征占耕地 2.14 余万亩，如按一次性补偿，需征地补偿补助投资 3.21 亿元，扩迁移民搬迁安置补偿投资 1.95 亿元。将一次性补偿改为长期补偿后，建设期工程耕地补偿补助费相应减少，加之随迁移民可以不再搬迁安置，可直接减少工程建设期移民安置补偿投资 4.09 亿元，同时还可减少项目法人间接贷款利息支出约 5.76 亿元。移民长期补偿实施后节省的这笔投资主要是 GZ 省地方配套资金，虽然所占投资总额的比例不大，但占 GZ 省地方配套资金的比例很大，GZ 省是欠发达地区，这笔资金的节省直接促进了工程的开工建设。相关人士分析认为，如果不实施移民长期补偿，QZ 大型水利枢纽工程在当时的条件下是建不起来的，相应地其经济和社会效益也将难以尽快实现，不仅会影响 GZ 省经济社会发展中的工程性缺水问题和抗旱问题的解决进程，还会拖全省全面建成小康社会的后腿。

附例 3-1　QZ 大型水利枢纽一期工程投资测算

1）直接投资测算

QZ 大型水利枢纽工程区共征占耕地 21 400 余亩，选择长期补偿的耕地面积为 20 000 余亩。其中，淹没影响区征占耕园地 20 000 余亩，选择长期补偿的耕地面积为 19 000 余亩（水田 3000 余亩，旱地 15 000 余亩），枢纽工程建设区共计征收耕园地面积 1300 余亩，选择参加长期补偿的耕地面积是 1300 余亩（全为旱地）。若按国家审定标准一次性补偿，该部分耕地需补偿资金 2.9 亿余元。实行长期补偿机制后，选择长期补偿的耕地建设期需长期补偿资金 8400 万余元，较一次性补偿减少 2.13 亿余元。此外，扩迁移民原则上不再动迁，房屋补偿补助费、搬迁费、基础设施补助费、基本预备费等直接投资和间接投资将减少 1.9 亿余元，其中，房屋补偿费减少 8300 万余元（按调整标准测算），附属设施补偿费减少 217 万余元，零星树木补偿费减少 380 万余元，基础设施补偿费减少约 5244 万元，搬迁运输费减少约 884 万元，文教卫补助费减少约 294 万元，不可搬迁附属设施补助费减少约 166 万元，建房困难补助费减少约 283 万元，房屋装修补助费减少约 374 万元，详见表 3-3。

表 3-3　QZ 大型水利枢纽扩迁移民投资测算表　　（单位：万元）

项目	淹没影响区	施工区	合计
房屋	8 162.19	153.68	8 315.87
附属设施	213.19	3.89	217.08
零星树木	349.89	30.75	380.64
基础设施	5 147	96.91	5 243.91
搬迁运输	868.35	16.35	884.7
文教卫补助	289.45	5.45	294.9
不可搬迁附属设施补助	163.24	3.07	166.31
建房困难补助	277.87	5.28	283.15
房屋装修补助	367.75	6.92	374.67
直接投资小计	15 838.93	322.3	16 161.23
其他费用	1 219.60	24.82	1 244.41
基本预备费	2 047.02	41.65	2 088.68
投资合计	19 105.55	388.77	19 494.32

注：投资合计=直接投资小计+其他费用+基本预备费

2）银行贷款利息测算

QZ 大型水利枢纽一期工程的施工区于 2009 年年底动工、截流，在 2013 年实现导流洞下闸封堵、第一台机组投产发电，施工区移民安置的规划水平年按 2010 年确定，水库区按 2013 年确定。据此考虑相应的移民补偿投资资金贷款计划，并测算所需补偿资金银行贷款利息。

资金贷款按照 20 年偿还本息考虑，2009 年、2010 年 5 年以上长期贷款年利率分别取 5.94%、6.4%，2011 年及以后年份 5 年以上长期贷款年利率取 7.05%。长期补偿资金除项目运行第 1 年按照流动性资金贷款外，其余年份按运行期发电、供水等收入支付，纳入项目运行成本考虑。依据工程进度及移民安置进度要求，第 1 年考虑永久占地所涉补偿投资，第 2 年、第 3 年、第 4 年、第 5 年分别按水库淹没长期补偿耕地补偿投资与随迁移民相关投资之和的 10%、30%、40%、20%考虑。

由于不再动迁随迁移民、分期支付耕地补偿费，将直接减少补偿投资约 40 887.63 万元，间接减少相应投资建设期贷款利息 56 895.82 万元（利息=贷款金额×贷款利率×贷款年限，20 年偿还本息），平摊每年本息 4889.17 万元。在物价涨幅每年为 5%，其他情况不变的情况下，其每年发生的利息，在 15 年内，可以支付每年征占耕地需支付的长期补偿费，利息测算结果见表 3-4。

表 3-4 工程项目建设期贷款利息测算表

年份	贷款金额/万元	贷款利率	贷款年限/年	贷款利息/万元
2009	1 072.77	0.059 4	20	1 274.45
2010	3 981.49	0.064	20	5 096.3
2011	11 944.46	0.070 5	20	16 841.69
2012	15 925.95	0.070 5	20	22 455.59
2013	7 962.97	0.070 5	20	11 227.79

3.4.4 淡化工程征地补偿同地不同价矛盾

建设征地中的同地不同价是我国长期存在的工程建设征地补偿法律法规政策因区别化对待问题一时没有并轨而形成的客观的工程项目征地之间的一对基本矛盾。移民长期补偿机制对水利水电工程征地补偿外部联系紧密相关形成的这一基本矛盾因素有着一定的缓解、淡化作用。

缓解水利水电工程建设征地一次性补偿与其他工程征地统一年亩产值和区片综合地价之间补偿标准的矛盾（罗用能，2013a，2013b）的作用是明显的。例如，从 2010 年 1 月 1 日起，包括 GZ 省在内的各地大都实施了建设征地统一年产亩产值和区片综合地价政策，实际征地补偿年亩产值的计列的倍数均比水利水电工程征地补偿标准高出许多。在 GZ 省境内，目前其他项目征地补偿标准都要比《大中型水利水电工程建设征地补偿和移民安置条例》（国务院令第 471 号）规定的水利水电工程征地补偿标准要高，因此自然就产生了水利水电工程移民很大的攀比情绪。根据 GZ 省 2010 年区片综合地价和统一年亩产值政策，其他工程征地平均补偿倍数为年亩产值的 19 倍，而水利水电工程建设征地补偿的补偿倍数只是耕地年亩产值的 16 倍。移民因此强烈要求按与其他工程建设征地补偿新标准同地同价并轨执行，如果补偿标准实现并轨，这意味着水利水电工程征地补偿投资预算将出现大幅增加，给水利水电工程项目经济指标论证造成影响，也就给项目的审批和实施带来影响。对于经营性水利水电项目，因其市场化程度高、经济效益好，那么受影响相对小一些；对于公益性水利水电项目，尽管也有不少是有供水供电收益成分的准经营性项目，国家对工程项目审定的规划投资控制较为严格，对地方匹配资金有相应要求，按新征地补偿标准执行，势必出现投资预算突破，地方政府若无力承担匹配，将影响项目的审批和上马。

中共中央、国务院于 2015 年年初发出《关于加大改革创新力度加快农业现代化建设的若干意见》（中发〔2015〕1 号）的文件明确了国家节水供水重大水利工程建设的征地补偿、耕地占补平衡实行与铁路等国家重大基础设施项目同等政策的刚性指向，全国各地已贯彻执行，这一矛盾关系问题得到基本解决。可以客观地说，在基本实现工程征地补偿标准并轨即同地同价的条件下，实行移民长期补偿机制对长远解决移民安置难的这个基本矛盾方面问题的优势作用至少体现在以下四方面。

第一，长期逐年补偿，其工程运行寿命期补偿总额现值是一次性补偿的若干倍，移民容易接受。由于补偿方式不同，消除了实施一次性补偿的不同工程项目之间简单的可比性。

第二，在补偿模式上，长期补偿机制模式上由于是逐年支付，可节省工程项目大笔前期投资，项目运行期的年度补偿金可计入运行成本，在经济上是可行的，所以项目法人能够承担此成本。

第三，水利项目即使投资突破，利用一次性补偿概算的投资存入银行，其本息也能支付多年；待工程项目投产后，再计入运行成本，而这个成本增加是可接受的，因为在农业生产中受益区耕地面积往往是征用耕地面积的上百倍甚至几百倍，在工业用水和生活用水中可计入水价成本。

第四，移民长期补偿机制相对平衡了相同的但是建设时期不同的水库工程项目间土地补偿标准差异矛盾。由于物价上涨因素，不同时期建设的相邻水库工程项目耕地征占补偿标准差别很大，前期建设的水库移民会要求项目法人或者政府按后期建设的水库项目的征地补偿标准进行补偿，因此产生很多矛盾（GZ 省 BPJ 流域 DQ 大型水电站征地补偿工作主要在 2005～2008 年开展，而距其上游不远处的 MMY 水电站征地补偿在 2012 年才实施，几年来物价上涨因素造成两者的征地补偿标准差异较大的问题。2013 年，DQ 大型水电站移民要求项目法人按 MMY 水电站标准补足征地补偿费，诱发了棘手的矛盾纠纷）。如果相邻的几个水利水电站工程项目中的一个项目采取的是长期补偿，那么它们之间就失去直接的可比性，征地补偿相互攀比问题必然出现；如果几个项目都采纳移民长期补偿机制，则可以将各个项目之间差异的补偿标准调成大体一致，征地补偿攀比的矛盾纠纷即可得到基本解决。

3.4.5 维护库区和移民安置区社会稳定

从 GZ 省水利水电工程移民信访诉求情况统计资料看，实行水利水电工程移民长期补偿机制的库区、移民安置区移民出现的非正常越级上访量少（GZ 省首个试点实施移民长期补偿机制的 SHK 中型水电站项目已连续多年保持移民零上访纪录；移民攀比问题也没有出现，即使是一次性货币补偿与长期补偿机制并行的LT、GZ 和 SBX 等水电站库区、移民安置区社会总体上也比较稳定。GZ 省内移民上访量大、矛盾比较尖锐突出的库区、移民安置区主要是建于 2000 年以前的如DF、PD 等水库，以及 2000 年以后实施人平法的有土安置的水库，如 HJD、GPT等水库项目）。GZ 省多年的移民长期补偿机制实践证实了其有利于维护库区和移民安置区社会稳定。

从本质上看，库区、移民安置区社会稳定是建立在移民生产稳定、生活稳定和心理稳定基础上的，移民长期补偿机制兼顾了这三个方面的利益和关切需求（苏秀华，2010）。具体来说：①移民得到实惠，生产上得到比耕种土地要多的收益，生活条件有改善，深受相关库区广大移民群众的理解和拥护；②长期实施得法，移民意愿选择机制、保障机制等一系列实施方法符合实际，对选择一次性货币补偿的移民来说，一下子可以得到大笔补偿费，解决生产生活和发展所需，而选择长期补偿，则有了稳定的收益，各得其所，互不攀比；③项目法人按期兑付了移民长期补偿年度补偿金，而且有司法公证、风险保障等多种保障机制措施，这些机制措施有效消除了移民的顾虑，稳定了移民的心理。移民接受长期补偿后经济收益有保障，生活条件有改善，心理顾虑得到了消除，在移民生产稳定、生活稳定和心理稳定等坚实的基础上建构了可靠的社会稳定因素。

3.5 移民长期补偿机制面临的风险因素

风险因素客观地、天然地存在于人类社会和自然界。无论人为风险因素、自然风险因素，无论是自身主观风险因素还是原生性的客观风险因素，无论风险因素大还是小，它们都始终隐性或显性地无时不在地伴随着任何事物，只是风险有的来得早有的来得迟，发生风险的程度有轻重之分。如果能够正确面对，预见风险因素并未雨绸缪则风险可以避免，人类对此已有共同的清醒认识。水利水电工程移民长期补偿机制客观存在内生和外部风险因素，没有例外，同时也是可以应对、可以避免、可以消除的。

3.5.1 移民长期补偿机制的内生风险因素

对水利水电工程移民长期补偿机制的内部存在的主要风险因素需要有如下清醒认识。

1. 法律法规与政策衔接风险因素

这个风险表面上看似移民长期补偿机制的外部因素而实际上是一个典型的内部因素。法律法规政策因素是移民长期补偿机制之“肌皮”与支撑因素。

一方面，从现行的有关法律法规看，还没有关于移民长期补偿基本概念的明确规定，但与部分法规体系中的精神相符合。①《中华人民共和国农村土地承包法》第三十二条规定：“通过家庭承包取得的土地承包经营权可以依法采取转包、出租、互换、转让或者其他方式流转”，移民长期补偿可以看作移民（农民）以某种其他方式把土地流转给水利水电工程项目法人使用，符合法律精神。②《大中型水利水电工程建设征地补偿和移民安置条例》（国务院令第 471 号）关于移民的安置方式上规定，编制移民安置规划应当以资源环境承载能力为基础，遵循本地安置与异地安置、集中安置与分散安置、政府安置与移民自找门路安置相结合的原则。其中对农村移民安置进行规划，应当坚持以农业安置为主，农村移民安置后，应当使移民拥有与移民安置区居民基本相当的土地等农业生产资料。这些移民安置方式与耕地长期补偿机制虽然不相符，但该条例的精神与长期补偿机制的出发点是相吻合的，如该条例规定了“国家实行开发性移民方针，采取前期补偿、补助与后期扶持相结合的办法，使移民生活达到或者超过原有水平”和“以人为本，保障移民的合法权益，满足移民生存与发展的需求”等原则和方针，这与移民长期补偿机制的初衷即保障移民权益，使移民生活达到或者超过原有水平相符合。③水电行业规范《水电工程建设征地移民安置规划设计规范》（DL/T 5064—2007）规定，移民生产安置包括农业安置，第二、第三产业安置和其他途径安置，其中其他途径安置包括投亲靠友安置、自谋职业安置及其他安置方式，该规范中没有明确提出移民长期补偿概念及相关条款，但移民长期补偿机制可以列入“其他安置方式”之列。

另一方面，移民长期补偿机制与一些法律法规规定存在矛盾。①《大中型水利水电工程建设征地补偿和移民安置条例》（国务院令第 471 号）第二十一条规定：“大中型水利水电工程建设项目用地，应当依法申请并办理审批手续，实行一次报批、分期征收，按期支付征地补偿费。”《中华人民共和国土地管理法实施条例》第二十五条规定：“征收土地的各项费用应当自征地补偿、安置方案批准之日起 3 个月内全额支付。”长期补偿支付土地补偿费用既不是“按期支付”，也不是“3 个月内全额支付”。②《大中型水利水电工程建设征地补偿和移民安置条例》（国务院令第 471 号）第二十二条规定：“大中型水利水电工程建设征收耕地的，土地补偿费和安置补助费之和为该耕地被征收前三年平均年产值的 16 倍。”移民长期补偿机制把补偿期限延长到了整个工程建设期和项目营运期，工程全寿命期形成的补偿标准多倍累计的总额远远超出《大中型水利水电工程建设征地补偿和移民安置条例》（国务院令第471号）规定的补偿倍数，与现行法律、法规规定16倍的补偿标准形成客观的矛盾冲突，长期补偿机制与土地征收补偿的法理性质上的适当补偿、不完全补偿的规定也有不相符之处。③长期补偿方案一般要求是项目运行结束后，用项目法人缴纳的耕地复垦费进行耕地复垦恢复生产，由于项目法人在项目建设期已经缴纳耕地复垦费，并履行耕地占补平衡义务、缴纳了耕地开垦费，项目到期报废时项目法人再负担耕地复垦义务显然缺乏法律依据；移民长期补偿机制实施前的移民安置规划上报国家发展和改革委员会审核批准是按一次性补偿内容进行明确的，项目用地已经按程序办理了全部征用手续，项目营运结束后由项目法人再进行工程复垦还给移民也无现行的法律法规依据。

从国家和部委层面诸文件因素上看，有的隐含了移民长期补偿机制相关内容，也有的明确予以原则性的认可。①国土资源部《关于切实维护被征地农民合法权益的通知》（国土资发〔2002〕225号）文件提出："要推广各地做好征地工作的成功作法，采取多种途径，妥善安置被征地农民的生产和生活。要积极开展征地制度改革研究和试点工作，探讨适应社会主义市场经济体制的新型征地制度。"肯定了移民长期补偿无疑是成功做法之一，可以列为新型征地制度之一。②《国务院关于加强土地调控有关问题的通知》（国发〔2006〕31号）文件要求征地补偿安置必须以确保被征地农民原有生活水平不降低、长远生计有保障为原则。移民长期补偿在土地收益方面确保了原有生活水平不降低、长远生计有保障，因而符合这一原则。③国家发展和改革委员会《关于做好水电工程先移民后建设有关工作的通知》（发改能源〔2012〕293号）文件要求农村移民安置，"在坚持实行农业生产安置基础上，因地制宜稳步探索以被征收承包到户耕地净产值为基础逐年货币补偿等'少土'、'无土'安置措施。""省级人民政府对水电工程移民工作负总责，应加强对市、县人民政府移民工作的领导，整合地方各类资源，统筹做好移民安置和库区建设工作，并依法统一制定本省水电工程建设征地补偿和移民安置实施办法、移民生产安置方式及相应补偿补助标准等重要政策，保持政策的连续性和相对稳定，积极探索本行政区域'先移民后建设'办法和移民先行政策，探索多渠道、多途径安置移民政策、研究水电建设促进移民脱贫致富途径和措施。"这是迄今唯——个明确可以实施移民长期补偿的国家部委层面的文件。当然还有国家发展和改革委员会等国家部委在致十一届全国政协两位委员关于水利水电工程移民长期补偿的提案书面答复[①]中也有相关明确态度和下步指向。

因此，从法律政策层面风险因素上看，水利水电工程移民长期补偿机制总体上目前仍缺乏相关法律法规政策权威的具体支撑，处于名不正言不顺的尴尬状态。

---

① 参见本书附例5-2、发改提案（2010）212号、国家发展和改革委员会致政协十一届全国委员会何PJ、吴JF两位委员的同期同一内容分别提案的共同书面答复信。

政府机构的行政行为的基本要求是法无授权不可为。移民长期补偿机制目前主要是靠地方的自发自觉地摸着石头过河摸索，实践至今已在人地矛盾突出地区得到广泛推广，但移民长期补偿机制的具体运作方式、标准却又存在不统一，的确存在一定的行为上的无法可依和各地的行为上的随意性，省与省之间、地区与地区之间也基本处于内部各自为政的状态，存在着对移民长期补偿执行硬性约束力和政策权威性都不够的问题。这种滞后和分割状态使移民长期补偿机制存在不少盲点和缝隙，如再与其他不利因素交叉叠加，将会给下一阶段的移民安置带来一定难以预测的变数和不利影响。

2. 资金保障风险因素

移民安置工作的核心问题是移民权益的维护问题，长期补偿机制中维护移民合法权益的核心是移民长期补偿的每年度的补偿资金能否按时如数支付，即长期补偿资金供给侧的保障问题，它直接事关机制本身的成败兴衰。在长期补偿资金保障问题上，作为供给侧的水电项目法人与水利项目法人各有不同（吴贵胜，2010）。

水电项目法人提供的移民长期补偿资金主要来源于发电量和上网电价构成的收入。水电项目法人的收入有两个决定因素，一个是流域受降水量、来水量制约的发电量，另一个是国家发展和改革委员会核定的上网电价，两个因素都不是水利水电企业能自主控制的，也不完全是由市场决定的。长期补偿的年度补偿金是根据粮食产量和物价水平变化而不断上涨的，但降水量是由当地气候变化决定的，气候变化是人类不可控制的，一旦遇到长期干旱就可能导致项目法人当年收入出现锐减，从而使项目法人难以支付长期补偿年度补偿金的情况成为可能。此外，项目法人多样化经营中一旦出现运行管理不善或受国家电力体制因素及电力市场等方面因素的影响，造成项目亏本运营，也可能会殃及移民长期补偿机制的供给侧，进而造成移民长期补偿资金链的断裂。目前，移民长期补偿资金供给侧来源基本是靠项目法人自筹，在工程建设期计入建设成本，项目运行期计入运行成本。这样做虽然能在电价核准上获得先机，但由于征地补偿和移民补偿投资所占工程比例一般在30%左右，对电价的拉动有限，且电价一旦核定后相对稳定，相当长时期内很难进行调整。而土地价值和物价总体呈上升趋势，到一定的阶段，如果电价不联动，而移民长期补偿费用需求量不断累积上升，项目法人的运行成本过高，项目法人本身的资金链一旦出现裂缝或者断裂，那么长期补偿年度所需的末端支付则陷入无米之炊的状况，长期补偿机制就显得很难持续。

公益性较强的水利项目移民长期补偿年度资金供给侧主要是各级地方政府财政。以分别分级方式预算拼盘承担，具体表现形式是由某一级地方政府通过设立水利投资集团公司进行统一经营核算或由水利水务主管部门直接管理经营两种形式。随着水利工程数量的不断增加和其他项目的建设，各级地方政府承担的工程投资负担将相应不断加重，加上政府其他各项公共支出增多的影响，政府也存在着公益性项目电价调价敏感性和稳定性问题，同样出现移民长期补偿年度补偿资金难以支付问题的可能性。

迄今各地虽然尚未有实施移民长期补偿的工程因资金问题而难以实施的情况，但假以时日，随着实施移民长期补偿的水利水电工程项目数量越来越多，规模越来越大，需对移民长期补偿资金供应可能存在的此类风险问题作相应的加强研究和充分应对。

3. 不同地区项目移民长期补偿机制的补偿标准的衔接风险因素

移民长期补偿机制在各地大中型水利水电工程项目中推广实施才十多年，没有进入国家层面的统筹协调平衡事项，实施中因为各省区、各地区、各项目间存在个案情况的不同和各地缺乏足够的实践经验，必然产生许多补偿标准差异需要衔接的问题。

现在采取的一般办法是由省级政府出台相应的文件或通过个案批复的形式予以认可，但各省区、各地区之间的做法未统一，现实中存在着一定的差异。这种不统一、不规范的运作方式使长期补偿机制实践中带来相关年度补偿标准的确定出现差异，如 GZ 省内也存在数种不同的移民长期补偿参照执行标准，情况差别较大。第一种是以 LT 大型水电站项目、SHK 中型水电站项目为代表，按耕地统一年亩产值进行补偿；第二种以 QZ 大型水利枢纽项目为代表，按当地主粮水稻实物以当年主粮市场价格折价补偿；第三种是以审定公布的年亩产值为标准，以 SHK 中型水电站项目为代表。折算到货币上补偿标准相差很大，如在 2015 年秋季兑现反映出，GZ 省内的水田补偿标准有 4 个，依次为 1453 元/亩、1693.75 元/亩、1913 元/亩、2250 元/亩，最低与最高相差近 800 元/亩。因移民长期补偿机制中的补偿标准因素极具敏感性，相互间的年度实际补偿差距问题不容忽视。若不同地区、不同项目间的移民长期补偿标准存在不统一、差距较大的矛盾问题长时间不解决，可能引发不同库区之间的攀比。

我国水利水电开发的重点已转移到四川川西、云南、西藏、青海等地，移民长期补偿机制将是安置移民目前和今后一段时间更好的实践选项，移民长期补偿发展之势非常明显，如果对长期补偿标准不加以适时适当的调控，使之逐步相对拉平，那么补偿标准过分悬殊问题时间一长，彼此的矛盾处理可能出现“按下了葫芦起来瓢”的状况，相互的攀比情绪和诉求迟早必将冒出，可能影响整个实践移民长期补偿机制的水利水电工程库区、移民安置区社会稳定。因此，需要在省级以上层面注意进行统筹兼顾，加以协调，做到相对合理、平衡，避免此风险因素。

4. 移民长期补偿机制退出风险因素

一个事物有其诞生，迟早都会有消失；有其建立，就会有取消；有其进入，就将有退出。只不过事物的延续和停止时间上有长有短，有的长期存在，有的稍纵即逝，其差别主要在于事物在世界中的适应性和生命力因素之间的差别。这是事物存废、事物兴亡历程的一般特征，当然也是一切事物运动的辩证法。

根据移民长期补偿机制的特征，以及水利水电工程项目尤其是水库大坝功能在历时几十年或者百年之后寿命必然结束的客观的现象，其运行期一旦到期结束，那么，与该水利水电工程项目运行紧密相存相伴的移民长期补偿机制也要相应停止运作而正常退出也是客观的，该水库淹没区的土地也要相应复垦，物归原主即归还移民耕种。这种情况一旦如期发生，一系列后续相关问题（也可以视为未知的风险因素）届时就有可能出现。世事难料，未来时代面临着：水库大坝枢纽是否退役，怎样退役；工程再（复）建和长期补偿机制再（复）续；移民长期补偿机制前提下，外迁移民脱离了原土地束缚若干年之后，移民后代也早已脱离农业，加之其现在的安置地情况各异，距离原水库库区有近也有很远，原库区土地如何复垦耕种；项目运行期往往长达几十年甚至百年以上，其间国家有关土地政策有无变化、怎样变化；复垦届时是否会涉及土地调整问题，怎样调整。土地复垦工程本身必然具有工程技术适应性问题，更有社会组织的适应性问题等。届时以何种方式运作，工程和组织等层面如何执行，各种因素考量是否周全、是否可行等。诸多今天难料问题是必然迟早要摆在有关各方桌面上的。从实践、认识、再实践、再认识的规律看，对水利水电工程库区这一土地复垦的未来的工程层面和社会层面等事项可能涉及的各种风险因素，目前都还没有进行专项科学论证和实践验证的条件，都有待于后人进一步研究和探讨、认识和实践。

3.5.2 移民长期补偿机制的外部风险因素

1. 移民再就业风险因素

实现移民再就业是移民安置中最大的民生，涉及库区、移民安置区乃至整个社会的稳定。要做到以人为本，实现移民“搬得出、稳得住、能发展”，移民再就业是关键。长期补偿机制会给移民就业带来深远影响。长期补偿机制会加大移民进城镇就业的压力，加之移民文化程度普遍不高等因素又会加大移民再就业的难度，进而影响社会稳定。由于水库库区一般经济社会发展比较落后，移民接受教育水平低、适合城镇谋生的劳动技能差，实施长期补偿、搬迁到城镇等进行非农业、非农村安置后，原有的传统劳动技能难以再发挥作用，再就业和增收压力大。移民群体能自主创业的为数不多，而到第二、第三产业岗位就业受移民劳动力自身素质、城镇就业形势、就业条件等多种因素制约，实现劳动力转移的愿望预期与现实尚有一定差距。移民人均被征耕地参加长期补偿的面积有多有少，在生产生活方式发生变化后，单靠长期补偿资金一项收入难以平衡移民家庭日常消费支出，如果移民劳动力就业率不高，待业、失业现象增多，库区、移民安置区的社会稳定基础就会受到损害。

2. 库区生态环境风险因素

移民长期补偿机制实施后，在引导利用当地生态资源上如果出现听之任之、放任自流的状况，对库区、移民安置区生态环境必然会产生一定的负面影响。一是随迁移民就地后靠，会更多地利用剩余耕地，在原劳动力技能和传统耕作方式等没有变化的情况下仍会加重后靠安置地的水土流失范围和程度。水库征占（淹没）耕地前，移民耕种的顺河谷土地的面积多些、坡耕地相应少些，水土流失相对会少些；征占（淹没）后，未搬迁的随迁移民就地安置如果也未能如期实现劳动力转移，耕地资源剩余又较少，为了现实和长远生计，这部分移民势必更多地加大开垦陡坡耕地力度，同时进行网箱养鱼的经营活动。二是更多移民留在库区持续从事传统农业生产，仍然会给库周、库区带来土地白色污染和水库水体富营养化，如施用化肥、农药、除草剂、人工网箱养鱼饲料等，日常生产生活产生的碳、磷含量大的废水排放等必然污染水体和地表地层。这在滇黔桂渝等喀斯特地形地貌和石漠化严重的水利水电工程库区、移民安置区发生的实际情况已经得到证实。给当地库区生态环境带来的这些严重负面影响问题需要特别关注。

3. 移民社会治理风险因素

实施移民长期补偿机制后，移民社会管理与治理成为新的社会管理和治理课题。长期补偿机制虽然保障了移民基本长远生计，将移民从土地的束缚中解放出来，但移民人均被征占耕地有限，决定了长期补偿仅是一个基本的生计保障因素，移民虽然不会坐吃山空，但要逐步致富，还需依靠实现再就业或自己创业，这与移民文化素质、劳动技能紧密相关。由于移民整体素质参差不齐，许多人缺乏一技之长，能自己创业的为数不多，而转移到第二、第三产业就业仍有难度，移民劳动力在当地找一份合适的工作难度仍然很大。如果不加强劳动力再就业创业培训和引导，如果大量的中青年移民劳动力长期处于待业甚至失业状态，则难免因发展无望而产生绝望，出现游手好闲现象，甚至无事生非，可能引发这个群体的一些社会管理影响和治理问题，从而影响库区和移民安置区社会的稳定和发展。因此，与时俱进创新移民社会管理是必需的。

4. 移民心理风险因素

移民长期补偿机制实施以后，会对移民心理造成影响，若处理不当会出现移民事件。①攀比心理。一是长期补偿不完善，有些相邻库区长期补偿标准不同或差别很大，可能引起互相攀比，需要进行细致的解释工作。二是安置区原住居民与移民相比，移民不劳而获，还享受着后期扶持政策待遇，难免引起原住居民的心理不平衡，需要安置区政府及有关部门在后期项目扶持时一并统筹照顾安置区非移民的利益需要，如共同改善基础设施让非移民一样共同受益。②依赖心理。实施移民长期补偿后，移民的长期利益与项目运行长期紧紧捆绑在一起，移民的依赖心理可能在一段时期会自然增强，一旦出现长期补偿资金的偶然不能及时兑付到位，或者长期补偿的补偿标准跟当年主粮市场价格变化出现暂时脱钩或暂时滞后，一时不能满足其收入和消费意愿与预期的情况，移民必然就会找政府、找项目法人董事会及公司 CEO 进行面对面理论，甚至纠缠不放，如一时又得不到满足，有部分群众甚至会产生一些过激的诉求行为，影响项目正常运行和当地社会秩序。因此，如何与时俱进地对移民进行心理调适，进行引导和调整，逐步克服片面依赖性，逐步淡化移民身份心理，也是一个值得重视的问题。

5. 外部其他影响风险因素

移民安置是一个系统性强的行政管理和特殊群体公共服务工作行为，征地安置补偿模式的改变会随之带出一系列影响。实施移民长期补偿机制后，相应减少了移民安置工作量，同时相应降低了水利水电工程项目建设期一次性投资总额，可能相应地直接带出水利水电工程项目规划设计费、工程监理和独立监督评估费等前期工作费和实施管理费在行业规范、规程明确的取费标准都有出现下降的可能性。由此是否可能引发工程项目规划设计单位、工程师团队的对该产品的设计行为的深度和产品质量不得不或明或暗地打折扣的情况，降低移民安置规划编制工作的精度和编制质量，形成工程规划履职行为的某些倒退的或某种不诚信的工程伦理风险现象，继而又造成移民安置遗留问题等连锁性矛盾风险，以及移民长期补偿机制实施后与之直接相关联的水利水电企业在税收政策待遇上是否受到影响等因素。

总之，客观分析、充分研判水利水电工程移民长期补偿机制现实和未来的内部和外部各种风险因素的可能存在及发展走向，准确把握风险因素运动变化规律，以事物矛盾运动学说和协调化解方法，着力——应对、化解，消除各种风险因素，可以避免长期补偿机制的结构性、系统性的失灵。

4 水利水电工程移民长期补偿机制蕴涵的理念

本章把水利水电工程移民长期补偿机制置于科学发展观、习近平同志治国理政新理念新思想新战略和“五大发展理念”、大扶贫视域下进行思考，深入论述水利水电工程移民长期补偿机制所蕴涵、所实践、所体现的科学发展理念，即以人为本、以民为本是移民长期补偿机制的价值目标、统筹兼顾是移民长期补偿机制的根本方法、全面协调可持续是移民长期补偿机制的基本追求等，对水利水电工程移民长期补偿机制合乎绿色、共享和大扶贫思维，合乎移民安置规律性及适应的普遍性进行深入阐述。

4.1 长期补偿机制：最新发展理念和扶贫战略的体现

科学发展观和“五大发展理念”是当代中国智慧对探索人与人、人与自然和谐发展规律做出的一大贡献。水利水电工程移民长期补偿机制实践具体蕴含着科学发展观、习近平同志治国理政新理念新思想新战略特别是“五大发展理念”、大扶贫战略的基本内涵和精神，体现了扶贫、生态、义利的立场、维度、原则，并在水利水电事业领域里自觉得以落地。移民长期补偿机制完全是水利水电工程中认真对照并坚持以人为本、以民为本、以人民为中心理念和立场的，是切实、对照统筹和有效化解水利水电工程征地和移民安置主要矛盾，力图保障水利水电工程移民的生存权、财产权、发展权等人权，促进水利水电工程合理兼顾平衡各方利益，促进社会公平正义和谐的具有中国特色的具体而生动的长期的科学的一项社会实践。

4.1.1 对科学发展观的基本认识

1. 科学发展观

据人们考察和相关历史资料记载反映，科学发展观的社会实践基础主要源起于20世纪80年代中后期以来持续开展的贵州省一个重要的区域性社会实践——地方性扶贫和生态建设试验区。胡锦涛同志于80年代中期任贵州省委书记时，贵州省委、省政府通过一系列深入系统的调查研究，针对贵州西北部人口密度特别大、贫困面特别宽、生态恶化情况特别严重的实际情况，作出了在贵州省毕节地区设置“开发扶贫、生态建设试验区”①的决定。该试验区以贫困、生态、人口这三个互为因果的人类社会和自然的矛盾关联因素为整体聚焦对象，进行有机结合，系统统筹，综合施治。从省级顶层立意、顶层设计、顶层决策到各级综合实施，至今已持续实施试验30多年，其间取得了丰硕的综合治理成果并产生了积极的示范效应。就此应该确定这就是科学发展观在贫困地区的特别是贵州贫困地区的早期重要思维智慧和重要社会实践的结晶。

值得一提的是，贵州省委、省政府首次直接把生态文明发展理念列入了扶贫、生态、人口三个方面要素，作为毕节试验区首要结构系数，作为区域统筹兼顾、相互协调、和谐发展的重要参照对象，科学发展观代替了以往的传统的发展观。该试验区的成功实践，是当代中国社会主义国家把扶贫、生态文明、人口增长因素一体化进行科学治理和协调发展，具有鲜明特色的中国智慧、中国胆识和中国能力的具体体现。该试验区实践中，以马克思主义有关生态思想和唯物辩证法为理论基础，并充分地吸收和借鉴《增长的极限》《只有一个地球》等著作的观点，以及联合国人类环境会议的相关文件，后来又吸收了“没有破坏的发展”、生态发展、协调发展等全新的发展理念，吸收了生态现代化和可持续发展等全新的发展模式。该试验区的实践和这些国际文明成果共同促成了21世纪建设中国特色社会主义现代化国家和生态文明建设的重要目标的提出和参照系的形成。在科学总结国内发展实践与辩证地借鉴和吸收国外文明发展成果的过程中，科学发展观于2003年形成并被提出。毋庸置疑，科学发展观是对人类社会如何走好科学发展道路的一大理论贡献。

胡锦涛同志于2003年7月底在全国省部级主要领导干部培训班上正式提出科学发展观（中共中央宣传部，2013），他向国内国际明确宣告了全党全国要“坚持以人为本，树立全面、协调、可持续的发展观，促进经济社会和人的全面发展”，

---

① 胡锦涛. 1988-06-09. 胡锦涛同志在建立毕节开发扶贫生态建设试验区工作会议上的讲话. 贵州日报，1版.

坚持按照"统筹城乡发展、统筹区域发展、统筹经济社会发展、统筹人与自然和谐发展、统筹国内发展和对外开放"的要求，全面推进我国各项事业的改革和发展。

党的十六届三中全会通过《中共中央关于完善社会主义市场经济体制若干问题的决定》，正式明确要"坚持以人为本，树立全面、协调、可持续的发展观，促进经济社会和人的全面发展"。党的十七大全面归纳了科学发展观的形成具有三个重要的标志意义。党的十八大报告指出："科学发展观是中国特色社会主义理论体系最新成果，是中国共产党集体智慧的结晶，是指导党和国家全部工作的强大思想武器。科学发展观同马克思列宁主义、毛泽东思想、邓小平理论、'三个代表'重要思想一道，是党必须长期坚持的指导思想。"强调科学发展观是党必须长期坚持的指导思想，"必须把科学发展观贯彻到我国现代化建设全过程、体现到党的建设各方面"。以上体现了中国共产党在新形势下对社会发展规律的积极探索和深刻认识，体现了中国特色社会主义理论体系不断丰富发展的开放性本质，体现了中国共产党领导全国各族人民以实践为基础推动理论发展的最新成果，开辟了当代中国马克思主义发展新境界。党的十八大通过关于《中国共产党章程（修正案）》的决议，把科学发展观写入党章，规定其为中国共产党和全国的主要指导思想。

2. 科学发展观的主要内容

发展是科学发展观的第一要义。科学发展观要求坚持"一个中心，两个基本点"，聚精会神搞建设、一心一意谋发展，不断解放和发展社会生产力，把握发展规律、创新发展理念、转变发展方式、破解发展难题，不断提高发展质量和效益，实现又好又快发展。以人为本是科学发展观的核心。要做到以人为本、以民为本，各级政府要始终把实现好、维护好、发展好最广大人民的根本利益作为政府一切工作的出发点和落脚点，做到发展为了人民、发展依靠人民、发展成果由人民共享[①]。

全面协调可持续是科学发展观对发展的基本要求。要按照中国特色社会主义事业总体布局，全面推进经济建设、政治建设、文化建设、社会建设和生态文明建设，促进现代化建设各个环节、各个方面相协调，促进生产关系与生产力、上层建筑与经济基础相协调；要保证人类的经济和社会的发展不能超越资源和环境的承载能力；要保证当代人在发展与消费时努力做到使后代人有同样的发展机会，同一代人中一部分人的发展不应当损害另一部分人的利益；要促进人与自然的和谐，实现经济发展和人口、资源、环境相协调，坚持走生产发展、生活富裕、生态良好的文明发展道路，保证一代接一代地永续发展。

---

① 胡锦涛. 2003. 胡锦涛在"三个代表"重要思想理论研讨会上的讲话. 北京：人民出版社.

统筹兼顾是科学发展观对发展提出的根本方法。要正确认识和妥善处理中国特色社会主义事业中的重大关系，统筹城乡发展、统筹区域发展、统筹经济社会协调发展、统筹人与自然和谐发展、统筹国内发展与对外开放，统筹个人利益和集体利益、局部利益和整体利益、当前利益和长远利益，正确处理好不同部门之间、不同群众之间的利益关系，充分调动各方面积极性。既要总揽全局、统筹规划，又要抓住牵动全局的主要工作、事关群众利益的突出问题，着力推进、重点突破。

科学发展观本质上是马克思主义生态思想和发展观，理论基础是马克思主义的生态思想和唯物辩证法的科学方法和方法论，具体内容是在具体问题具体分析的思维指导下，与时俱进、实事求是地分析和对待发展过程中的一切问题，从而最大限度地促进经济社会事业的全面发展、协调发展和可持续发展。科学发展观的根本目的是促进生产力和各项社会事业的发展，使人民群众共享发展成果，从而实现共同富裕，增进社会和谐，更好地建设和谐社会。科学发展观体现了以人为本的立场和对人民的终极关怀，展示了和谐的崇高的精神境界，突出了公正的价值导向。

从涵盖范围看，科学发展观是对党的十六大以来以胡锦涛同志为总书记的党中央的重大理论创新成果的系统概括（中共中央宣传部，2013）。科学发展观是涵括经济建设、政治建设、文化建设、社会建设和生态文明建设的五位一体战略，以及国防和军队建设、党的建设等多个领域的系统理论。科学发展观是一个具有普遍性的命题，是人类社会在自身发展中形成的科学认识和经验教训的总结，也是对人类未来发展的深思熟虑（黄顺基和郭贵春，2007）。科学发展观既是马克思主义发展学说和可持续发展观的传承，又是针对我国现实国情而进行的一大发展理论的创新。

科学发展观体现了马克思主义关于发展的世界观和方法论，是对党的三代中央领导集体关于发展的重要思想的继承和发展，是马克思主义关于发展的世界观和方法论的集中体现，是同马克思列宁主义、毛泽东思想、邓小平理论和“三个代表”重要思想既一脉相承又与时俱进的马克思主义发展观（习近平，2013），是指导经济社会发展的根本指南，是发展中国特色社会主义必须坚持和贯彻的重大战略思想。科学发展观坚持了我国改革开放和现代化建设实践的宝贵经验，汲取和借鉴了世界各国的发展经验与当代发展理论的新成果，更是全面建成小康社会宏伟事业的行动指南。

4.1.2 对“五大发展理念”、大扶贫战略精神的基本认识

习近平同志的系列重要讲话和治国理政新理念新思想新战略特别是“五大发

展理念”、大扶贫思维与科学发展观所蕴含的科学发展、国家富强、人民富裕、生态良好等以人为本的理念立场和精神是一脉相承的，既与科学发展观具有内在的严密的思想逻辑关系，又是新时代的中国特色社会主义最新科学理论体现。习近平同志系列重要讲话和治国理政新理念新思想新战略既是马克思主义最紧密联系当代中国改革发展实际的最新的、最生动的诠释与生动运用，更是马克思主义政治经济学理论在当代中国运用，是中国特色社会主义理论体系在新时代的全面继承、全面发展和全面创新，是马克思主义中国化、大众化、时代化的当代最新的伟大的思想理论成果和智慧结晶。曾记得，在 1988 年 9 月～1990 年 5 月，时任中共宁德地委书记的习近平同志就紧紧围绕闽东地区如何脱贫致富、加快发展这一主题，提出了“弱鸟先飞”“滴水穿石”“四下基层”等许多富有创见的理念、观点和方法，就贫困地区经济社会发展的重大理论和实践问题作了深刻的回答。党的十八大以来，以习近平同志为核心的党中央吹响了打赢脱贫攻坚战的进军号。从国家意志和顶层设计的基本形成到全国各地已经迅速形成的中央统筹、省负总责、市县全力以赴抓落实的脱贫攻坚管理体制，已充分显示了人类减贫和大扶贫中的中国的大扶贫理论、大扶贫工作方案和科学理论、制度与实践的新时代的伟大创新。

2012 年 11 月党的十八届一中全会闭幕，习近平同志就代表党中央新的领导集体庄严表示，“人民群众对美好生活的向往，就是我们的奋斗目标”（中共中央文献研究室和中国外文局，2014）。党的十八大以来，为了人民的美好生活和中华民族的伟大复兴，习近平同志作为党和国家的最高领导人，围绕新时代的伟大目标和治国理政发表了一系列重要讲话，提出了许多新思想、新观点、新论断，深刻回答了新的历史条件下党和国家发展的重大理论和现实问题，集中展示了新一届中央领导集体的治国理政新理念新思想新战略。其中首要的一个崭新的思想精髓，就是多次深入、系统阐述了实现中华民族伟大复兴的“中国梦”。毫无疑问，中国梦就是全体中国人民的梦。2012 年 11 月 29 日，习近平同志和其他中央领导同志在参观国家博物馆举办的大型展览《复兴之路》时精辟阐述了中国梦。他指出：“每个人都有理想和追求，都有自己的梦想。现在，大家都在讨论中国梦，我以为，实现中华民族伟大复兴，就是中华民族近代以来最伟大的梦想。这个梦想，凝聚了几代中国人的夙愿，体现了中华民族和中国人民的整体利益，是每一个中华儿女的共同期盼。历史告诉我们，每个人的前途命运都与国家和民族的前途命运紧密相连。国家好，民族好，大家才会好。实现中华民族伟大复兴是一项光荣而艰巨的事业，需要一代又一代中国人共同为之努力。空谈误国，实干兴邦。我们这一代共产党人一定要承前启后、继往开来，把我们的党建设好，团结全体中华儿女把我们国家建设好，把我们民族发展好，继续朝着中华民族伟大复兴的目标奋勇前进。我坚信，到中国共产党成立 100 年时全面建成小康社会的目标一定能实现，到新中国成立 100 年时建成富强民主文明和谐的社会主义现代化国家的目标一定能实现，中华民族伟大复兴的梦想一定能实现。”习近平同志在 2013 年 3 月 17 日第十二届全国人大第一次会议闭幕会上对中国梦做出了系统的阐述（中共中央文献研究室和中国外文局，2014）。他指出：“实现全面建成小康社会、建成富强民主文明和谐的社会主义现代化国家的奋斗目标，实现中华民族伟大复兴的中国梦，就是要实现国家富强、民族振兴、人民幸福，既深深体现了今天中国人的理想，也深深反映了我们先人们不懈奋斗追求进步的光荣传统。”“实现中国梦必须走中国道路。这就是中国特色社会主义道路。”“实现中国梦必须弘扬中国精神。这就是以爱国主义为核心的民族精神，以改革创新为核心的时代精神。”“实现中国梦必须凝聚中国力量。这就是中国各族人民大团结的力量。中国梦是民族的梦，也是每个中国人的梦。只要我们紧密团结，万众一心，为实现共同梦想而奋斗，实现梦想的力量就无比强大，我们每个人为实现自己梦想的努力就拥有广阔的空间。生活在我们伟大祖国和伟大时代的中国人民，共同享有人生出彩的机会，共同享有梦想成真的机会，共同享有同祖国和时代一起成长与进步的机会。有梦想，有机会，有奋斗，一切美好的东西都能够创造出来。全国各族人民一定要牢记使命，心往一处想，劲往一处使，用 13 亿人的智慧和力量汇集起不可战胜的磅礴力量。”

2012 年 11 月以来，习近平同志多次深入河北、陕西、江西、福建等革命老区和贵州、甘肃、内蒙古、湖南、陕西、云南、新疆、山西等中西部贫困地区调研指导扶贫工作。每到一个地方开展扶贫调研，习近平同志都要深入贫困村和贫困户了解情况，体察民情，问计于民。习近平同志在延安、贵阳、太原等地分别主持召开扶贫攻坚等重要专题座谈会，做出了一系列扶贫开发和生态文明建设的重要讲话、批示等，其中还特别强调了武陵山、乌蒙山、滇桂黔喀斯特石漠化集中连片特困地区所覆盖的区域，都是国家扶贫开发的主战场，在湖南湘西提出了“精准扶贫”的最新方法和方法论，在贵阳谆谆教导和嘱咐贵州要坚守发展和生态两条底线，实现百姓富、生态美。习近平同志以非凡的政治智慧、顽强的意志品质、强烈的历史担当，以马克思主义政治家、理论家的深刻洞察力、敏锐判断力和战略定力，从中国化的马克思主义政治经济学、生态思想和科学发展观阐述的世界观、价值观，立场观点、方法和方法论总揽全局，高瞻远瞩地、创造性地对以人民为中心、民生与扶贫开发、生态文明等治国理政工作指明了方向、方法、路径、措施和责任等，精辟地、深入浅出地进行了全面阐述，均体现在这一系列的重要讲话、文章、批示的字里行间。对习近平同志的讲话、谈话和批示要时刻认真学习，不断深化领会。这一系列的重要讲话、谈话和批示主要由九大板块有机组成[①]：一是全面深刻阐述了消除贫困、改善民生、实现共同富裕，建设生态

① 国务院扶贫办编. 2015. 习近平关于扶贫开发论述摘编.

文明是社会主义的本质要求，强调保障和改善民生没有终点站只有新起点。二是制定2020年的时间表，按下快捷键，实行倒计时，各级书记立下军令状，刻不容缓地，时不我待地抓好扶贫开发工作，确保贫困地区人民群众同全国人民一道迈入全面小康社会。三是特别提醒了扶贫开发要坚定信心、找准路子。四是多次明确“精准”二字，坚决革除大水漫灌，实施精准扶贫，精准滴灌，精准脱贫。五是从内因和外因相互作用辩证关系角度讲明脱贫攻坚既要靠政府扶持，也要靠内生动力的道理。六是指出扶贫开发的根本大计是抓好教育。七是强调全党全社会必须形成扶贫开发工作的强大合力。八是强调生态文明建设。明确指出，生态是人类社会的根基所在和命脉所系，生态就是资源、生态就是生产力，强调了对现有生态资源保护具有战略意义。绿水青山就是金山银山，发展不能断送了子孙的后路。抓好易地扶贫搬迁，同时有利于生态环境的保护。要实现百姓富与生态美的有机统一。九是提出创新发展、协调发展、绿色发展、开放发展、共享发展的“五大发展理念”。习近平同志发表的2015年新年贺词中还特别为伟大的南水北调工程移民群众做出的无私奉献点赞，为移民群众表示深深的祝福[①]。习近平同志关于民生、扶贫开发、生态文明工作和“五大发展理念”等一系列的重要的论述，内涵十分丰富，深刻阐明了发展和生态环境保护的辩证关系，对于进一步凝聚全党全社会智慧和力量，加快精准扶贫、精准脱贫步伐，坚决打赢脱贫攻坚战，并限定时间解决区域性整体贫困，走向生态文明新时代，实现五大发展，具有重要的时代价值。近年来，我国对大扶贫战略、大生态战略的实施可谓上下同仁，快马加鞭，只争朝夕。仅是扶贫开发一项已列入国家预算数百亿元，贫困地区和贫困人口的脱贫攻坚战成就显著，令世界瞩目。正如米切尔·托米（Mitchell Toomey，联合国高级官员）在2015年6月做客中国青年网时所感慨的“中国对千年发展目标的贡献有目共睹，没有中国的鼎力支持，目标不可能达到，我深表震撼和敬佩，希望能多在中国收集成功案例和感人故事与世界分享”[②]。玛雅·塔卡吉（Maya Tacachi，联合国粮食及农业组织官员）2016年10月对新华社记者说，中国过去30年里在扶贫方面取得了很大成就，提前完成了联合国千年发展目标所提出的减贫指标，这是巨大的进步；中国政府提出的精准扶贫战略承诺要通过实施有针对性的、精准的扶贫措施，在未来几年内消除极端贫困现象；中国的减贫模式

---

① 新华社. 2015-01-01. 国家主席习近平发表新年献词. 人民日报，1版.

② 中国青年网北京2015年6月28日电（记者杨月）。米切尔·托米是联合国千年计划办公室主任。联合国千年发展目标（United Nations Millennium Development Goals），是联合国全体成员国一致通过的一项行动计划，旨在将全球贫困水平在2015年之前降低一半（以1990年的水平为标准）。千年发展目标包括消灭极端贫穷和饥饿、普及小学教育、促进男女平等并赋予妇女权利等八项内容。有189个国家在2000年9月联合国首脑会议上签署《联合国千年宣言》正式作出此项承诺。

是正确的[①]。这两位联合国高级官员和国际社会、国际舆论界持续普遍对习近平同志系列重要讲话和大扶贫战略，所制定和正在实施的中国方案所具有探索解决人类贫困人口问题重大方向、重要路径和重要方法的意义，所产生的十分重要的国际价值和全球影响的评论、评价，就是一个进一步的客观的有力的说明和客观的反映。

综上可以看出，党的十八大以来，习近平同志站在国家战略和全局的高度提出了坚持绿色发展、走向生态文明新时代等新时代的中国特色社会主义新思想新论断，特别是包括了民生扶贫和生态文明建设等内容在内的系列讲话精神，如2015年10月提出的创新、协调、绿色、开发、共享“五大发展理念”，强调在“五大发展理念”中，创新发展理念是方向是钥匙。“五大发展理念”既是鲜明的新时代中国特色社会主义理论一大创新又是伟大的典型的实践创新。“五大发展理念”创造性地回答了关于中国当代发展的一系列重大理论和实践问题，是发展理论的一次重大升华。“五大发展理念”引领了时代发展和实践，深化对发展工作的新要求，是破解发展难题、增强发展动力、厚植发展优势的行动指南。要掌握贯穿新发展理念中的马克思主义立场观点方法，把握好系统性、辩证性、人民性、实践性、引领性等理论特质和理论品格，以新理念推动实践新飞跃、赢得发展新优势、创造发展新奇迹[②]。“五大发展理念”是关系我国发展全局的一场深刻变革，攸关“十三五”乃至更长时期我国发展思路、发展方式和发展着力点，是我们党认识把握发展规律的再深化和新飞跃，丰富发展了中国特色社会主义理论宝库，成为全面建成小康社会的行动指南、实现“两个一百年”奋斗目标的思想指引。准确理解习近平同志系列重要讲话精神，全面透彻领会“五大发展理念”，全面把握民生扶贫、生态文明和现代科技领域的方法和方法论，就是中国共产党作为执政党构建的复兴大国的理想、信念、使命和科学思维的主要特征的充分展示。实现全面建成小康社会，建成富强民主文明和谐的社会主义现代化国家，实现中华民族伟大复兴的中国梦的理想、信念、立场和使命等一系列理论与科学发展观在内涵上、精髓上是完全相一致的，是马克思主义中国化的最新成果，并正在新时代不断丰富、不断发展和创新的中国特色社会主义理论体系。

总之，习近平同志系列重要讲话和治国理政新理念新思想新战略特别是“五大发展理念”与科学发展观蕴含的全面发展、国家富强、人民富裕、生态良好等精神有着内在严密的思想理论逻辑关系，与马克思主义理论、科学发展观是一脉相承的。习近平同志系列重要讲话精神和治国理政新理念新思想新战略既是对马克思主义理论的坚持、继承和发展，是马克思主义中国化、大众化、时代化最崭新的伟大理论成果和智慧结晶，是中国特色社会主义政治经济学理论视野的最新

① 新华社 2016 年 10 月 17 日电综述. 成就显著　合作有效——联合国粮农组织官员谈中国扶贫工作。

② 新华社. 2016-08-17. 刘奇葆在新发展理念理论研讨会上的讲话摘要. 人民日报，2 版.

的、最生动的诠释，更是对中国特色社会主义理论在新时代的继承、发展和全面创新。要紧密联系水利水电工程领域实际，思考如何全面深刻领会习近平同志系列重要讲话精神特别是“五大发展理念”的基本内涵和精神实质并在具体的社会实践中始终贯穿贯彻，用习近平同志提出的新时代中国特色社会主义思想和理论武装头脑，进一步深化对水利水电工程移民安置工作规律性科学性认识，认真对照和指导水利水电工程移民长期补偿机制的实践切实优化完善落地落实的问题。它无疑应当是国家推进农村现代化和民生扶贫、大生态战略实践的一个组成部分。水利水电工程移民长期补偿机制是坚持以人为本、以民为本理念和立场的，是有效化解水利水电工程征地和移民安置等主要矛盾，力图保障水利水电工程移民共享发展成果，保障移民的生存权、财产权、发展权等人权，保障和促进社会公平正义，构建和谐社会的具有中国特色的一个具体而生动的长期的科学的社会实践。它在社会实践中所形成的平凡而完整的事迹，正好从中国现代科技基础工程之一——水利水电工程领域的一个微观机制上具体实践了、具体体现了科学发展观、习近平同志系列重要讲话精神和“五大发展理念”、大扶贫战略思维，从一个重要的侧面和机制的角度展示了当代中国绿色发展与全面进步的方向，唱响了新时代最新的、最伟大的主旋律。

水利水电工程移民长期补偿机制及实施方案在理论与实践上的探索仍然处于摸着石头过河的状态。对其存在的短板要正视聚焦，认真给它看“病”，精准下药打针补齐补全，加以完善和优化是客观的需要和必然的选择。按照科学发展观、习近平同志系列重要讲话精神特别是“五大发展理念”的要求，对水利水电工程征地移民政策工具箱里正在复制推广的创新的水利水电工程移民长期补偿机制打开来进行全面对照，全身透视，检查诊断，对移民长期补偿机制及其实施方案目前存在的短板问题进行正确辨识，对长期补偿机制存在的短板必须加以补齐，进一步完善和优化。要牢牢把握完善和优化的重点方向，从体现大正义、大扶贫、大生态及大数据等维度对水利水电工程移民长期补偿机制及实施方案不断地精加工，把从供给侧结构性改革、顶层设计到基层规范执行，以法律法规保障机制、资金管理保障机制、组织协调机制，以及微观执行和监督管理机制等作为切入点，紧紧抓住“牛鼻子”不放松，逐一对症下药，下功夫使之更加科学、更加健全、更加规范，能长时间有效防范、规避和应对内部外部风险，经历了一场肯定—否定—肯定到否定之否定的辩证发展过程之后，从而精心打造更加创新的水利水电工程移民长期补偿机制的升级版。

4.1.3 移民长期补偿机制中的基本立场要求：生态正义和民生

在水利水电事业领域中，要倡导和树立正确的工程项目义利观，同时自觉坚持在水利水电工程建设领域的必须体现的公共正义原则。

基本立场和概念之一：坚持体现社会种（群）际生态正义。生态正义就是指人与人、人与自然之间保持和谐的价值关系和伦理关系。坚持种（群）际生态正义突出的是人与人、人与自然的和谐。强调生态正义，确立种（群）际正义的原则，最主要就是要在自然的尺度上强调人对人、人对自然的责任和义务，人不能做出对不起人、对不起大自然的事。马克思就此早已说过，人们应该形成人与人、人与自然的和谐素质，即形成促进人与人、人与自然和谐发展的自觉意识和有效能力[①]。马克思在他的《哥达纲领批判》中对社会主义社会的社会产品的分配的公平性进行过论述，他认为社会产品分配不能一次分光吃光，必须分成：一是用来作为补偿消费掉的生产资料的部分，二是要用来作扩大生产的追加部分，三是用来应付不幸事故和自然灾害等的基金，同时用于生产管理费用，用来满足共同需要的部分，并为丧失劳动能力的人等设置的基金[②]等社会保障，而“产品的多少当然随着生产和社会组织的进步而改变，分配方式也应该改变”[③]。马克思的社会产品的分配论述目的非常明显，就是确保社会生态正义。

基本立场和概念之二：坚持体现代际生态正义。代际生态正义指的是当代人与后代人在利用自然生态资源问题上必须保持恰当的时代分配比例，既不能为了当代人的利益过度利用自然而断绝后代人的生存条件，也不能为了后代人的需要而限制当代人为了生存而利用自然资源的权利。这种正义是建立在对自然资源的再生与否、环境容量是否有限的生态指标的认识的基础上的。它突出了不同代人与生态之间的和谐。强调代际生态正义，确立代际生态正义的原则，主要就是强调每一代人都有利用生态资源生存发展的权利，在社会尺度的时间坐标上强调当代人对待后代人的责任和义务，当代人在生态上不能贻害后代人，决不能做出对不起后代人的事情。马克思曾经说过，人与动物之间保持的距离越远，他们对自然界的影响就越带有经过事先思考的、有计划的、以事先知道的一定目标为取向的行为的特征，这就是事实[④]。当今西方一些国家和地区在包括水库大坝建设与经营在内的发展历程中为什么曾经出现过不同程度的生态危机？在此完全可以断定，这就是生态危机发生地的项目决策者、开发者、经营者等存在急功近利、只顾眼前、漠视自然的价值观（罗用能，2014）所造成的。我们再也不能通过简单地复制西方国家过去那种非生态的经济发展价值、路径和模式来简单地对待、衡量社会的进步。因为那种思维和发展模式是违反了代际生态正义的，是不可持续的。

---

① 马克思，恩格斯. 1995. 马克思恩格斯全集（第 1 卷）. 北京：人民出版社.
② 马克思，恩格斯. 1995. 马克思恩格斯选集（第 3 卷）. 北京：人民出版社.
③ 马克思，恩格斯. 1995. 马克思恩格斯全集（第 37 卷）. 北京：人民出版社.
④ 马克思，恩格斯. 1995. 马克思恩格斯选集（第 4 卷）. 北京：人民出版社.

基本立场和概念之三：就一国范围内的人际和谐、社会和谐问题看，就是确立和体现国内生态正义的原则。其实就人们对土地的占有和使用权的生态正义而言，马克思、恩格斯早就一针见血地指出，从一个较高级的经济的社会形态的角度来看，个别人对土地的私有权，和一个人对另一个人的私有权一样，是十分荒谬的。甚至整个社会，一个民族，以致一切同时存在的社会加在一起，都不是土地的所有者，他们只是土地的占有者，土地的受益者，并且他们应当作为家长把经过改良的土地传给后代[①]。以此理解和强调生态正义，就是国内社会尺度的空间坐标上要强调在人和人、人和自然关系领域中关注绝大多数人的根本利益，以及特殊群体和弱势群体的利益，坚持将自己的视野转向社会中的绝大多数人，以及特殊群体和弱势群体，认真妥善处理局部利益和整体利益的关系，把社会范围中彻底实现社会正义——全国消除贫困和人民共同富裕作为工作前提，更作为工作目标，就可以真正实现国内生态正义。

水利水电工程在移民长期补偿机制实践中体现的正义立场方面的精神如下。

企业角色——从水利水电企业特别是水利水电国有企业职能在工程项目层面的正义性理论说起。这里的水利水电国有企业是指项目开发的企业全部资产归国家所有、由国有资产管理部门作为资产的投入主体，并按《公司登记管理条例》及《企业法人登记管理条例》规定登记在册的非公司制的经济组织，是开发水利水电资源的国家出资人代表。水利水电国有企业在我国国民经济结构和社会发展体系中尤其在水利水电领域占有极为重要的地位（杨怀中等，2012）。水利水电国有企业是建设具有中国特色社会主义伟大事业的生力军，是带头发展社会主义市场经济的国家经济实体群，是国家新能源战略的一线重要执行者，是水利水电领域树立和践行创新发展、绿色发展、开放发展、协调发展、共享发展“五大发展理念”，推进水利水电事业供给侧结构性改革优化，实现水利水电经济增长方式转型升级的有型标杆和榜样，是国家水利水电工程健康开发建设的直接责任主体，同时是水利水电工程移民长期补偿机制中直接长期需要不间断的有效的供给内容和资金主要源头。因此，水利水电企业对水利水电工程涉及的内部结构性关系要有正确的认识，对移民具体安置方式效果及库区、移民安置区生态环境保护与恢复等情况应给予应有的高度关注并积极主动参与。要从国家能源战略（刘杰，2010）和科技发展战略大局的高度审视各地正在实施和正在酝酿实施的移民长期补偿这一新机制，并紧密结合执行水利水电开发职能任务的国有企业本身发展战略角度和实际，从伦理（任丑，2011）、法理、机理上客观看待和判断水利水电工程移民长期补偿机制，积极助力促成政府和各方对移民长期补偿机制得以在顶层设计上现实可能有的或未来应该有的政策、法律和伦理（罗用能，2014）等做

① 马克思，恩格斯. 2003. 马克思恩格斯全集（第 46 卷）. 北京:人民出版社.

出制度上的科学安排。

政府角色——就政府施政的职能层面正义性要义而言。政府的公共服务责任尤其重要。以为人民服务为宗旨的人民政府，在市场经济体制社会中要有所为有所不为。从为社会公众提供公共行政管理和公共服务产品的政府天职出发，要注意从伦理思维、辩证思维、系统思维、法治思维和改革创新精神与思路等对社会各项公共治理与改革进行统筹思考，适时进行国家和地方两个层面的有力有效的干预，尽力提供更多更优的公众公共服务，在经济和社会发展中尽力保障和改善民生。在实现新时代的流域水资源开发中，有关区域的政府应自觉认识职责、职能和担当所在，认识到正如20世纪40年代的美国公共项目管理高级官员利连索尔在其《民主与大坝》所说的“共同一致地开发资源的需要与各种广泛的努力相结合，这种工作不只是为流域区的人民，也是为着所有人民”（利连索尔，2016），从而应主导促使本辖区水利水电工程移民安置从传统的经济安置、社会安置制度出发积极推陈出新，促使移民安置不断走向创新安置，实现移民生态安置（罗用能，2013b）和绿色安置。增强水利水电工程移民长期补偿机制的系统性和协调性意识，把握矛盾运动规律，运用法制与政策机制等约束手段，切实统筹调节改善移民长期补偿机制涉及的各方利益关系（罗用能，2013a），以长远的目光和宽阔的视野，从宏观决策层面到微观执行层面对移民长期补偿机制加以有效调控。从现实维度着眼于水利水电事业的又好又快发展和移民长期补偿机制的健全和长期有效，以提升供给侧结构质量效率角度，适时列入供给侧结构性的宏观到微观改革并进行科学谋划，从供给侧、生产端着手，对水利水电工程移民长期补偿机制进行完善优化，增强其长期有效的优质的供给，确保创新的水利水电工程移民长期补偿机制对移民群众的长期公共服务，长期稳健。

水利水电工程项目建设所在地的地方政府还要对水利水电工程客观存在的内在结构性关系有理性的充分的认识。根据工程项目的系统性及各个区域机理功能，可将政府划分为水利水电工程项目受益区政府和淹没区（库区、移民安置区）政府，这是在工程项目社会行政管理工作进行职责上的客观自然分工。毫无疑问，项目受益区政府要明白来水与来电的源与流的关联：其辖区的城乡生活生产用水用电条件得以优化尤其是辖区流域防洪抗旱、内河航运、生态文明建设等重大战略发展条件问题得以通过工程直接解决，社会公众从水利水电工程建设形成的和即将形成的综合性的公益成果得到直接并将长期受益，受益区这些看得见摸得着的公益成果的长期稳定受益是以工程淹没区大量土地被淹没为代价的。淹没区（库区）移民顾全并服从工程建设大局，为水利水电工程项目建设需要而拆迁，做出了特殊贡献。水库大坝的稳固建立的主要功能，一是蓄水以补偿河流的波动或满足对水和能源的需求，二是提高上游的水平面，使水能够顺运河改变流向或提高水头（水库表面与河流下游之间的高度差）。蓄水和水头的生成可以使水坝发电，为农业、工业和日常民用提供用水（麦卡利，2001）。用中国化的语言表述，那就是水库对受益区（下游及辐射区域）产生了积极的生态效益、经济效益和社会效益，具体而言形成了牢固而长期有效的工程性均衡水源、电源保障，以及重要的工程性和生态性屏障。受益区发展所需的水、电条件和生态环境得到改善是以征占（淹没）区发展受到功能性严重限制为前提条件的。因此，无论从水利水电工程项目的结构机理和区域功能分工出发，还是从具有现代科技工程属性的水利水电工程大伦理（罗用能，2014）、正义性出发，受益区都不能忘却所来而迷失所去。要理所应当把对水库工程征地（淹没）区有所回报视为受益区政府分内之事，以合理分配的份额、恰当分担的方式给予工程征地（淹没）区适当的看得见摸得着的生态补偿或类似生态补偿。具体来说，既然水利水电工程的征占（淹没）区政府探索实施了创新创优的并行之有效的移民长期补偿机制，那么，一事当前，受益区政府当然要主动适应创新的机制，并对工程征地（淹没）区、移民安置区实行创新的移民长期补偿机制予以积极响应。要从移民长期补偿机制供给侧身份的角度自我定位并主动积极表示，对需求侧的移民长期补偿承担一定的道义合理的生态责任，列入本级地方财政预算，履行移民长期补偿机制供给侧责任，分摊一定份额的生态补偿资金的转移支付。

工程师角色——从专业从事水利水电工程项目规划设计工作的工程师队伍遵从理论与实践层面的正义原则来说，工程师队伍从事的是一项具体的现代科学技术活动，正如潘建红（2015）在《现代科技与伦理互动论》所说的“科技工作者更应该肩负责任，确保科技成果对社会有利。如果忽视为人类服务这一价值理念，盲目追求科技发展，丧失了科技价值的内在属性，会导致发展科技的目的也无法实现。科技工作者需要良好的科技伦理规范对自身进行约束，合理、规范的科技伦理能够促进科技与伦理的发展。第一，高尚的科学精神。第二，实事求是的伦理准绳。第三，为人类服务的最高准则。若能在工作中坚持公众优先原则，关心人类的长远利益和整体利益，定能使科技更好地造福人类。”水利水电工程师团队要始终秉承职业伦理（黄顺基和郭贵春，2007）和职业道德，始终高扬科学与民主的旗帜，始终坚持科学思考、独立思考，洞察和透视水利水电工程内部各个分子结构和外部各个因素关系及运动规律，追求严谨与创新的最佳结合，始终保持水利水电工程设计理念、设计思想、设计路径、设计行为及其产品成果的先进性。正如殷瑞钰等在《工程哲学》所说“一个好的工程设计，或者说优化设计，从本质上讲就是处理好了设计对象和所处环境中的对立统一的关系，分清了事物的本与末，抓住了现象的源和流，从而达到兴利除弊的合理状态”（殷瑞钰等，2007），也正如利连索尔所说的“专家们以他们的广博的现代知识，不仅在公私利益协调一致的发展上，而且在现代生活的每一方面，都执行着核心任务”（利连索尔，2016）。水利水电工程师团队尽管受雇于水利水电工程项目法人，执行编制移民安置规划方案的职能和具体任务，但应该坚持依法依规，阳光操作，勇于担当，善于编制，绝不趋炎附势。必须始终与水利水电工程项目法人、政府的认识和行动保持高度同步，积极探寻、精准把握水利水电工程征地移民安置的特殊性、规律性，坚持规范编制移民安置规划，并从中努力找到新的优的、当今各方容易接受的、库区及移民安置区行之有效的水利水电工程移民安置方式。例如，要主动适应经济发展新常态和水利水电经济新增长方式，从专业技术上引领新时期移民安置新主题。做到透彻、清醒、科学地认知和把握创新的水利水电工程移民长期补偿机制及其与传统移民安置补偿制度的关系，对水利水电工程移民长期补偿机制及其运作有超前构想，充分发挥工程师团队智慧与专业优势，尽力做出科学合理的移民长期补偿安置的具体设计方案，为政府及有关机构部门、项目法人等就有关水利水电工程移民长期补偿机制运作之事项能够正确决策，提供专业技术咨询和智力支撑。

水利水电项目开发要特别注重把概念的以人为本、以民为本理念表现为具体的以人为本、以民为本行为。必须从水利水电工程项目内部系统性和架构的完整性、平衡性出发，注重兼顾和体现工程整体各个区域社会人类种（群）际公平正义，这些是人与人、人与自然关系和谐的基本要求，同样是中国特色社会主义的本质要求。这里明确水利水电开发的以人为本、以民为本和体现的种（群）际正义是指在一定社会尺度的地域、空间坐标上强调水利水电工程项目开发主体人群、项目受益区人群与项目所在地、淹没区（库区）世居人群及项目流域下游上游人群之间所保持的和谐的价值和人类大伦理关系（李世新，2011；罗用能，2014）、人类大正义关系。即既不能为了一群人哪怕是多数人的利益驱动而客观忽略或威胁到同处于一个地域社会空间并做出特殊贡献的另一群人即便是为数较少人群的存在，不能做出对不起他人的事情，更不能断绝他人的生计。这种大伦理和大正义理所当然要体现在包括水利水电企业在内的各个区域的国民和谐素质上，大家要形成一个人群与另一个人群之间平等和谐发展的自觉意识和有效能力。水利水电工程移民长期补偿机制出发点和落脚点正是具体统筹兼顾、基本保障并优化同属水利水电工程项目开发内部结构的一个地域社会空间范围的工程库区、移民安置区中已为项目建设做出特殊贡献的移民群众的长远生计保障机制，体现了水利水电资源开发利用中的人类种（群）际公平正义这一要求。

水利水电事业要实现可持续发展必须始终注重统筹兼顾和体现工程项目各区域的人类代际公平与正义。也就是说，要突出落实当代人与下代人之间的关系和谐。在社会尺度的时间坐标上强调并自觉承担水利水电事业发展责任及利益直接相关的当代人对待后代人的责任和义务，坚持代际正义的原则。就水利水电资源项目开发企业而言，在时间坐标上追求的是工程项目得以按时顺利建设，项目建成后长期正常有效运行，同时在社会尺度、区际上追求库区、移民安置区社会长期稳定、生态尽快恢复并尽快实现工程各个区域当代与后人的人与人的关系持续长期保持和谐，不能出现不利于后人、对不起后人的现象。就水利水电工程移民群体消费方面而言，在这里借用美国经济学家弗朗科·莫迪安尼①1954年创立的生命周期消费理论就消费安排问题作一些理解参考。莫迪安尼强调或注重长时期甚至是一生的生活消费，提示人们要对自己一生的消费做出相应计划，以达到整个生命周期的最大满足。从他的理论可以明白，消费不仅是个人问题，还直接涉及家庭、个人和社会财富的世代交替的最优安排问题。移民社区、村寨中的有知识有名望的领头人、明白人尤其是移民家庭的当家人（家长）及家庭成员，“他们应当作为家长把经过改良的土地传给后代”，必须克服自身及群体（家庭）不同程度存在的只顾眼前，“一朝得补偿，就吃光用光”，痛快享受一时等的急功近利，只顾本代、不顾世代尤其是不顾膝下子孙后代的自私消费价值观和短周期消费眼光，呼唤并影响大家既为当代利益更为下代利益而将眼前利益和长远消费周期利益统筹兼顾起来，实现移民代际利益关系的辩证统一，自觉主动选择参加长期补偿。促使大家在时间的同一坐标上走向自身群体（家庭）的代际正义。老子在千年以前就曾经说过“修之于身，其德乃真；修之于家，其德乃余”。移民家长及家庭成员应该明白修之于身和修之于家的基本道理和生命周期消费道理。水利水电工程移民长期补偿机制的“长期补偿”在这里可以理解为土地的一种改良手段，通过改头换面后使土地的模拟型利用可以持久，正如LT大型水电站GZ省库区WM县就近后靠安置的农村布依族移民刘XT、王CB、罗HH所用布依话形容土地被淹为“牛儿死而身体不朽”（音译布依语为“Ruan deun Riznaz liau Luengdez Duez Waaiz daail Dangz Miznauh”②）。长期补偿这四个字的直接出发点和落脚点正是充分兼顾了移民群体及其家人后人之间利益，使当事移民群体既有眼前的实实在在的收入来源，又有源源不断的细水长流，未来年年有“鱼”（余），能够长期看得见、摸得着地惠泽后代的收入，真正而又具体地体现了当代水利水电事业发展中秉持人类代际利益公平正义的原则。

从水利水电工程与移民之间对立统一的矛盾问题指向和其客观存在的因果关

---

① 弗朗科·莫迪安尼（Franco Modig Liani，美籍意大利裔，当代著名美国经济学家，诺贝尔经济学奖获得者）与同时期的美国经济学家理查德·布伦伯格（Richard Brumderg）和艾伯特·安多（Albert Ando）合作，第一个提出消费和储蓄理论的生命周期消费假设，内容为消费是为了一生的效用最大化。这一假设在家庭和企业储蓄的研究中得到广泛应用。其著作有《储蓄的生命周期假设》等。

② 2010年10月作者与刘XT、王CB、罗HH等移民群众座谈时所得原汁布依族音言语：Ruan deun Riznaz liau Luongdez Duez Waaiz daail dangz Miz nauh。布依族语言拼音文字于1956年获得国家批准，1998年以来在布依族地区推广。访谈中以此布依文进行原原本本的记录。刘XT、王CB、罗HH，同为男性，布依族，当时年纪为50多岁，GZ省WM县ZX乡ZX村人，该村寨老，当时是该村村民委员会的负责人。三人均为LT大型水电站GZ省WM县库区农村移民。

系、手段和目标到从低到高、从小到大延伸的逻辑关系顺向梯次递进在总体上来看，水利水电工程与移民的关系是自然刚性的，皆是因为工程项目开发之机缘，水利水电工程项目法人与移民等各方紧紧走到了一起，客观上处于同一事项、同一时间、空间，形成了工程项目内部结构性的多边对立统一的矛盾共同体并不断相互运动，相互作用。努力良性地化解工程项目内部结构相互间的矛盾对立因素，立足现实，紧紧围绕长期持久，实现长效共享成果目标，移民长期补偿机制在各个水利水电工程项目普遍建立和推行，以此作为动力机制和引力机制，促使水利水电开发企业和水库库区、移民安置区、项目受益区等结构性的各方利益因项目开发统筹兼顾而不受损失并相得益彰，直接长期可持续地共同受益，内部结构性矛盾保持相互平衡，矛盾的各方各得其所，皆具备可持续共同发展的条件因素，从而组成企群联盟、区域联盟，从相互对立进入相互统一与和睦状态，构建项目各个区域利益共同体，形成命运共同体关系，从而使区域水利水电事业实现可持续发展。而可持续发展又是水利水电事业中政府、项目法人、工程师团队在该领域早已形成了的共识，更是人类社会已经取得了的广泛共识，即它是解决当地社会经济发展与自然物质条件（人口、资源、能源、环境、生态等）之间矛盾和矛盾的主要方面问题时必须做出的一种理性的科学的战略行为选择，其具有既满足当代人的需求又不对后代人满足需求的能力构成危害的发展的基本内涵(罗用能，2014）。而可持续发展的核心就是大家共同认为的实现了人与人、人与自然的和谐发展的统筹，表现为社会生态文明和自然生态文明的双文明（罗用能，2013a），就是人类行动实现了的最终成果和最佳的上善的境界。而社会文明与生态文明的双文明可以说就是科学统筹协调解决了一个地方乃至一个国家和社会民众自身现代化发展重大问题甚至是在统筹人与自然、人与人和谐发展、贯彻和落实可持续发展过程中，被人类社会已经公认了的并已真正形成了的一切理论努力和实践探索的科学总和。

从水利水电事业发展追求的最终结果与高级目标，即人与人、人与自然关系和谐，实现生态文明效应维度来看，水利水电工程移民长期补偿机制实施的阶段效应是直接追求实现移民生态安置与绿色安置，追求实现水利水电项目法人、项目受益区、工程水库库区、移民安置区之间和谐及企业的内部和谐，终极目标效应是努力实现作为中国现代科技工程——水利水电工程项目开发各区域社会文明和生态文明的双文明的目标，而双文明就是水利水电工程项目建设取得合规律性和合目的性相统一的人类实践的成果在作为第一层（人与人关系）关系和第二层关系（人与自然关系）（马志生，1999）的主体和客体关系的双重领域的积淀和升华，是现代水利水电工程项目开发建设最终实现人和人、人和自然的和谐发展的集中体现（张云飞，2014）。

从水利水电工程移民长期补偿机制本身来看，水利水电工程移民主要在农村，目前主要在西部地区。这些地区经济社会发展相对落后，是国家脱贫攻坚的主战场（辛向阳，2016）。这些地方的水利水电工程移民的贫困面相对较大，是建设小康社会目前短板中的短板。如何使这些移民尽快脱贫致富，尽快享受到经济建设社会发展的福祉，缩小当地贫富差距、缩小与东部发达地区的差距，与全国同步建成小康社会，是我国经济社会建设的一个重要课题，也是贯彻落实好科学发展观和绿色、共享发展的具体要求。水利水电工程移民长期补偿机制主要是指按水利水电工程项目建设征用（淹没）的耕地，以征地（淹没）前被征用土地主要农产品（如水稻或小麦等主粮）的产量或产值为基础，折算成实物或现金逐年兑付补偿给移民，一般一年分两次或几次兑付。长期补偿的实施与项目运营同生息，项目运行期一般要达到50年甚至持续100年以上，长期补偿也可以随之相应持久。从移民长期补偿机制在维护移民长远利益的作用来看，移民长期补偿机制把征地移民安置补偿以一次性补偿即一了百了、不再持续的静态的补偿变为动态的长期持续稳定的补偿，将《大中型水利水电工程建设征地补偿和移民安置条例》（国务院令第471号）规定征地年产值的16倍并一次性补偿的标准调整并持续延伸扩展到若干倍，补偿时间相应持续达到若干年，使移民从中获得的收益比其耕种其土地要更多、更稳定，比一次性货币补偿收益要更实惠。正如LT大型水电站GZ省库区WM县就近后靠安置的农村布依族移民刘XT、王CB所用布依话形容为"乃国家为我们修好并灌满粮食的百年仓粮！"[①]同时，实行长期补偿后，农村移民可以更专心地从事非农产业，能加速移民就业多元化，通过务工又可以获得另外一份收入，而且这份收入一般要高于移民原务农收入，这对改变移民的生存状态，提高经常性收入，恢复移民发展后劲和自信尊严有积极作用。从移民长期补偿机制在维护项目法人长远利益的角度看，移民长期补偿使水利水电工程项目法人与库区、移民安置区移民的难以调和的结构性矛盾关系从对立逐步转化走向统一，企群关系由疏远逐渐拉近，从不平衡走向相对平衡，从相互分离走向相互包容、融合，同呼吸、共命运，企业在库区、移民安置区的一时难以卸下的社会包袱由此变为长效社会资源，变成了实现维护库区、移民安置区社会正义和长治久安、企业项目长久正常运转的重要的社会力量支撑。实践证实，移民长期补偿经历了从萌芽到科学试点、从试点成功到广泛推广实施的过程，其优越性也得到了发挥，得到移民群众的接受，凸显了多方面的积极作用是无疑的。

从新时代国家创新发展、协调发展、绿色发展、开发发展和共享发展的站位

---

① 布依族语"Guez jiazRaul jaus Raul Guoz banz xiuozrenz bangz bih Xaangz haux。"这仅仅是2010年10月作者与LT大型水电站GZ省WM县库区移民刘XT、王CB、罗HH等几次进行面对面访谈时所得到许多的原汁原味布依音言语表述之一。布依族移民比较喜欢用本民族语言对事物对象进行自然的由衷的表述。与群众相贴近，甚至零距离的现场观察，要求调查者应当具备相应的能力条件，力求进行现场原原本本的记录，全面准确理解，客观地进行分析，如实地做出反映。

对照看，移民长期补偿机制的运行，促进国家水利水电事业建设，为东西部地区经济社会发展提供有力支撑，有利于统筹城乡发展，统筹区域发展，同时造福于受益区、库区、移民安置区广大公众，有利于妥善安置库区、移民安置区移民群众，实现库区、移民安置区和谐社会的构建，有利于水利水电工程项目可持续长期正常运转。移民长期补偿机制内部各个基本要素与科学发展观理论中的核心是以人为本、发展为第一要义，全面协调可持续发展的基本要求、统筹兼顾的根本方法和创新、绿色、开放、协调、共享的发展理念是高度吻合的，充分体现了科学发展观和习近平同志系列重要讲话精神特别是“五大发展理念”的本质和具体要求。毫无疑问，移民长期补偿机制是水利水电领域事业实现“五大发展理念”，实现中国梦的一块厚重基石，是推进水利水电领域实现中国梦的一个重要机制、重要措施和重要手段。也可以说，移民长期补偿机制就像一列使用了清洁能源的高铁动车组，承载着水利水电工程移民实现千千万万个人的梦，也助推水利水电工程项目法人圆梦。这些方面梦的牵使，使水利水电工程系统内部架构中的每个成员心心相印，梦与梦之间息息相通，当然就以一个虽微观但是典型的以人为本的鲜活的移民安置专项体现“五大发展理念”立场，构成了民族梦、中国梦目标体系中的有机的重要的组成部分。

水利水电工程建设领域自觉践行科学发展观和习近平同志系列重要讲话精神特别是创新、协调、绿色、开发、共享“五大发展理念”，主要体现如下。

第一，移民长期补偿机制的完善与优化，符合我国生态文明建设战略目标和总布局、总要求，顺应新时期移民生态安置、绿色安置的时代主题。它是水利水电工程移民实现生态安置、绿色安置需求的现阶段主要创新方式、创新手段之一。经列入水利水电工程领域供给侧结构性改革完善和优化后，移民长期补偿机制更加体现了水利水电资源开发群（种）际公平正义原则，其不仅是水利水电事业健康可持续发展的重要支撑，是确保国家水能资源开发和能源经济安全的定海神针、压舱石、推进器，也是水利水电工程移民现实生活和长远生计的压仓粮、保护伞，是构建稳定的和谐企群关系，从而形成企群联盟、区域同盟乃至工程利益共同体、命运共同体，构建和谐社会的一个重要推进器、一条重要纽带、一块厚重基石。经列入供给侧结构进行优化和完善后，移民长期补偿机制更加体现了水利水电资源开发以人为本和代际公平正义原则，是作为需求侧的水利水电工程移民群众具有获得感最现实和最长远的实物之一，是移民群众最实惠的现实经济收入保障。

第二，移民长期补偿机制的完善与优化，要从大公共的公平正义和民生扶贫、生态正义原则出发，深入剖析移民长期补偿机制运行中存在的矛盾和问题，将一对一解决运行中存在的现实短板，筑牢这一民生基石。聚焦主要问题，明确以完善法律政策机制为着力点，以规范方案、补齐补全主要短板、实施精细化管理、规范精准而有效执行为发力点。

第三，移民长期补偿机制的完善与优化，在现阶段必须列入经济发展新常态下水利水电领域移民安置公共服务供给侧结构性改革优化范围，促使移民长期补偿机制供给侧在具体改革中得以规范，规范中得以发展，在发展中进一步规范，在规范中得以健全。

第四，移民长期补偿机制的完善与实施方案优化，特别是要优化移民长期补偿机制的监管。例如，对管理运行和具体执行中的移民长期补偿机制执行情况依法依规实行有关责任主体法人（企业董事会及公司CEO、地方政府法人代表）监管制，开展专项视察、巡视及述职报告评议制，项目稽查等，对保障推进移民长期补偿机制的持续推进和健康运行也都是必要的。同时实现移民长期补偿机制与社会养老保险机制的衔接是必要的。

同时要注意把握好、坚持落实好以下几点：①要把水利水电事业放置在中国特色社会主义"五位一体"战略布局和"五大发展理念"里，使之科学定位。发展水利水电事业，必须转变发展理念和发展方式，不断创新移民安置模式，破解移民安置难题，科学保护和合理利用水能资源，建设水生态文明，为中国特色社会主义的建设提供创新的优质的能源支撑、水利支撑，实现健康的绿色的发展。②要坚持以人为本、以民为本和绿色发展、共享发展理念和立场。水利水电工程建设不但要造福受益区广大群众，也要造福水库移民，实现好、维护好、发展好广大移民群众的根本利益，使移民共享水利水电工程建设和运行成果，实现真正的共享发展和共同富裕。③要坚持全面协调可持续原则，把工程建设、生态环境保护和移民安置统筹兼顾起来，全面权衡工程建设利弊，保障水利水电工程建设健康发展。④要全面兼顾、平衡各方利益，协调处理好工程建设与移民安置，工程受益群众与移民群众，移民、项目法人和政府，水库上下游，不同库区之间，老库区移民与新库区移民，移民安置区移民与非移民，移民政策的稳定、继承与创新等之间的关系。总之实现实实在在的协调发展、绿色发展和共享发展，努力构建绿色和谐的库区、移民安置区社会。

4.2 移民长期补偿机制的价值维度：以人为本、以民为本

公共政策是政府作为社会的守夜人，全心全意为人民服务而提供的公共服务产品。政府为了促进当地发展经济、改善人民生活、维护社会公正而应做出相关策略性选择，其目标是创造并公平分配社会公共利益，维护公共秩序。所

以，公共政策必须坚持以公共利益为最基本的价值导向，从公众的需求出发，正确地处理不同群体的利益要求，协调平衡社会利益关系。水利水电工程建设征地移民补偿政策机制就是一项公共政策。那么，体现以人为本、以民为本、以人民为中心理念立场是作为水利水电工程项目公共政策之一的移民长期补偿机制的根本价值维度。

4.2.1 移民公共政策的价值基础

什么是公共利益？利益协调论者认为，公共利益是政府对各种相互冲突的利益平衡后符合大多数人的利益，即各种相互冲突利益的调和产物，强调公共利益的综合与平衡，强调公共利益的共享性。集体利益论者认为，公共利益是指社会或国家中占绝对地位的集体利益，是人民群众的共同利益，是绝大多数人的根本利益，强调人民群众的利益、集体利益的至上性及公共利益的至上性。利益共享论者认为公共利益是具有社会共享性的全社会的整体共同利益，承认公共利益的客观性、共享性，同时也承认公共利益与个人利益既互相冲突又相互统一。

我国政府提供的中国特色的公共政策应当以社会总体利益为基础，而不仅是公共利益至上。个体利益与集体利益、公共利益一样，都有其存在的合理性，如果片面强调公共利益的至上性，就有可能导致以公共利益之名对个体合理利益的不合理排斥，甚至剥夺。所以对以人为本、以民为本的全面、协调、可持续发展作为终极目标的公共政策而言，就应当以社会总体利益为价值基础，既包括合理的个体利益，也包括公共利益，比公共利益更适合充当公共政策的价值目标（周明侠和谢峻峰，2007）。所以，公共政策目标即保护合理的众多的个体利益，也就包括了由水利水电工程移民等合理的众多个人利益组成的公共利益。因为在社会主义初级阶段里，必须承认有大量的个体利益的客观的合理的存在。

在水利水电事业领域里，政府要善于把握我国新时代水利水电工程建设征地移民公共政策制度的合伦理性、合法性和合规性、稳定性与移民安置方式机制的创新性，尤其关注水利水电工程移民长期补偿这一新的公共政策服务机制研制出台涉及的创新性和规范性、长期性要素，既要发挥资源配置上起着决定作用的市场因素这只“看不见的手”（斯蒂格利茨，1998），同时要善于运用政府调控，也就是亚当·斯密在其著作《国富论》中形容的有效的“看得见的手”用于公共领域服务的专门项目上，善于手挥五弦，弹好公共服务和政府治理、协调的“钢琴”，从而充分体现我国政府提供先进的公共领域政策、为社会全体成员服务的价值作用。

4.2.2 移民安置的价值回归

我国水利水电工程移民安置政策的价值取向走过了一段曲折的历史发展与演变过程。工程建设中追求的公共利益价值取向走过了一个“集体利益为基础→社会总体利益为基础”的转向历程。移民安置补偿政策主要价值取向轨迹大致可以分为集体利益取向阶段（1950～1991年）、过渡阶段（1991～2006年）和社会总体利益价值取向阶段（2006年以后）三个阶段。

（1）集体利益价值取向阶段（1950～1991年）。在这个阶段，水利水电工程建设中主要考虑工程的社会效益，即工程项目运行后对工农业生产的推动作用，强调工程项目受益公众集体利益而不重视维护移民群众利益，片面强调顾大家、舍小家，不重视维护移民群众权益。这种价值取向具体体现就是重工程、轻移民，移民安置补偿费用在工程总投资中比例低，移民个体获得补偿很少，大量后靠安置以节省移民投资。例如，建于20世纪50年代的新安江水库在做建设方案规划时，选取发电量作为主要因素，忽视了产生的超过20万移民、31万亩耕地被淹等因素，而这个水库总装机容量才66.25万kW；相对比而言，始建于2001年的国家重点项目LT大型水电站一期工程总装机容量达490万kW，移民才8万多人，淹没耕地8.42万亩。又如50年代建设的广东省河源市新丰水电站工程项目总投资2.1亿元，用于安置移民的经费仅3050万元，仅占工程总投资的14.52%；而三峡工程的移民投资比例占三峡工程总投资达45%以上，“西电东送”水电工程移民安置补偿经费占工程总投资的1/3左右。

这种价值取向与其所处的历史环境相伴生。我国社会主义公有制在当时农村的具体形式——公社集体，是其经济基础，因为无论从移民还是从政府的角度看，移民搬迁安置只是挪一个地方生产生活，在哪里都是耕种集体土地，吃大锅饭，赋予政府动用行政资源强行搬迁的经济可行性。1955年我国总人口（约6.1亿）不到2011年（约13.47亿）的一半，人地矛盾不像现在这么突出，安置地集体有接收的容量，插队分散式移民安置具有客观条件。当时政治话语的语境中，长期片面强调集体利益是其政治基础，片面强调一大二公，政府价值导向忽视了对移民安置中个体利益的维护。在经济条件上，贫穷落后的国情使政府一时没有办法拿出足够的投资妥善安置移民，主观上急切地想用有限的资金建设更多的工程，导致了新安江水电站等那个时期许多其他水利水电工程移民安置的不当。从政治上看，这时期缺乏科学的移民认识和专门法律法规规范是主要原因。没有政策和相关规程规范的移民安置，主管部门重视则安置较好，不重视则留下严重程度不同的遗留问题，几个典型的水库如丹江口水库、新安江水库和三门峡水库等移民安置都出现过很大的问题，有些水库工程项目后来为此先后花了几十年时间才基本实现妥当的安置。

集体利益价值取向使这个时期的大量移民没有得到妥善安置，到后来又不得不花费大量资金去处理移民遗留问题，处理遗留问题的投资又往往大幅超过原移民投资。这些投资如果投入公共建设，可以创造更多的社会总体利益，结果从短期集体利益出发反而使长期集体利益大受连累。

改革开放后，已建的水利水电工程移民安置遗留问题产生的负面效应逐步显现，在建水利水电工程也因移民安置难而陷于滞后，国家有关部门适时研究出台了专门的移民政策、法规。例如，1986 年国办发 56 号文件提出了要抓紧处理水库移民问题和走开发性移民的路子，1991 年《大中型水利水电工程建设征地补偿和移民安置条例》（国务院令第 74 号）颁布实施，我国移民安置价值取向开始发生改变，进入一个过渡阶段。

（2）过渡阶段（1991～2006 年）。1991 年《大中型水利水电工程建设征地补偿和移民安置条例》（国务院令第 74 号）颁布实施，标志着过渡阶段的到来。过渡阶段水利水电工程建设在主要考虑工程社会效益的同时，提出要正确处理国家、集体和个人之间的利益关系。国务院令第 74 号第三条规定："国家提倡和支持开发性移民"。第四条第一款规定："正确处理国家、集体、个人之间的关系，移民区和移民安置区应当服从国家整体利益安排"。"提倡和支持"开发性移民，还不是要求；"移民区和移民安置区应当服从国家整体利益安排"，还带有很深的行政指令影子。可以看出这个法规价值取向还是以集体利益为主，但同时提出了要正确处理好集体利益与个人利益的关系，这是一个重大的进步。

这个阶段的价值取向是在改革开放后经济社会取得了重大进展的背景下出台的，对改变之前存在的重工程、轻移民的意识形态及现象起到了明显调整和改善作用，但没有从根本上改变它。例如，在 1988 年动工、1994 年建成投产的 GZ 省 PD 中型水电站工程项目的征地，虽然因为国务院令第 74 号出台而相应增加了移民投资，但当时也没有认真编制征地移民安置规划，后来随着物价水平上涨等因素，移民生产生活水平与当地其他居民出现了一定的差距。库区移民因安置补偿标准低、就业渠道少、生产生活配套设施滞后，出现移民空转土地资金用于建房，生产发展未达到原规划要求，移民存在着不同程度的无土、少土安置现象，生活居住条件差等问题，致使生产、生活可持续发展受阻。在此期间相对情况较好的是三峡工程移民安置，国务院设立了三峡工程建设委员会办公室，经国务院批准专门出台了《三峡移民安置条例》，实行开发性移民安置方针，移民安置工作成了国家行动，多个省市还为三峡工程接收安置了十几万外迁移民，移民安置投资占到了工程投资总额的 45%，最终完成了该工程库区百万大移民。但建成后，仍然在移民安稳致富、生态环境保护、地质灾害防治等方面还存在一些亟须解决的问题。2011 年，国务院通过了《三峡后续工作规划》，再投资 1700 亿元解决上述问题，移民后续投资总额已经接近原工程总投资。

（3）社会总体利益取向阶段（2006年以后）。在2003年抗击SARS（非典疫情）胜利和我国经济社会发展的历史和现实的实践经验的科学总结基础上，胡锦涛同志提出科学发展观，并全面阐述“坚持以人为本，树立全面、协调、可持续的发展观，促进经济社会和人的全面发展”“统筹城乡发展、统筹区域发展、统筹经济社会发展、统筹人与自然和谐发展、统筹国内发展和对外开放”的一系列理论观点和内容。在科学发展观指导下，2006年《大中型水利水电工程建设征地补偿和移民安置条例》（国务院令第471号）、《国务院关于完善大中型水库移民后期扶持政策的意见》（国发〔2006〕17号）这一法规一政策相继出台，标志着我国水利水电工程建设领域走向包括了大量的移民个体利益在内的社会总体利益价值取向新阶段。

国务院令第471号第三条规定：“国家实行开发性移民方针”。第四条第一款规定：“以人为本，保障移民的合法权益，满足移民生存与发展的需求”。第四条第二款规定：“顾全大局，服从国家整体安排，兼顾国家、集体、个人利益”。国务院令第471号明确规定实行开发性移民方针，强调以人为本，保障移民合法权益；价值取向上以人民为中心，兼顾国家、集体、个人利益，即全社会总体利益。这一时期移民安置得到了高度重视，不但新建水库时把移民安置当成最重要的事项来对待，而且加强了对老水库移民的后期扶持力度。

这一时期的水利水电工程移民安置，继续强调在有土地容量条件的地区开展有土安置，在安置地域上靠近城镇，在发展生产上强调发展现代农业，同时结合新时期形势完善移民社会保障体系；而在土地容量较紧张或者土地商用价值较高地区，提倡创新一系列移民安置方式，如土地入股、土地换社会保险保障、长期补偿等，长期补偿机制是其中较为成熟、影响力较大的一种。

以人为本、以民为本、以人民为中心理念立场和原则的提出，对全社会总体利益的关注，显示了我国水利水电工程移民安置的价值回归，对我国水利水电事业的绿色而科学发展产生了积极而深远的影响。

4.2.3 移民长期补偿机制的价值目标

以人为本、以民为本、以人民为中心和绿色发展、共享发展理念和立场、社会总体价值取向确定之后，如何贯彻落实需要反复探索和研究，全国各地都在探索适合本地实际的创新的水利水电工程移民安置方式，如以土地入股、土地换社会保险保障、耕地长期补偿等，征占耕地实行移民长期补偿是其中的积极成果。移民长期补偿机制的主要价值目标是三维的：推动水利水电事业健康发展以造福社会，保障移民根本利益以构建和谐库区，保证水利水电工程项目法人长期利益以保障项目可持续运转。同时具有供给侧结构性改革优化和水利水电企业的科技文化创新两个重要的维度价值。

1. 推动水利水电事业健康发展以造福社会

发展是第一要义，我国水利水电工程建设首要价值是科学合理开发利用水资源，兴水利除水害，为发展社会生产力，推进社会主义现代化建设和全面建成小康社会提供能源、水利支撑，为全社会创造公共利益。进入21世纪以来，我国政治经济发生的深刻变化和特殊的国情，使水利水电工程建设遭遇移民安置土地对接难的问题，影响了工程建设的推进，即阻碍了社会公共利益的顺利实现。移民长期补偿机制有效推动了工程建设，为全社会增加了福利。大批水利水电工程的运行为发展经济、改善人民生活创造了更优的条件，社会的总体利益增加了，也就实现了广大人民群众的根本利益。

例如，广东等省作为我国经济发展的排头兵，工业发展需要消耗大量能源，电能供应成为其在21世纪初经济发展的主要制约因素，珠江上游的LT大型水电站工程建成以后一半以上的电量上输南方电网，为广东等沿海地区经济发展注入了强劲动力。反过来，LT大型水电站库区许多农民赴广东沿海地区务工，该区域经济的可持续发展能为他们提供更多的就业机会。此外，LT大型水电站建成以后使库区九个县的HSH、NBPJ通航条件大为改善，对下游GX、GD等地的防洪、抗旱、航运能力提升起到重要作用，均衡的上游来水还使下游水电站出力正常化，发电量大为增加，这些都极大地推动了该流域的经济发展，增加了该流域的社会公共利益。

再如，三峡工程建成后，发挥了巨大的防洪、航运、发电综合效益。在防洪方面，近年来有关机构对中小洪水的拦蓄开展了有益的实践和探索，如2010年7月19日三峡入库洪峰7万m^3/s，出库流量4万m^3/s，极大地减轻了长江中下游的防洪抗洪压力；在发电方面，截至2011年3月底，累计发电4641亿kW・h；在航运方面，截至2010年年底，三峡船闸货物通过量已经达到了7880万t，再加上翻坝转运，过坝的货运量已经达到了8794万t；在调节水资源方面，通过径流调节，增加中下游的枯季流量，如2011年长江中下游发生了严重干旱，1～5月三峡工程累计向下游补水约190亿m^3，提高中下游干流水位1m左右，在一定程度上改善了干流两岸引调提水抗旱的条件。

2. 维护移民根本权益以构建和谐库区

水利水电工程建设中要充分兼顾整体利益和局部利益，除了考虑社会利益，还要维护移民群体及个体合法利益，维护库区社会稳定。

长期补偿机制在实施中在现有法律框架内改变工程征占耕地的一次性补偿为长期逐年补偿，并根据物价上涨或年产值变动调整年补偿金，最大限度地维护了移民的根本利益；长期补偿权益实质相当于持久的固定收益权，并可以在家庭成员中相应进行内部分配和代际继承。这些安排充分、有效地维护了移民代际长远利益；移民在摆脱土地束缚后选择最适宜自己家庭的安置方式，长远发展有基本保障。长期补偿机制在现行法律框架下对移民承包地的权益在时间上也作了最大的延伸和拓展。

移民长期补偿机制除了能给移民带来更多的收益之外，还能消除移民进城安置自然产生的相关顾虑，有利于改善其生产生活条件等。我国移民安置做得好的库区都是移民长远生计得到保障的地区，移民安置开展得不好的库区在再安置中都对移民的长远生计进行了相应的安排，以保证遗留问题得到解决。长期补偿解决了移民长远生计问题，是构建库区、移民安置区社会稳定的一块新基石。HSH 流域上几座大型水库如 LT 大型水电站、岩滩水电站的水库库区、移民安置区实施长期补偿机制后就比实施前更稳定，已经证明了其维护社会稳定、构建和谐库区的功能。

3. 保证项目法人长远利益以保障项目可持续运转

就水利水电工程项目法人方面而言，移民长期补偿机制也对项目法人长期补偿资金来源作了相应安排，工程建设期计入工程投资，工程运行期计入运行成本，水利工程运行期收益不足以支付长期年度补偿金时由地方政府财政转移支付。同时由于长期补偿减少了随迁移民，减少了工程前期投资，使项目法人大幅减少融资成本。国家还正积极探讨在建有水电站的水库中建立电价联动机制或者在电站上网电价上给予考虑，使移民长期补偿机制长期运转有保障，尽管当前还没有国家层面的调控机制，但国家发展和改革委员会在上网电价上已对“西电东送”水电站工程中实行长期补偿的项目做出适当的价格政策倾斜。

水利水电工程项目法人与库区、移民安置区移民二者的工程结构性矛盾运动关系，通过架起长期补偿机制这座无形的牢固的桥梁，使二者的关系发生质的转化：从工程内部矛盾对立的关系逐步转化走向矛盾辩证统一的关系，二者关系由疏远逐渐拉近，从分离走向融合，进而形成命运共同体。通过长期补偿机制维护了移民的长远利益就等于维护了项目法人的长远利益。换句话说，水利水电企业在库区、移民安置区原来视为社会包袱的移民可从此转化为工程项目具有的独特优势的社会资源，变成了保持工程库区、移民安置区社会长治久安的正能量，实现项目长久可持续运转的重要的社会支撑力量。因而，项目法人充当移民长期补偿供给侧角色并不是“冤大头”。水利水电企业将这笔移民长期补偿资金供给列入项目的日常预算是完全有必要的，也是值得的。

我们还应认识到，移民长期补偿是新时期水利水电企业转变项目经营理念，调整优化企业经营方式，推进企业的转型升级，提升企业综合效益，打造环境友好型项目，构筑企业物质价值和精神价值及占据道义的制高点，实现企业在水利水电领域事业中持续和谐增长重要方式具体体现。古人曾说，达人无不可，忘己爱苍生，即企业从爱本公司内部员工集体升华扩展到公司之外爱库区、移民安置区移民群众的大爱的上善的最高思想境界。在这里，同时也就自然要形成独特的、具有对外张力的水利水电企业科技文化创新的一种新的路径和新的方式。

水利水电工程移民长期补偿机制坚持以科学发展观和习近平同志治国理政新理念新思想新战略特别是“五大发展理念”为指导，在理论上廓清一段时间以来存在的对传统移民安置补偿的模糊的甚至偏颇的有害的意识，成功破解了人地矛盾突出地区移民生产安置面临的历史性的理论性难题。移民长期补偿机制蕴含着丰富的科学发展理念、习近平同志系列重要讲话精神特别是“五大发展理念”及大扶贫思维，体现了以人为本、以民为本、以人民为中心理念立场原则，从认识论上厘清了水利水电工程项目建设内部结构性矛盾关系，为工程项目受益区与工程区、淹没区共建中国特色的科技基础工程提供理论支撑和保障；使工程区和淹没区移民群体权益得到统筹兼顾，切实维护，使水利水电工程建设既造福整个社会特别是受益区广大公众，也造福水利水电工程移民群众，让移民共享水利水电工程项目建设和事业发展成果。移民长期补偿机制符合全面、协调、可持续基本要求，把工程建设、生态环境保护和移民妥善安置科学统筹平衡，体现了水利水电事业的创新发展、协调发展、绿色发展、开放发展和共享发展。移民长期补偿机制运用统筹兼顾的根本方法，科学驱动和处理新兴的工程建设与移民安置，工程受益区公众与库区移民群众，移民、项目法人和政府，水库上下游，水利工程与水电工程，不同库区，老库区移民与新库区移民，移民安置区移民与非移民，移民安置补偿政策的继承与创新等之间的结构性矛盾关系，成为构建和谐库区，实现移民、项目法人、政府满意的共同选项，成为水利水电工程内部结构性成员的大家同呼吸共命运，共求共圆中国梦的一块厚重的基石。

4.3 移民长期补偿机制的根本方法：统筹兼顾

统筹兼顾既是科学发展观中明确的根本方法，也是“五大发展理念”明确的思维方法。它要求正确认识和妥善处理中国特色社会主义事业中的各项重大关系（中共中央宣传部，2013），要统筹城乡发展、统筹区域发展、统筹经济社会协调发展、统筹人与自然和谐发展、统筹国内发展与对外开放，统筹个人利益和集体利益、局部利益和整体利益、当前利益和长远利益，正确处理好不同部门之间、不同群众之间的利益关系，充分调动各方面积极性。既要总揽全局、统筹规划，又要抓住牵动全局的主要工作、事关群众利益的突出问题，着力推进、重点突破。最终把“五大发展理念”变为现实。

水利水电工程移民安置中社会集体利益和移民个体利益、当前利益和长远利益、不同利益攸关方之间的利益关系错综复杂，工程建设、移民安置与环境保护既相互制约又相互促进，各种移民安置方式各有长短，需要用统筹兼顾的方法予以厘清。移民长期补偿机制虽只是为工程征占耕地补偿而设计，但因为耕地因素在移民安置中处于核心、至上的地位，可谓牵一发而动其全身，涉及移民安置既现实又长远的方方面面，必须要用统筹兼顾、绿色共享的方法加以统揽统领。移民长期补偿机制对水利水电工程建设与移民安置、相互影响较强的不同工程项目移民安置进行了统筹考虑，整合了各种移民安置补偿方式的优势资源，以确保工程建设得到顺利推进，移民同时得到妥善安置；具体兼顾平衡了国家、集体、个人，项目法人、移民、政府的关切，兼顾平衡了不同群众群体的利益等。

4.3.1 统筹工程建设与移民安置

（1）工程与移民是辩证统一的。对这个结构性矛盾的性质定位在第 2 章 2.1 节和第 4 章 4.1 节已有过阐述。对工程和移民二者的关系定位的认识在今天应突破传统认知形态和思维定式。工程与移民两者之间并非水利水电工程一般联系性矛盾关系，二者是天然的也是必然的工程项目内部结构性矛盾关系，移民并非水利水电工程项目外部可有可无的一个“邻居”，而是工程项目内部的有机重要组成部分，是工程内部各区域中不可或缺的家庭成员。那么，做好移民安置就是完成工程建设的刚性任务之一，实施移民长期补偿机制就是具体统筹兼顾、协调平衡好工程与移民的内在结构性矛盾关系。

第一，水利水电工程建设必然产生移民。根据 1956～1979 年的全国江河水文资料，我国多年平均径流量 2.7115 万亿 m^3，水力资源蕴藏丰富，居世界第四位。但是我国水资源具有季节性，地面径流水源以降水为主要来源，降水具有季节性；地理地貌具有西高东低特点，主要河流以东西向、北南向地表径流方式注入海洋，充分、高效地开发和利用水资源必须通过兴建水库、电站和灌渠系统来实现。通过建设水库，在雨季时把水资源收集、储存起来，用于发电、灌溉、供水等，这个过程中必然产生水库淹没，而且水库淹没地区往往是人口密度相对库区周边较高的河谷地区，所以，水利水电工程建设必然带来移民搬迁。自中华人民共和国成立至2004年年底，全国修建了8.6万多座水库，搬迁移民近2000万人。2004～2015年又是全国水利水电工程建设步伐较快的时段，陆续建成了一大批大中型水利水电工程，同时也伴随产生了大量移民；随着"十三五"及以后一段时间国家规划的新一轮水利水电项目建设高潮的掀起和水利水电资源的深度开发，与其密切相伴的必要征地和作为一个家庭成员的移民数量规模必将进一步扩大。

第二，移民安置保障水利水电事业的可持续。移民安置状况会促进或阻碍水利水电事业的可持续。

一方面，没有移民的稳妥安置就没有水利水电事业的可持续健康发展，此方面在我国已有深刻教训。中华人民共和国成立以来，我国在较长时期内对移民问题的复杂性和长期性认识不足，在信息不对称、责任不对等，以及投资制约等情况下，往往重工程轻移民，片面追求经济效益，忽视移民的健康发展，导致移民搬迁安置后出现大量的遗留问题。特别是20世纪80年代以前建设的老水库，许多库区和移民安置区基础设施薄弱，土地等生产资料配套不足，移民安置区行路难、饮水难、用电难、上学难、就医难等问题广泛存在，移民长远生计缺乏足够保障，经济社会发展落后于当地非移民。根据观察，1949年之后约40年间产生的1000万左右现状移民，安置得较好、一般、较差的各占1/3。这些移民遗留问题，由于跨越时间长，涉及政策面广，经常是一个问题解决后又冒出另一个新问题，并不断地与现实问题交织，移民利益诉求碰头叠加，矛盾更为复杂，解决难度更大，甚至一些移民群众还存在着小闹小解决、大闹大解决的非正常心态，一些移民群体性事件不仅参与人数众多，而且行为方式激烈，给库区和移民安置区社会和谐稳定带来严峻挑战，导致引起移民和生态环境两大问题的水利水电项目开发备受争议，一些新建项目的核准、建设和移民安置受到负面影响。老子对此类问题早就下过结论："天下多忌讳而民弥贫。民多利器国家滋昏。人多伎巧奇物滋起。"[①]在"十一五"期间，我国政府连续三年多基本没有核准特大型常规水电开发项目，只特例核准了GZ省一个大型水电项目。本来预计可以核准7000万kW水电装机，实际只核准了2000万kW。移民安置难的问题和生态环境容量不足问题是影响一批大型水利水电项目核准建设的两大因素。

另一方面，妥善的移民安置能够有力地促进水利水电工程建设，此方面我国已有许多成功经验。三峡工程开工时，由于有40多年的水利水电工程建设移民安置工作实践的历史教训与积累的经验可供借鉴，移民安置受到国家和地方高度重视，国务院批准专门出台了《三峡移民条例》，实行开发性移民，移民投资占项目总投资达45%；全国有20多个省区还接收安置了十几万三峡库区外迁移民，

---

① 李若水译评. 2014. 道德经. 北京：中国华侨出版社.

可谓以举国之财力和智力安置移民；李克强等党和国家领导人反复强调三峡工程的成败、关键都在于移民（李克强同志时任国务院副总理兼国务院三峡工程建设领导小组组长）。经过十几年的艰苦努力，最终使100多万三峡移民整体上得到较为妥善的安置，保证了三峡水电站工程如期完工，投产发电，长江航运能力也提等升级。有关信息反映，三峡工程带来了长江中下游巨大的航运、防洪、能源效益（文传浩，2016），仅年发电产值就达400多亿元。地处云贵高原的GZ省，“西电东送”战略规划有20座大型水电站工程项目，经过2000～2015年年末的10多年集中开发，其中18座已全部完工，2015年ST、MMY 2座在建大型水电站工程项目和QZ大型水利枢纽工程等项目也于2015年全部建成。全省约1300万kW的大型水电能源经济可开发理论容量均全部实现了项目开发预期；38座中型水电站项目，已建成或正在建设的已超过95%。10多年间贵州成功搬迁、妥善安置了30多万移民，确保了省内各个大中型水利水电工程项目如期完工投产，实现了“西电东送”的水电工程战略目标。这些开发成果的取得均得益于GZ省各级政府及移民管理机构和相关水利水电工程营运集团项目法人各方共识、共同努力探索并积极采取的创新的移民长期补偿机制和城镇化安置等多样化安置方式。

（2）移民长期补偿机制促进了企业与移民关系融洽。近些年我国实行开发性移民方针以来，规定移民安置一般是“采取前期补偿、补助与后期扶持相结合的办法使移民生活达到或者超过原有水平”。前期补偿、补助一般是水利水电工程项目法人出资、地方政府实施，后期扶持机制则由国家在后期扶持基金统筹解决，由移民管理机构会同地方各级政府组织实施。在这种机制下，前期补偿补助后，水利水电企业与移民之间的社会经济关系发生中断，其经营状况与移民获得的补偿补助没有直接联系。所以，移民群体在对现状感到不满以后，除了到政府上访，往往采取阻碍项目运行的极端方式表达诉求，这会严重影响项目正常效益和二者之间的关系。采用移民长期补偿机制后，长期补偿的年度补偿金在项目建设期列入工程项目投资概算，在运行期列入项目运行成本，资金来源于项目运行产生的效益。水利水电企业每年都如约按照被淹耕地数量和类别向移民管理机构拨付移民长期补偿年度补偿资金，移民管理机构向移民及时如数分户兑付，在水利水电企业和移民群体之间建立了相辅共生的经济联系。在这种情景下，移民群体能清晰地看到项目运行收益与他们获得长期补偿之间的必然因果关系，虽然因其他非耕地补偿因素他们还可能会向政府表达有关诉求，但他们已经明白阻碍工程项目运行既是违法的也等于是阻止了自己的一份来自项目运行的收入，因而用阻碍工程项目运行的极端方式来表达诉求的情况不再出现，这已经被广西、GZ等地诸多大中型水利水电工程移民长期补偿机制的实践所证实。

附例 4-1 LT 大型水电站 GZ 省库区移民长期补偿机制的运作

LT 大型水电站工程是国家“西电东送”工程的标志性特大型水电工程项目。2001 年始建，至 2008 年就顺利实现了 7 台机组，总装机 490 万 kW（原工程规划设计是 6 台机组，装机 420 万 kW）的全部发电投产，比原定发电计划时间的 2009 年提前了一年。项目提供的电量通过南方电网上网输送给 GX、GD 两省区，直接使 GX、GD 等地的用电需求压力迅速得到普遍缓解，形成了很好的区域经济社会效益和企业投资效益。而且 LT 水库同时使 HSH 下游的 GXWZ 市等西江流域地区，GDGZ 市等珠三角地区的城市防洪标准、工农业生产灌溉与抗旱、上千公里航道航运能力等迅速提等升级，使下游若干梯级大中型水电站发电能力和质量迅速提升，使受益区经济、社会、生态文明建设等综合效益得到了根本性的发展变化，珠江口的澳门、磨刀门江海交汇带的水体压咸补淡，水质改善问题也继而得到有效解决，下游公众已从中广泛受益。例如，2007 年和 2008 年 HSH—珠江流域主汛期间，LT 水库拦蓄洪水，蓄水高程接近 375m 时，WZ、GZ 等沿岸老水灾区流水行船仍然保持正常，沿线两岸几千万民众在洪峰面前安然无恙。华南诸省区沿江两岸从此基本结束了百年来饱受大小水患的历史。简言之，为应对华南地区经济社会发展重要之需，LT 水库已淋漓尽致地发挥了至关重要的综合功能作用，“大 LT 工程”凸显了其在珠江流域上游和区域难以估量的长期性、战略性功能作用，以及形成的历史文化和科技文化等价值。

然而，在 LT 大型水电站大坝上游的 GZ 省库区、移民安置区，却是另一番的自然地理和社会状况，并与 LT 水电站用电、用水等项目受益区情况形成鲜明的对比：LT 大型水电站的 GZ 省库区、移民安置区处于云贵高原向广西低山丘陵过渡的斜坡地带。因基本上是山高、坡陡、谷深特别是河谷多为不对称的 V 形、W 形河谷地貌，相对高差大多在 1000m，库区客观的自然地理因素，原本耕地资源的匮乏，移民安置区也是因耕地资源紧缺而耕地流转相当困难，开垦耕地更加困难。历经数年的努力，其移民安置区有土安置移民却效果甚微。原移民安置规划中主要以生产安置移民的预期目标明显没有实现（如图 4-1 所示，LT 库区几乎无剩余土地资源），大量农村移民动迁后几年间生产生活仍然处于窘境。由于生产安置问题，2005 年年底至 2006 年间，曾数次发生为了生计诉求的移民群体到 LT 水电站大坝工地对公司 CEO 讨要说法，持续进行非正常群访，甚至发生了规模大小不等，多的达到上万、少的也有上百的移民群体以极端行为阻工的事件。滞留施工现场时间长短不一，范围有大有小的移民群体性事件，产生了一定范围的社会负面影响。LT 水电站 GZ 省库区、移民安置区综合监理部 2008 年秋会同省水利水电工程移民局、库区各自治州、县有关部门组织了移民建房和耕地对接情况的专题调查。调查结果反映，LT 水电站的 GZ 省库区、移民安置区仍有 2 万多农村移民搬迁后基本没有实现耕地对接（表 4-1、表 4-2）。2001～2009 年有 50%以上的移民的生活来源主要靠的是一次性生产安置补偿补助费来维系，但生产安置确实一直无法落实，长远生计没有得到保障，不确定的前途因素使移民群众产生不同程度的迷茫恐慌。移民当时的困难和后顾之忧没有解除，移民的安置进程滞后于工程建设是当时普遍不争的事实。

图 4-1 LT 库区某县淹没后库周地形地貌

表 4-1 LT 大型水电站 GZ 省库区（2001～2008 年）已迁移民耕地对接情况

项目	单位	LD 县	WM 县	CH 县	ZF 县	ZN 县	全库区
已迁中应有土安置人数	人	12 264	12 836	6 418	3 926	265	35 709
已对接耕地人数	人	8 057	9 244	4 099	3 506	265	25 171
占已迁比例	%	66	59	63	89	100	67
已对接耕地	亩	6 124	2 863.54	4 070	1 931.8	530	15 519.34
其中：调剂	亩	5 271	718.74	362	831.8	294.3	7 477.84
新垦	亩	853	241	494			1 588
剩余	亩		1 903.8	3 214	1 100	235.7	6 453.5
已对接耕地人均	亩/人	0.76	0.31	0.99	0.55	2.0	0.62
已迁但未对接耕地人数	人	4 207	3 592	2 319	420	0	10 538
占已迁比例	%	34	41	36	11		33
按全县已迁应有土安置人数计算人均对接耕地	亩/人	0.5	0.22	0.63	0.49	2.0	0.43

资料来源：2008 年秋作者牵头对 LT 大型水电站 GZ 省库区已迁移民有土生产安置情况的调查报告附件表册

注：① ZF 县淹没线上剩余耕地尚未落实到移民手中；② ZN 县生产安置人口原为 290 余人，因为 26 人划入了 DQ 电站施工区统一安置，所以该县 LT 库区的生产安置人口实际为 260 余人

表 4-2 LT 大型水电站 GZ 省库区已迁移民耕地对接与淹前水平对比

项目	LD 县	WM 县	CH 县	ZF 县	ZN 县	全库区
淹前移民人均耕地/亩	0.93	1.28	0.83	0.87	0.95	1.02
已迁移民人均对接耕地/亩	0.5	0.22	0.63	0.49	2.0	0.43
已对接耕地/淹前耕地/%	54	17	76	56		42

资料来源：2008 年秋作者牵头对 LT 大型水电站 GZ 省库区已迁移民有土生产安置情况的调查报告附件表册

LT 大型水电站工程当时出现的这个重大特殊情况和当时 GZ 省库区、移民安置区面临的严峻的社会情势、群众需求最急迫的问题引起了国家有关部门、GZ 省政府和基层各级政府领导、项目法人中国 DT 电力集团 LT 有限公司董事会和 LT 大型水电站工程项目建管公司 CEO 的高度重视。有关各方反应敏锐明智，于是很快形成了广泛共识，当机立断，共同选择了解决矛盾问题的决策选项：对 LT 大型水电站的 GZ 省库区、移民安置区无法落实生产安置的农村农业移民以实行淹没耕地长期补偿机制[①]来进行“救火”兜底，以使移民群体的眼前利益不受损，长远生计有保障。在当时特殊的情况下，明确由省水利水电工程移民局特事特办，主持并直接组建由工程师、经济师、企业家和有关咨询机构专业人员、移民专家等力量参加的移民长期补偿方案的编制班子，经过数月的专项课题调研、酝酿，深入库区、移民安置区实地察看有土安置现状，认真听取群众和干部呼声，精心编制方案，广泛征求意见，严谨论证审查，开展咨询评估等程序，按程序专题呈报省政府审批后，各级政府及移民管理、有关征地移民安置规划编制等机构狠抓落实。2010 年年初，库区、移民安置区各县全面启动移民长期补偿工作，全过程走好群众路线，坚持充分尊重移民意愿，按程序办的原则。

通过项目法人董事会及公司 CEO、各自治州、库区和移民安置区各县派出的工作队历时 10 多个月的广泛深入的宣传解释，并逐家逐户动员、帮助算账，分解指标、以户申请、审定汇总、整体审查，签订协议、完善司法公证等细致而浩繁的工作后，LT 大型水电站移民长期补偿机制终于在 GZ 省库区、移民安置区建立并实施。经对工作实际成果进行省级审定确认，GZ 省有约 2.4 万亩耕地面积指标计列了自愿选择参加长期补偿的面积，相当于 4.8 万农村移民人均约半亩面积的耕地得到了恢复。同时，GZ 省库区、移民安置区各级政府继续整合其他资源对移民的后期扶持相应跟进。移民安置综合监理部监测评估报告反映，LT 大型水电站 GZ 省库区、移民安置区移民长期补偿机制运行 6 年来对农村农业移民基本生计的托底功能作用发挥较好，长期补偿整体效果反映良好。已初步显示一个基本事

① 贵州省人民政府办公厅黔办发（2009）122 号. 2009. 省人民政府办公厅关于对龙滩水电站贵州库区移民安置补偿有关问题的批复.

实：移民长期补偿机制有效破解LT大型水电站GZ省库区、移民安置区难以有土安置移民这道十分棘手的历史性难题。GZ省水利水电工程移民局2012年3月在库区LD县组织召开了一次由项目法人及其CEO、地方各自治州、各县有关业务主管部门、司法部门、县乡基层政府、业务银行机构、移民安置综合监理部等机构负责人，移民专家、移民群众代表参加的LT大型水电站GZ省库区、移民安置区移民长期补偿机制执行情况汇报交流会，信息汇总基本反映：LT水库GZ省库区、移民安置区移民长期补偿机制几年来执行情况总体良好[①]。移民群众对在安置中途出现困难，局地矛盾危机时刻能有参加长期补偿机会和对长期补偿资金兑现良好的服务纷纷表示满意。会议主持人同时提出，要领会“天下大事必作于细”[②]的中国古代道家哲学思维，对照中国现代科技基础工程项目管理基本规律和水利水电工程行业规范相关要求，认为LT大型水电站水库GZ省库区、移民安置区移民长期补偿机制是一件非常重要的、必须长期办好的大事项，须与时俱进实现管理精细化，确保移民长期补偿机制的执行长期做到精细精准。

移民长期补偿机制的建立和运作，使水利水电工程项目法人感到欣慰，移民群众有了模拟式的压仓粮[③]，犹如人人服用了“定心丸”，情绪纷纷释然。移民群众与水利水电企业的矛盾对立关系由此开始进入平衡、和谐阶段，库区、移民安置区社会稳定也进入一个新阶段，形成了良好的水利水电工程的项目内部结构和格局。

4.3.2 统筹多种安置补偿方式

根据不同的划分标准，移民安置方式可以分为不同的种类。根据安置后是否给移民配置土地划分，可分为有土安置和无土安置；根据移民从事产业划分，可分为农业安置、非农业安置和兼业安置；根据移民群体组合形式划分，可分为分散安置和集中安置；根据移民安置地域划分，可以分为城镇化安置和农村安置等。其中，基于土地、农业、农村的安置方式可称为传统安置方式，近年来出现的多种非农创新安置方式，包括养老保险、入股分红、长效补偿、“银企”三方联动安置、移民培训教育安置、城市楼房安置、“多样化组合”移民安置模式等。

移民安置包括生产安置和生活安置两个方面，核心要素是安置地域（农村、

① 贵州省水利水电工程移民局编. 2012. 龙滩水电站贵州库区移民长期补偿工作交流会文件资料汇编.

② 李若水译评. 2014. 道德经. 北京：中国华侨出版社.

③ LT大型水电站GZ省WM县布依族移民将长期补偿普遍形容为百年压仓粮。布依语表述是：国家为我们百姓修建了储满粮食的百年粮仓。用布依语文字对此意发音记录为：Guez jiazRaul jaus Raul Guoz banz xiuozrenz bangz bih Xaangz haux。

城镇）和土地配置情况（有土安置、无土安置）。由于各种具体安置方式种类繁多，这里主要从这两个方面、依据两种核心要素进行分析，具体情况见表 4-3。

表 4-3　农村移民在各种不同安置要素组合下的生产生活情况

要素		生产方面	生活方面
安置地域	农村	利：一般可以流转到土地，搬迁后移民可以继续从事农业，对移民冲击小；生产方式变化小，移民原有劳动技能可以继续发挥效能；如果不是远迁，剩余资源可以得到充分利用，还可以利用水库发展渔业生产。 弊：温饱生活有保障但增收难；一般还是需要外出务工增收，务工条件不如城镇方便，机会更少；如果没有流转到良田好土，则难以获得农村安置的便利条件；长远发展潜力不足	利：生活方式变化小，对移民心理冲击小；用水、燃料、蔬菜等消费相对城镇要低；安置区风俗、习惯改变均较小，移民融入安置地社会快；少数民族移民更容易保持自己的传统文化习俗。 弊：基础设施较差，难以享受到城镇的种种便利；如是后靠农村安置，返贫可能性大，发展后劲差；与城镇化发展趋势不符
	城镇	利：实现再就业后务工便利，可以在家门口找到更高报酬的工作；可以获得住房升值、门面出租等财产性收入，增收途径多；迁出库区周边，对生态环境有利；发展潜力大。 弊：难以配置土地，小城镇可在城郊少量配置土地；对部分难以实现第二、第三产业再就业的移民压力大，冲击大，易引起这部分人的不满；对移民生产冲击大，需要一个较长的适应过程	利：充分享受在医疗、教育、娱乐等方面优越的生活条件；发展后劲好；符合城镇化趋势。 弊：如果没有享受市民待遇，部分再就业能力差的移民生活可能无保障；日常消费增加，需要长期补偿等带来的稳定收入补贴；生活习惯改变大，适应时间长；少数民族移民传统文化可能慢慢消失
土地配置情况	有土安置	利：移民配置有土地，可继续从事农业生产，适应快，冲击小；生产方式变化小，移民原有劳动技能可以继续发挥效能；如果不是远迁，剩余资源可以得到充分利用，还可以利用水库发展渔业生产；如在小城镇安置则农闲可务工。 弊：难以到大中城镇安置，单靠农业增收难；在农村安置时，外出务工难；发展后劲不足；如留在库区，对库周环境有负面影响	利：生活方式与搬迁前相同，心理冲击小；用水、燃料、蔬菜等消费相对城镇要低；如在农村安置风俗、习惯改变均较小，移民融入安置地社会快；少数民族移民可以保持自己的传统文化。 弊：如在农村安置，基础设施较差，难以享受到城镇的科教文卫等种种便利；如是后靠农村安置，返贫可能性大，发展后劲差
	无土安置	利：脱离土地，对有一技之长的移民来说可以专心从事自己擅长的行业，增收快、多；土地补偿可以选择各种长期补偿，获得稳定收益；可到城镇安置，以获得住房升值、门面出租等财产性收入，增收途径多；如果迁出库区周边，对生态环境有利；发展潜力足。 弊：对再就业有困难的移民冲击大，易引起这部分人的不满，甚至引起社会不稳定；需要再就业培训；对移民生产冲击大，需要一个较长的适应过程	利：可以到城镇安置，充分享受在科教文卫等方面优越的生活条件；可以灵活选择安置地，获得自己喜欢的生活方式；符合城镇化趋势。 弊：到城镇安置如果没有享受市民待遇，部分再就业能力差的移民生活可能无保障；日常消费增加，需要长期补偿等带来的稳定收入补贴；生活习惯改变大，适应时间长；少数民族移民可能传统文化慢慢消失

不同安置地域、要素的组合下产生各种安置方式，由于单一的一种安置方式有长处也有短处，需要复合型安置方式以取长补短，统筹安排移民生产生活，一种理想的安置方式必须能使移民享受城镇生产生活的便利，同时避免城镇生产生活对移民的冲击，既要使业主能接受、工程能推进，又要使移民长远发展有保障。这要求移民安置具备如下因素：脱离土地束缚、城镇化安置、移民以自己最擅长

的技能实现就业或经培训后在适合的行业实现再就业、给移民以生活保障。实行移民长期补偿机制最具优越的地方就在于替代了土地的经济收益和社会保障功能，使移民可以脱离土地束缚并仍然模拟原土地基本功能，保障移民生活，进而为实施移民城镇化安置，统筹安排移民生产生活创造条件，所以移民长期补偿机制能为多样化的复合型移民创造条件，能统筹多种移民安置方式的优点，同时规避它们的缺点。

4.3.3 兼顾当前利益与长远利益

水利水电工程建设中始终存在着内部结构性的三个矛盾关系，也就是三个主要利益攸关方：移民、项目法人和政府。移民长期补偿机制充分兼顾了三方的当前利益与长远利益和关切，基本平衡三者之间的利益关系。

（1）兼顾移民的当前利益和长远利益。长期补偿机制下移民当前生计有基本保障。移民在搬迁安置中迫切需要借搬迁改善生产生活条件，修建新房、改善基础设施等需要很多资金。长期补偿机制下，只对移民群众的被征用耕地设施进行长期补偿，其他类型土地、实物补偿全部采用一次性补偿，所获补偿款一般能够保证移民搬迁安置所需；对于到城镇安置的，还可根据实际情况整合农村危房改造等其他惠农资金，填补移民建房资金缺口。在移民实现再就业之前接受培训或者自谋生计的过渡期，长期补偿为其提供了基本的生活保障，确保过渡期生活有保障。所以，长期补偿机制下对移民搬迁安置期、过渡期的利益关切是有保障的。

移民长期补偿机制的优势更体现在保障移民长远利益上。从土地补偿看，一次性补偿中移民拿到一笔征地补偿款后，按移民安置规划要求移民需要对接耕地，但各水库实际情况是相当比例的移民把钱用于建房而非流转耕地或者因耕地区位差价、耕地资源缺乏等因素对接不到耕地，缺乏正确引导的少部分人更是将其很快地不正常消费，挥霍一空，对移民自身的长远利益不利。LT 大型水电站 GZ 省库区、移民安置区在实施移民长期补偿机制之前约有 1/2 的农村农业移民没有对接到耕地，有一半的移民虽然对接了耕地但仍达不到预期的数量和质量。从补偿期限看，移民长期补偿补偿年限与项目运行寿命同期，而且其子孙后代对长期补偿资金财产依法可以继承，这体现了对移民群体代际长远利益的保障。从移民所获实惠看，移民获得更大的利益是在长期补偿保障下，实现在现代农业和第二、第三产业的再就业或创业后，其获得比从事原有传统农业生产多得多的收益。移民的获得感油然而生。

（2）兼顾项目法人当前和长远利益。水利水电工程项目法人的当前利益关切主要包括：项目能实施下去、项目尽快建成投产、节省项目前期投资。现阶段采纳征地移民长期补偿的项目往往是在实施有土安置不可行的情况下开展的，是在有土安置和其他无土安置方式难以实行情况下的被迫选择，对保障项目能够实施、促进项目推进的作用是直接的。采纳移民长期补偿机制不但能节省项目直接的征地补偿投资，而且能节省随迁移民投资、独立费用、项目建设基本预备费等一系列间接投资，甚至有些项目减少的年份，银行贷款年利息还高于开始几年的长期补偿年度补偿金。例如，GZ 省 SHK 中型水电站实施移民长期补偿机制后节省各项投资 1 亿多元，按资金筹措 80%的银行贷款计算，减少银行贷款 8000 万多元，相当于在项目还本付息期每年减少财务费用近 600 万元，之后每年应支付的长期补偿仅为 450 万多元。这对项目法人减少项目前期投资非常有利。项目法人的当前利益得到了保证。

水电工程项目法人的长远利益主要包括：能在核定该水电站上网的电价成本上抢占先机、项目运行期正常运转有保障不受移民因素影响、水电行业整体的健康发展等。实施移民长期补偿后，会增加水电项目法人在项目运行期的负担，但由于在上网电价核定成本上占有一定优势，兼顾了项目法人的长远利益；而且在完善移民长期补偿机制上提出要建立物价电价联动机制，以规避物价上涨后项目法人面临的风险。此外，采取移民长期补偿机制实现妥善安置移民，也有利于水电行业整体的健康发展。由此水电项目法人的长远利益可以得到保证。

水电工程项目法人实际上是代表工程受益区公众的一级政府或其名下的专业企业，其利益实质也是项目受益区公众的利益。受益区公众的当前利益和长远利益是一致的，即建成水利工程，为城乡工农业生产和人民生活有效稳定供水，灌溉防洪抗旱，打破受益区经济社会建设瓶颈，促进经济社会健康发展。移民长期补偿机制促成工程顺利建设也就充分兼顾了受益公众的当前利益和长远利益。作为一位项目法人，移民长期补偿机制对水利项目法人与水电项目法人在工程建设成本核算上的影响基本相同，这方面的当前利益和长远利益关切也相同。

（3）兼顾政府当前和长远关切。由于我国人多地少的基本国情没有变，国家将长期处在社会主义初级阶段，发展仍是政府的第一要务，坚持科学的可持续的长远发展始终是必需的，协调和解决发展中的各种矛盾是政府的职责。

在建设用地尤其是水利水电工程项目建设用地上，政府必须坚定不移推进节约土地资源和集约用地，优化土地利用结构，提高土地利用效率。在具体涉及不可回避的处理移民安置和水利水电工程建设两者之间关系上，政府又往往陷入实在的两难境地：建设工程上，企业需要以较低成本征用或征收土地，实现利润最大化；政府为项目尽快上马，以此为推动当地经济社会发展创造条件，要为移民仗义执言，维护移民正当权益，要求在一定程度上满足被征地移民的合理诉求，这样又将增加工程建设的成本，又有可能在一定程度上影响项目法人投资的积极性，可能影响水利水电工程项目决策和建设速度。

政府当前的关切是化解征地补偿、移民安置矛盾，保障移民基本生计，促进移民安置区社会稳定，经济绿色发展和可持续发展，长远的关切是全面建成小康社会，实现中华民族伟大复兴的中国梦。移民长期补偿机制降低了工程建设征地成本，为项目顺利建设，为促进当地经济社会发展创造了条件；移民长期补偿机制照顾了移民当前生计和长远利益，既减少了移民安置建设用地，又减少了直接动迁和随迁数量可能带来的局地社会震动和阵痛，融洽了干群关系，促进了移民可持续发展、和谐库区建设和全面小康社会建设。这正是政府做移民安置工作的出发点和落脚点，这当然也是政府追求并最希望得到的好结局。“重积德则无不克，无不克则莫知其极”①。移民长期补偿机制在一定程度上缓解了政府面临的两难和压力，兼顾了政府的当前顾虑和长远关切。

4.3.4 兼顾不同利益群体的利益

（1）兼顾水利水电工程移民与受益公众利益（罗用能，2013a）。在水利水电工程建设中，从人类大伦理和工程项目活动应遵循公平原则的现代科技伦理（潘建红，2015）出发，移民群众舍小家为大家，顾全国家水利水电事业发展大局，为工程项目建设做出了特殊贡献，为受益区广大公众的福祉做出了贡献。工程建设的成本，受益区公众应适当承担一份，即应作为大公众的一员，为自己更长远更好的生产生活条件付出一定比例的成本；小伦理有机地辩证地组成大伦理，大伦理（潘磊和王伟勤，2007）充分顾及小伦理，那么大公众利益必须顾及小公众切身利益，水利水电工程项目运行带来的长期效益，移民群众也应从中分得到一杯羹，即移民应从工程建设和项目运营效益中相应分享一定的实惠效益，生产生活水平跟随项目法人相应得到逐步提高，体现一个重要的公平和共享发展的特征。长期补偿机制兼顾移民利益主要体现在：①项目建设期因长期补偿机制的实施，移民在搬迁安置时消除危机感，得到最大的解放和自由，可根据每个移民家庭实际以最大的利益驱动盘算，进行安置，使其能抓住安置时机根本改变自己的生产生活环境和条件，从工程建设中就有获得感；②通过获取长期补偿年度资金以保障生活，使移民从农业生产中解放出来，从事其他产业赚取收入；③机制的具体安排上如被征占耕地公证、权益继承、年度补偿金标准调整等较充分保障了移民收益，移民得到长期物化、量化的获得感；④长期补偿费用在工程项目运行期合法进入项目运行成本，也就适量增加了水（电）费，使受益公众合理分担了一份成本。

① 李若水译评. 2014. 道德经. 北京：中国华侨出版社.

移民长期补偿机制兼顾受益公众利益主要体现在：①推动水利水电工程建设，为区域经济社会发展提供水利水电支撑，使受益区公众从经济社会发展的大局中整体受益；②直接改善受益群众的供水供电条件，增加收入，提高生活水平；③给受益区带来防洪、灌溉、航运、生态等各种公共效益。综上可见，兼顾、共享四个字在此显得十分清晰。

附例 4-2　GZ 省 QZ 大型水利枢纽一期工程效益概况

QZ 大型水利枢纽一期工程由水源工程区和输配水区（灌区及 GY 市供水一期工程区）两部分组成，以沿线城镇供水、农业灌溉为主，兼有发电功能。水源工程坝址位于 WJ 上游三岔河 LZ 北部与 ZJX 交界处平寨河段，水库正常蓄水位 1331m，死水位 1305m，回水长度 38.21km，水面面积 21 平方千米以上，总库容近 11 亿 m^3，兴利调节库容 4.5 亿 m^3；水库设坝后式发电站，装机 136MW，年发电量 34 070 万 kW・h。工程建成后可解决 QZ 灌区 5 个市（自治州、新区）7 个县（区）42 个乡镇 51 万余亩农田灌溉、5 个县城人口和 27 个乡镇人口供水、农村 35 万人共计近 1000 万人和 33 万头牲畜饮水，以及 GY 市城市供水，总供净水量 4 亿 m^3。QZ 水利枢纽的输灌地区是 GZ 省的经济、政治中心区域，一期工程项目运行后将大大改善该地区城乡工农业生产生活用水状况，为 QZ 地区乃至 GZ 省的全面小康建设提供强有力的水利基础支撑，造福受益区公众人口近 1000 万。

根据 QZ 水利枢纽的水源工程区项目建设征地移民安置规划（可行性研究阶段），至规划水平年该项目需进行生产安置移民 15 000 余人加搬迁安置移民近 16 000 人，其中，水库区需进行生产安置 15 000 人，搬迁安置 16 000 人；枢纽工程建设区需生产安置近 500 人，搬迁安置 200 人。实施规划采取后靠安置 2000 人，本乡镇分散安置 450 人，本乡镇集中安置 1500 人，迁出本县到 GS 农场安置 8100 人。2010 年实施移民长期补偿机制后，根据移民意愿和移民安置区容量情况，原计划安置到 GS 农场的移民，部分到临近城镇集中安置点安置，部分在后靠集中安置点安置，生产生活条件比安置前有大幅改善。例如，ZJ 县 JC 乡，根据签订的移民搬迁去向协议，共有 430 多人选择该乡的 CS 安置点集中安置，有 520 多人选择该乡的 FF 安置点集中安置。CS 安置点位于 JC 乡政府东北侧宽缓的溶蚀槽谷上，为一条自西南向东北长 679.2m、宽 7.0m 的主街道，且与乡政府驻地凤西大街相连接，在安置点主街道中段预留一条向北西方向发展的街道。东南侧紧临县级公路，北达 ZJ、南抵 LZ，交通极为便利。FF 安置点位于 JC 乡政府西南侧的鸡场中学侧面，距离 JC 乡政府所在地约 0.2km。移民安置区西可去 LZ 特区、ASS、GYS，东可去 ZJ 县城，北可去 NYX，过往车辆多，交通较方便。两个安置点都结合 JC 乡人民政府所在小镇发展规划进行安置点规划设计，移民安置后的生产生活条件较之搬迁前有巨大改善。

（2）兼顾移民与水利水电项目法人利益（罗用能，2013a）。移民长期补偿机制首先就出现在水利水电项目中，解决传统有土安置未能解决的矛盾问题，其初衷就是推动项目建设以保证水利水电项目法人利益。具体而言，移民长期补偿在如下几方面兼顾了水利水电工程项目法人权益：①原先计划实施有土安置的项目在因有土安置不可行难以推进时，解决安置难题，使项目的投资如期或提前发挥效益；②能在核定项目上网电价时取得一定优势；③降低随迁移民搬迁带来的成本；④拟建立物价电价联动机制以规避物价上涨后项目法人的长期补偿资金支付风险等。

移民长期补偿机制的具体实施方案中也对项目法人利益进行了兼顾平衡。在补偿指标分解上，一般明确只对耕地（包括水田和旱地）和由耕地演变的园地实施长期补偿，而其他类型土地和房屋、树木等仍然实施一次性补偿；对由耕地转变而来的园地，有的按耕地进行补偿、同时对于高于耕地的价值部分实施一次性补偿，有的全部实行一次性补偿，有个别早期实施长期补偿的库区按园地年亩产值进行长期补偿。这种安排是对项目法人利益的兼顾，避免纳入长期补偿的指标过多而造成项目法人支付困难。在长期补偿资金计入成本上也有妥善安排，一般在建设期长期补偿费用计入建设成本，建设期实施长期补偿的一般在工程枢纽区，耕地指标总库区总体比例较低；运行期计入项目运行成本，用税前工程项目收益来支付移民长期补偿资金等。

4.4 移民长期补偿机制的基本追求：全面协调可持续和绿色发展、共享发展

努力实现水利水电工程项目内部各个成员的均衡的全面的可持续发展和绿色发展、共享发展的目标乃是水利水电工程移民长期补偿机制建立和实践的长期的基本的追求。

4.4.1 追求移民可持续发展和绿色发展、共享发展

从决战脱贫攻坚、决胜全面小康战略目标，补齐“短板”全局维度看，建立完善的水利水电工程移民长期补偿机制是全面消除移民贫困，全面建设库

区、移民安置区小康社会的战略需要与战略战术行动必然选项。人民群众对美好生活的向往就是我们的奋斗目标。消除贫困，全面脱贫，实现全面小康社会一是社会主义本质的内在要求。从国家全局来看，在从目前总体小康到全面小康的发展过程中，必须进一步巩固小康建设的社会基础和社会前提，即彻底消除贫困。二是水利水电工程的水库库区、移民安置区存在的贫困和生态的恶性循环问题予以高度重视、切实解决是必需的。三是我国水利水电工程的水库库区、移民安置区的贫困也大多属于典型的自然生态环境约束型贫困。消除移民贫困，实现库区、移民安置区社会与其他区域社会同步小康，是水利水电领域建设生态文明的现阶段的一项重要内容和基本任务，实现移民群众与全国人民共同富裕、生态和谐是未来的根本的目标任务和既是现实经济社会的又是重要的政治的课题。

就全国范围来说，目前我国的贫困人口的绝对数尽管已经大幅减少，但切忌小视他们的存在。习近平同志 2015 年 11 月 27 日在中央扶贫开发工作会议上特别强调：全面建成小康社会，关键是要把经济社会发展的“短板”尽快补上，否则就会贻误全局。全面建成小康社会，最艰巨的任务是脱贫攻坚，最突出的短板在于农村还有七千多万贫困人口。[①]消除贫困是世界性的难题（辛向阳，2016），在我国，抓这部分贫困人口的扶贫脱贫、反贫困，依然是全面小康社会建设进程中目前存在的短板，补齐这些短板是国家目前异常难啃的硬骨头，是当前一项艰巨的攻坚任务。“当前脱贫攻坚既面临一些多年未解决的深层次矛盾和问题，也面临不少新情况新挑战。脱贫攻坚已经到了啃硬骨头、攻坚拔寨的冲刺阶段，所面对的都是贫中之贫、困中之困，采用常规思路和办法、按部就班推进难以完成任务，必须以更大的决心、更明确的思路、更精准的举措、超常规的力度，众志成城实现脱贫攻坚目标。”[①]

就水利水电工程移民群体而言，他们与国家的脱贫攻坚战略有何关系呢？据相关机构统计资料反映，2014 年水利水电工程移民中，农村移民人均纯收入是同期全国农村人均纯收入的 76.5%，年人均纯收入在 2300 元（2010 年不变价，农村贫困标准）以下的农村移民仍有 370 余万人，占全国近 2600 万水利水电工程移民人口的 15.4%。这一问题在长江流域和珠江流域上游特别是中西部地区尤为突出。在当前贫困人口脱贫攻坚、决战决胜小康社会建设中，客观情况反映出水利水电工程移民贫困人口正是其中重要的一部分，可以说是目前全国全面小康建设存在的短板中的短板。水利水电工程水库库区、移民安置区目前一个很重要的现象和特点就是移民人口存在的贫困问题与库区、移民安置区生态问题是相互交织、叠加的，并形成一定相互作用的恶性循环。这样，就要求必须对水利水电工程的

① 新华社. 2015-11-30. 在全国扶贫开发工作会议上的讲话. 人民日报，1 版.

水库库区、移民安置区的贫困、生态和可持续发展等因素进行精准研判和总体把握，既要继续纳入移民后期扶持，又要融入国家精准扶贫、稳定脱贫战略计划和生态文明建设制度机制大框架，使水利水电工程新老库区、移民安置区彻底切断移民贫困人口的代际贫困和生态的恶性循环。

要探索寻求、优化创新移民群体整体脱贫、同步小康，补齐短板的路径和机制。毫无疑义，优化完善健全属于创新机制范畴的水利水电工程移民长期补偿机制是其补齐短板的一条出路。从移民脱贫和可持续发展的目的追求来说，一旦实施经过不断完善的水利水电工程移民长期补偿机制，农村移民在基本生活保障上是可持续的。就移民长期补偿的年度补偿金收入而言，正如在前面已用 LT 大型水电站 GZ 省库区 WM 县刘 XT、王 CB、罗 HH 三位移民用“牛儿死而身体不朽”的布依族语言对土地功能作过描述，这个虽属被动式的形容表达，但一句朴实的少数民族语言恰是物质不灭定律在土地淹没上道出的一个普遍认知。移民长期补偿持续兑现的年度补偿金功能具体有两个特点：一是与工程项目运行寿命同期，自土地被征用（淹没）之日起至工程项目运行结束为止，移民都能获得与原土地亩产值相对等甚至较高的原有土地功能模拟性经济收益；二是长期补偿年度补偿金标准是根据当地土地亩产值和物价变动而动态调整的，不会因为通货膨胀而导致实际收益减少。这是缩小移民群体与其他居民群体收入差距的一个有效措施（辛向阳，2016）。长期补偿的上述两特点基本保障了移民长远生计。实施长期补偿机制后，移民在促进增收上是可持续的。实施长期补偿机制，移民不但可以不投入劳动即可获得耕种土地的收益，而且规避了自己耕种土地过程中的各种自然灾害损失，确保了土地收益。同时，节省出来的土地耕作劳动时间，如果移民劳动力投入其他生产项目可以获得报酬，可以增加自己耕种土地部分劳动的工资收入。另外据国家统计局数据，我国 2011 年三次产业贡献率分别为 4.6%、51.6%、43.7%，如果移民在参加长期补偿后，又通过自身努力和政府有关机构的帮助，成功实现了劳动力转移，到贡献率更高的产业实现了再就业，就能够获得比务农高得多的报酬，其脱贫问题可以基本得到解决。实施完善的移民长期补偿机制后，在城镇化背景下移民对自己的长远发展有了更多选择。城镇化快速推进是我国社会发展的大趋势，2011 年我国城镇化率已达 51.27%，但离发达国家还有较大差距。移民长期补偿机制打破了土地束缚后，移民更容易进城镇安置，享受到城镇优越的公共服务，对移民群体长远发展特别有利。中老年移民适应城镇安置生活有个较长的周期，但有其耕地年度补偿款作为其生活的基本保障；青少年一代移民可以获得远比农村优越的发展机会，所以参加长期补偿后移民如果进城进行安置，对他们的长远发展是非常有利的。总之，移民可持续发展效应由此可以实现。

附例 4-3　GZ 省 SHK 中型水电站移民长期补偿后的可持续发展效应

SHK 中型水电站项目位于珠江流域红水河干流的一级支流蒙江下游河段的 WM 县境内，水库正常蓄水位 580m，水库总库容 19 560 万 m^3，电站装机容量 12 万 kW，保证出力 2.87 万 kW，多年平均发电量 4.591 亿 kW·h。该水电站主要功能为发电。水库淹没地总面积 5.14 km^2，其中陆地面积为 3.67 km^2（耕地 3065.87 亩，林地 1371.50 亩，建设用地 22.80 亩，未利用地 781.04 亩），淹没直迁人口 2 户 18 人。计算到设计水平年 2007 年年底，水库淹没造成的生产安置和搬迁建房人口均为 852 人。枢纽工程占地总面积 1.15km^2，其中，耕地 1080.53 亩（水田 134.22 亩，一般旱地 116.81 亩，25°以上陡坡旱地 829.50 亩），林地 295.14 亩，未利用地 183.24 亩。枢纽工程区无直迁人口，计算生产安置人口为 151 人。

由于该库区、移民安置区的 LD 县耕地资源都比较紧张，农村移民少数民族移民人口也比例较大，电站水库所在地人多地少等矛盾特点，移民生产安置方式以省政府个案批准“试点”采取长期补偿方式。水库淹没及工程占地涉及耕地面积达 4140 余亩，而淹没影响直迁人口不到 20 人，若按一次性补偿有土安置方式进行移民搬迁安置，需搬迁安置人口 1000 余人，而按长期补偿方式，只需搬迁不足 20 人，移民搬迁人数减少近 1000 人，减少 98.2%。

SHK 中型水电站工程项目 2007 年年初采取的长期补偿方式，保证了移民的长远生计，移民生产生活水平不断提高。统计资料反映，电站征占土地的涉淹人口共计 6800 人，2005 年统计农民年人均纯收入为 2511 元，到 2010 年，农民年人均纯收入达到 5106 元，增加 103.35%。同时，2010 年涉淹农户的收入也超过全县农民年人均纯收入（3687 元）1419 元。

实行移民长期补偿机制后，该工程库周土地等剩余资源得到了充分利用，有利于库区经济发展。SHK 中型水电站建成后，涉淹农户 6800 人在库周剩余的耕地还有 23 500 余亩，人均 3 亩多。2010 年，剩余土地的播种面积面积达到 27 600 余亩，复种指数近 120%。对耕地外其他土地资源的开发利用也得到进一步加强。结合库区具有地处河谷低热地带的气候资源优势和水库建成后的水面资源优势，大力发展早熟杨梅、网箱养鱼等特色农业已初具规模，该县农业部门扶持库区群众已发展网箱养鱼已达 500 口，仅 JN 乡 LX 村就发展早熟杨梅 1000 多亩。这些因地制宜项目的实施，拓展了该工程项目移民的增收渠道。

移民长期补偿机制较好地维系了库区原有社会网络体系，对保护当地少数民族传统文化和少数民族的生产生活和风俗习惯起到积极作用。实行移民长期补偿机制，采取就地后靠为主的安置方式，不仅解决了移民生产生活和长远生计，同时更好地保护了当地的社会经济体系和民族传统文化，得到了广大移民群众尤其是少数民族移民的拥护和支持。由于该库区具有较多剩余资源和气候优势，在相关部门帮助下改善了基础设施后，后靠安置的优势得到发挥，劣势得到缓解，因而促进了移民的可持续发展。

移民长期补偿机制促进了 SHK 中型水电站库区、移民安置区产业结构调整，促进了农业产业化发展和社会主义新农村建设。SHK 中型水电站工程项目涉淹农户 6790 人中，劳动力为 3100 人。根据初步统计，移民外出到沿海等地打工人数近 1000 人，从事养殖业、第二产业、第三产业人数也在 1000 人以上，实行移民长期补偿方式后，大批移民劳动力转移到第二、第三产业，劳务输出日益活跃，其他产业收入也不断提高，有力地促进库区产业结构调整，提升移民的社会适应性能力，加速推动了当地农业产业化和社会主义新农村建设进程。

4.4.2 追求工程建设可持续发展和绿色发展

从工程项目系统机理及防范风险维度看，无论是水利水电工程项目所在地政府（包括项目受益区、淹没区即库区、移民安置区政府及其上级政府）还是水利水电工程项目法人、工程师队伍，在思考、规划和实施水利水电工程项目时，均应明白一个基本道理，千里之行始于足下，风险也生于脚下，即整个水利水电工程在构成上必须坚持系统性原则，把工程项目涉及的各区域的人和物视为本项目犹如一个人两足似的不可或缺的有机组成部分，是项目职能和功能的客观分配和分工，而不能把当中的一个区域片面地视为水利水电工程体外的邻居或某片附着物或另类群体（罗用能，2014）。同时，在水利水电工程项目规模上必须坚持规模适度性原则，在项目风险上必须坚持风险预见性、预警性的原则。任何一项水利水电工程建设尤其是大型水利水电工程建设都要冒一定风险，面临或可能面临的风险大多来自于诸如移民安置、生态环境、资金链条、安全生产等方面，一项成功的水利水电工程必须要能够对这些风险因子变量做出准确分析、预见和预警，并主动采取相应可行措施尽可能将这些“短板”补齐，即把风险因子消化掉或降到最低程度，更要尽力防止短板风险，产生片石破窗、滴墨染缸效应和连锁塌岸式反应。因此，化风险因子于脚下，消于萌芽状态之中十分重要。

（1）解决建设征地难题，使工程项目得以向纵深推进。经过几十年来的水利水电建设，我国水资源开发利用取得长足进展，东中部大中型水利水电建设已进入尾声，水利水电工程建设重点已经转向西部的滇、黔、川、藏、青等地。西部地区水资源富集，但这些地区山多地少、少数民族聚居、经济落后，传统移民安置已的确难以实施，移民安置等矛盾因素（李杰，2011）难以化解，基于传统移民安置的水利水电工程建设的可持续从而受到影响。长期补偿机制使移民安置脱离了土地束缚，较好地解决了在山多地少区域、城镇化背景下的水利水电工程移民生产安置问题，大大缓解了人地矛盾，使西部水利水电工程建设得以顺利推进，促进了水利水电工程的可持续发展。

GZ 省“西电东送”的水电工程，规划的 20 座大型水电站已全部开工建设，其中 18 座已全部完工，TRS 的 ST、BPJ 的 MMY 2 座在建大型水电站项目也于 2015 年全部建成。工程建设中共产生了 30 多万移民，其中的 LT 大型水电站等 9 个库区、移民安置区近 20 万移民选择参加了长期补偿，有些库区、移民安置区是在按有土安置规划实在实施不下去了才中途被迫放弃而选择长期补偿机制来“救火”应急，有的库区、移民安置区是开始就预计到有土安置的难度主动选择的，移民长期补偿机制不仅实现应急，而且确保了这 20 座工程建设的顺利推进。可以估计，水利水电工程下一步的建设重点在云南、西藏、四川川西、青海等耕地资源更为稀缺的地区，移民长期补偿机制肯定将继续扮演更为重要的安置新政策工具角色。

（2）减少移民事件，保障工程顺利运行。对已建的水利水电工程来说，其顺利运行仍然与移民安置紧密相关。移民得到妥善安置，对现状表示满意，库区、移民安置区社会就安宁，工程项目就能顺利运行，发挥设计的应有效益。如果移民未得到妥善安置，在经济上移民会像三门峡工程等老库区一样返迁库区开荒种地，维持其基本生计，影响库区生态环境；在政治上会聚集在地方政府或者工程枢纽向项目法人及公司 CEO 表达诉求，严重影响项目运行和社会稳定。这种情况如果发生，则要重新进行移民安置投资，付出的维稳成本巨大。经济上需要投入巨大有时甚至超过了原移民安置投资；政治上会使水利水电工程建设受到社会的广泛关注和批评，严重影响工程项目建设的社会形象和社会舆论环境，从而不利于水利水电工程建设事业的健康发展。

在移民长期补偿机制的支撑下，移民得到稳定的生活保障以后，安置上可以采取非常灵活的措施，安置地选择上可以进城也可以留在条件较好的农村，就业上可以在第二、第三产业园区务工，也可以在规模化农场从事现代农业，就业区域上可以留在当地也可以到沿海发达地区等。在多种移民安置方式的结合下，移民群众可以根据自身条件和意愿找到适合自己的发展道路，摆脱贫困，实现致富。劳动力转移了，移民脱贫了并富裕了，有利于维护库区社会稳定和生态环境平衡，从而有利于水利水电工程的可持续发展。

从广西岩滩水电站、LT 大型水电站 GZ 省库区、移民安置区，以及其他实施长期补偿的大中型水利水电工程移民安置实践来看，接受长期补偿的移民社区总体都比较稳定，即使发生一些不稳定情况，也非移民长期补偿所致。从近年来水利水电工程移民信访中诉求矛盾纠纷问题和门类来看，反映其贫困和长远生计没有得到保障是移民最主要的诉求内容之一。从正反两方面情况反映看，移民长期补偿机制能有效地追求和维护库区、移民安置区社会的可持续稳定，推进水利水电事业绿色发展。

4.4.3 追求库区、移民安置区经济社会可持续发展和绿色共享发展

1. 追求库区、移民安置区生态环境恢复、绿色发展和可持续发展

从生态文明建设维度来看，要为彻底解决水利水电工程项目库区、移民安置区生态文明建设中存在的问题（罗用能，2013a），为使项目所在地生态环境尽快恢复，推进生态文明建设目标进一步奠定坚实的社会生产力基础。因为生产力是决定一切的基础，生产关系对生产力发展具有重要的反作用，这是人类社会长期的共识。

水利水电工程的库区、移民安置区在发展生产力过程中，不能再按照过去传统安置存在的机械发展的方式来理解开发式移民方针，在协调生产关系中，必须按照生态文明建设的制度规定和客观规律来妥善进行移民，从而推进库区、移民安置区生产力和生产关系实现良性互动，实现生态化协调发展。

要以生态学的思维重建库区、移民安置区经济，使之成为生态式的经济，即以生态化为原则和基本要求的经济形态。一是促进生产力系统符合生态化。必须将生态化的原则内化到整个水库库区、移民安置区生产力系统中来，形成健康的生态化的社会生产力。二是促进生产关系系统的生态化（罗用能，2013a）。要将生态化原则渗透到水库库区、移民安置区生产关系的各个环节上来。注意在生产环节，流通环节和交换、消费等环节上，引导水库库区、移民安置区贫困移民群体克服自身不同程度存在的一些不够科学、不够文明的生活方式及消费方式。就以移民群众自身消费来看，应在库区、移民安置区全面消除不健康的消费方式，倡导符合生态化的健康消费模式。“谷无以盈，将恐竭，万物无以生将恐灭”（刘亦发，2010），“开其兑，济其事，终身不救”[①]，相信这些流传甚久的中国古训对移民健康消费有一定的警示意义。归纳起来，生态化消费模式基本要求是：①合理消费。必须量力而行，将水库库区、移民安置区生产、积累和消费统筹起来考虑，使移民的消费和当地经济社会发展实现合理的互动。②适度消费。把水库库区、移民安置区消费的质的规定和量的规定统一起来。改变表达自己需要和满足自己需要的方式，并锻造出满足自己适度消费需要的手段。③节约消费。水库库区、移民安置区大力弘扬中华民族的取之有节，用之有度，勤俭持家的传统美德。④协调消费。水库库区、移民安置区社会逐步形成一套适度消耗的生产体

① 李若水译评. 2014. 道德经. 北京：中国华侨出版社.

系和适度消费的生活体系，使广大移民群众的生活以一种积极的、理性的、合理的可持续持久的消费方式步入全面小康和富裕的阶段。

附例 4-4 “棘轮效应”和“示范效应”

杜森贝里的相对收入消费理论认为，受消费习惯和心理影响，消费者行为会受“棘轮效应”和“示范效应”影响。“棘轮效应”即消费支出增加容易减少难，指由于消费者决定当前消费时，不能摆脱过去的消费习惯。消费者收入增加后，消费会慢慢增加，但是如果收入减少了，因消费惯性影响，消费支出不容易减下来。“示范效应”指消费者的消费行为要受周围人们消费水准的影响，如果周围人消费水平高于自己，会打肿脸充胖子，盲目提高自己的消费水平，甚至形成畸形消费。如果移民一次性拿到各种补偿款，受“棘轮效应”影响，移民会很快提升自己的消费水平，只管当代而不顾后人，兜里的钱逐渐用完后，消费欲望难以一下子消减，常又转身向政府或者水库项目法人继续伸手要钱。移民还经常把钱过度花费在建房上，互相攀比建房规模，许多人建了 300 多平方米甚至 500 多平方米的房子却不注重配置耕地，最后没钱花了就到政府上访，甚至闹访缠访，以期望破例获得补偿政策之外的额外补偿。移民搬到移民安置区后，受“示范效应”影响，也会慢慢增加自己消费支出，各种补偿款用完以后容易滋生依赖政府、项目法人之心理。在长期补偿机制之下，年度补偿金形成了年年有水淌的纯收入，且随着物价水平慢慢提升，仍有利于移民平衡消费心理，形成良好消费习惯，这是一种对移民高度负责的态度。

通俗地讲，人花钱是有惯性的。如一时间让移民拿着大把的钱大手大脚地花，钱一旦用完，他们很可能缠着项目法人和地方政府不放，继续伸手要钱，对哪方面都不好。在长期补偿开始阶段，移民往往对长期补偿机制缺乏信任感，需要做大量宣传解释工作，他们的忧虑主要在于能否实现长期获得补偿；当一个省或市内已有成功范例，移民一旦知情知策之后，大多数移民是愿意接受的。长期补偿适合于大部分移民，而且只要他们信任政府就会自觉自愿选择参加长期补偿，这符合农村农民喜欢稳定、不愿承担更多风险的社会心理特点。

另外，要在生态学的基础上重建开发式移民扶贫脱贫机制。一要大力开发本属于贫困地区的水库库区、移民安置区人力资源。二要大力改善水库库区、移民安置区恶劣的贫瘠的自然生态条件。三要在水库库区、移民安置区那些的确生态环境恶化，一方水土的确已养不好一方人的极端贫困的地方，难以实现脱贫的贫困移民群体精准实施扶贫生态移民（后来称为易地扶贫搬迁）（张云飞，2014）和精准实施移民避险解困工程。从而促使水利水电工程库区、移民安置区对移民从纯粹单一的传统的一次性地打发了事的非生态的经济补偿安置和粗放型的发展方式加快向生态安置（罗用能，2013b）和绿色发展方式转变。

移民长期补偿机制有利于维护库区、移民安置区生态环境恢复与生态建设，主要体现在移民安置占地规模、剩余土地利用、移民劳动力转移、库区产业结构调整和库区生态恢复与建设等方面，符合绿色发展的理念。

第一，减少了随迁人口，也就相应地减少了这部分移民在移民安置区的建房用地和相关基础设施配置用地，减少了在移民安置区的建设用地规模。GZ 省库区的 LD、WM、CH、ZF、ZN 这 5 个县都是国家级扶贫工作重点县，5 个县的喀斯特地貌面积比例大，石漠化情况严重，坝子（小平坝）面积占土地总面积比例均低于 10%。大规模有土安置已被实践证明了难以实施。实施移民长期补偿后，部分直迁移民就地后靠安置，部分移民可在公路干线两旁或者城镇建房安置，不需要对接土地，部分随迁移民不再外迁，这样对移民安置区土地调剂的要求和呼声大幅降低。例如，一个 5 口之家，进行农村有土安置，则需要配置 5 亩耕地，加上基础设施和建房占地，需要 5～6 亩土地；在实施长期补偿情况下，同样是农村安置，节省了生产安置的约 5 亩土地。这样，移民安置对土地的要求就减少了，减少了开荒造地的数量，还有利于在城镇或交通干线附近安置移民以提高土地利用效率，从而减少了对生态环境的破坏。

第二，可以提高水库淹没线上剩余耕地和水库消落区土地利用率，进一步减少开荒带来的水土流失。移民搬离库区后，库区往往还有蓄水线上剩余土地和线上零星树木，线下还有水库消落区土地可以利用。移民外迁后，特别是远迁后，线上资源和水库消落区土地的使用价值有限；采用移民长期补偿方式，就近留在当地的移民可以合理有效利用这些剩余土地资源。LT 大型水电站水库消落区土地的有效利用就是一个很好的实例。

附例 4-5　LT 大型水电站水库消落区土地利用实例

LT 大型水电站水库是 HSH 流域梯级开发的龙头水库，属年调节型大型水库（一期），兼有下游流域防洪的重要功能，水库最高蓄水位设计为海拔 375m。但自 2007 年水库蓄水以来，接近 375m 水位线的情况只有两次，且持续时间并不长，规划库区 375m 的淹没线从项目建成至 2015 年 3 月，只在 2008 年主汛期短暂接近过正常蓄水位一次，水位在大部分时间处在海拔 330～360m，沿岸形成有大片呈带状的水库消落区（reservoir drawdown area）缓坡土地，每一年约有 7 个月时间可供有关农业产业生产经营季节性利用。在当地政府及农业、气象、水文、移民、扶贫等部门指导和扶持下，移民利用消落区土地种植早熟蔬菜或者一季粮食已完全成了可能。例如，在 GZ 省库区 LD 县县城城郊的 MC 村，有人口 1290 人，全部为移民，7个村民组均涉及土地被LT水库淹没。全村在LT水库工程建设中被淹没水田350余亩、旱地约220亩，其中参加长期补偿的约有100多亩水田。移民大部分在2007年就近搬到移民安置区。该村移民瞄准此时段，抓住时机，在该水库消落区充分利用消落时期开展早熟蔬菜、早稻等季节性种植业，在有长期补偿稳定收入同时，又获得水库消落区耕地提高复种指数，以及从事季节性种养经营的分外可观的经济收益。沿岸的其他村组移民也纷纷效仿，因地制宜，因时制宜，利用水库消落区土地组织开展了季节性强的农牧业生产。目前产业发展情况比较可观。

第三，移民长期补偿机制促进了移民劳动力的转移，减少了库区、移民安置区从事农业生产的劳动力数量，有利于恢复库区、移民安置区自然生态环境。长期补偿实施后，移民群众中的青壮年劳动力可以转移，专心从事第二、第三产业，减少了库区、移民安置区人类活动频率，实施了库区、移民安置区生态环境恢复保护工程，使自然生态链逐步恢复。在GZ省BPJ的DQ大型水电站项目库区，移民搬迁后，水体很快恢复清洁，鱼群翔游浅底，库周喀斯特地貌的植被逐步恢复丰富，黔猕猴群、岩蜂群等也相继出现了，多样化的野生动植物种群正在绵延几十千米的库周山野中不断繁衍、扩大。部分劳动力还做起了峡谷风光游船旅游业，岸上水中，猴影猿声、舟影人声不时遥相呼应，相映成趣，景致特别。

第四，可以促进库区、移民安置区产业结构不断得到调整，朝着有利于生态恢复方向发展。水库库区淹没前一般以种养业和林业为主，耕地主要种植粮食，林业主要出产树木，对生态环境的压力大。实施长期补偿、多数移民实现第二、第三产业就业后，这种传统农业的经济结构不断得到改变，一是库区从事传统农业、林业的人数减少，二是在农业、移民等主管部门帮扶下，库区水产养殖、水面旅游业、现代农业等新兴产业兴起，进一步减少对自然生态环境的影响和破坏。

当然，在移民就近后靠安置情况下，如果库区传统产业没有实行调整转型，仍然习惯于耕种坡耕地、砍柴当燃料、乱伐林木卖钱等生产方式，也可能会加剧库区生态环境恶化。因此，长期补偿机制实施以后在库区生态环保方面要注意加强引导，趋利避害。同时加强移民劳动力就业培训和转移，做好当地产业和生态规划，发展现代农业产业，如推广沼气池建设，减少生产生活排放等，推进库区、移民安置区新农村建设，促使库区、移民安置区农业等产业实现生态化，生态建设实现产业化。

2. 库区、移民安置区水利等基础设施可持续建设和共享发展

客观存在的问题之一是，中西部地区山高谷深，交通、水利设施缺乏是制约当地经济社会发展的瓶颈。移民长期补偿机制解决移民生活安置出路后，当地水利水电事业能得到持续快速发展，GZ 省“西电东送”工程和水利水电工程十多年的移民长期补偿机制成功实践的成果证明了这一点。不但可以打破工程建设瓶颈，也使库区和移民安置区发展必要的水利和交通等基础设施条件得到大大改善，为当地经济的可持续发展提供强有力、稳定而有效的支撑。

例如，2009 年春季开始发生并持续到秋季的西南地区大旱波及多个省区，贵州、云南两省旱情尤为严重，两省农村有达 2000 多万人口和无数家禽、牲口饮水十分困难，山上苗木普遍枯死，地里庄稼连片湮灭，许多地方粮食减产，不少地方田地的水稻、玉米（当地称为“苞谷”）几乎颗粒无收，连许多城镇的工业等产业用水都受到严重影响。同期中国 NFDW 集团所属各个水电站的发电效率还出现程度不同的大幅下降，直接影响华南流域工农业生产。严重旱灾的重要原因除了当时极端天气的天灾，就是全省水利设施建设滞后，耕地自身抵御旱情能力弱，普遍存在工程性缺水。例如，贵州当时的蓄水工程虽有 1.7 万余个（处），但作为骨干水源的中型水库仅有 34 座，其他均为小型水库，全省总的能蓄、供水量不到 20 亿 m^3，总体生水、供水能力非常弱，更根本无法做到均衡性供水，也根本满足不了当时的抗旱用水需求。要增强有效抵御旱灾等自然灾害能力，根本解决工程性缺水和水害问题，需要切实加强贵州等西南地区的水利工程建设，而水利工程建设又要受到征地和移民安置因素的制约。

西南地区在安置移民上共同面临最大的直接制约的因素就是土地资源紧缺，而移民长期补偿机制的实施有效化解了安置移民的土地制约因素，同时能有效促进当地水利设施加快建设，从而在根本上解决当地民众生产生活等用水困难问题，促进当地经济社会可持续发展。

3. 有利于库区、移民安置区少数民族移民社会可持续发展和共享发展

西部水库库区多属于少数民族聚居区。这些少数民族区域都具有自己特殊的历史悠久的传统民族文化习俗，有着千百年积淀的宝贵的社会文化财富。少数民族传统文化（亨廷顿，1998）在本民族族群内部具有很强的影响力和凝聚力。这些地区采取有土安置，因筹措连片土地安置难度大，只能实施大分散、小集中安置，这不利于少数民族移民保持、传承有形或无形的民族传统文化习俗。采取移民长期补偿以后，更容易促进以少数民族自然村寨为单元的顺其自然地实施集体搬迁、集中安置，显然有利于保护、传承民族地区少数民族传统文化基因和习俗，促使库区、移民安置区少数民族社会可持续发展，共享发展成果和发展红利。

GZ 省 NBPJ、HSH、WJ、QSJ 流域的水利水电工程各水库库区、移民安置区人口，主要是布依族、苗族、侗族、彝族、土家族、水族等世居少数民族。如果少数民族人口聚居的这些库区、移民安置区因为当地耕地筹措调剂、开垦困难，勉强实施有土安置，集中安置一时又难以实现，不得不把他们拆散开来进行分散

安置，少数民族移民很可能出现难以与其他民族实现杂居，一时难以相互融合的问题。分散安置方式会使这部分少数民族移民就“搬到哪里去”“怎么搬才行”“搬迁后日子怎么过”等问题发生疑惑而焦虑，从而在思想情绪上产生不满意，搬迁行为上产生强烈反弹、抵触现象。即便勉强实现了分散搬迁、分散安置，对移民安置以后原有社区社会文化组织结构的重构、特有少数民族传统文化的保留，减少他们在安置地生产生活的不适应性，以致形成剪不断、理还乱的遗留问题局面，对促进他们的可持续发展和共享发展显然将是非常不利的。

5 水利水电工程移民长期补偿机制完善与优化

本章根据科学发展观、习近平同志系列重要讲话精神和治国理政新理念新思想新战略特别是“五大发展理念”的立场原则、扶贫攻坚战略思维和要求，深入分析水利水电工程移民长期补偿机制存在的矛盾和短板，进而运用辩证思维、系统思维、法治思维的思维方法，综合提出新时代水利水电工程移民长期补偿机制供给侧进行完善与优化的基本原则，并进一步明确提出完善移民长期补偿机制的四个维度、优化移民长期补偿机制供给侧方案的六大路径，并实现一个有机衔接，即使其与社会养老保险保障机制实现有机衔接。

5.1 移民长期补偿机制完善与优化的基本原则

“九层之台，起于累土”。水利水电工程移民长期补偿机制自在基层应需而生并在西南、西北和东北等地实施已有多年，目前已基本形成了地方性之“九层”高台。但如前所述，对移民长期补偿机制在实践中暴露的矛盾和不完善、待优化的“短板”必须正视，精准聚焦，一一理清，与时俱进地明确长期补偿供给侧完善和优化应坚持的原则。

5.1.1 移民长期补偿机制实践中的矛盾与“短板”

迄今，水利水电工程移民长期补偿机制涉及的法律法规和政策衔接等顶层设计方面矛盾因素问题尚未得到根本解决，还有移民就业、再就业风险，长期补偿资金保障风险、移民社区社会管理问题等急需解决。可以说，在实践移民长期补偿机制中，从顶层决策到基层实施过程各个层面存在着不可回避的问题，犹如木桶中的短板。集中归纳起来，主要是顶层方面六个矛盾，基层有关方面九个问题。

1. 顶层方面的矛盾

第一，水利水电工程移民安置领域特别是长期补偿立法相对滞后。移民长期补偿机制相关的法律法规还没有关于移民长期补偿的基本概念和相关规定，也就是没有得到国家法律法规正式认可。虽有2012年国家发展和改革委员会的《关于做好水电工程先移民后建设有关工作的通知》（发改能源〔2012〕293号）提出“探索以被征收承包到户耕地净产值为基础逐年货币补偿等‘少土’、‘无土’安置措施”的提法，但也只是国家部门一个文件的简略表述。

第二，土地所有权、承包权、经营权属的分离分置和转移、土地补偿费支付方式等具体操作办法与土地管理法等现行法律法规条文有不相符之处。

第三，移民长期补偿机制在现行水利水电工程建设行业规程规范中没有明文，处于空白状态，即该机制与关于实行移民大农业安置方式的规程规范明显不相符。

第四，做法不统一。移民长期补偿机制的具体实施方案基本上以库区为单位，具体规定上各库区相互不统一，各地在实施中采取以省级政府出台相应个案批准文件，以个案审批的形式推进。各地做法的不尽统一导致了许多项目库区之间移民长期补偿的方式、标准，未来退出机制等决策内容口径措施等不协调，带有一定的不稳定性甚至随意性。以GZ省水田补偿标准为例，有的参考地方公布的统一年亩产值，有的以主粮水稻当年实际市场价格为准，以致出现2012年的年度补偿标准最高值与最低值有近1倍的差距，如果长此以往，各库区之间移民群众相互攀比的情况难以避免。

第五，项目法人的移民长期补偿金预算未能名正言顺进入工程项目运行合法成本，加之物价上涨因素如上网电价又长期保持不变，项目法人可能发生年度补偿资金支付困难而违约，难以为继。

第六，长期补偿安置补偿一时很难完全替代土地的就业保障功能，移民再就业创业仍然普遍存在一定困难。

2. 基层有关方面的问题

第一，部分库区、移民安置区农村移民生产安置规划缺乏前瞻性。作为补充补救措施，移民长期补偿机制方案扮演着临时“救火”和危机应对的角色，在安置过程来回折腾中浪费很多资源。列入“救火”应急的典型案例如下：广西岩滩水电站和 LT 大型水电站 GZ 省库区、移民安置区 2010 年开展的移民长期补偿机制实践。岩滩大型水电站于 1985 年动工兴建，1992 年下闸蓄水，1996 年通过工程竣工验收，移民搬迁安置主要采取就地后靠办法，当时没有给移民配足耕地，为解决移民的基本口粮难题，从 1992 年 7 月起给移民人口发放基本口粮补助，直至 2009 年起被迫开始执行按征用耕地面积计列口粮补助方式的移民长期补偿。2002 年实施移民安置的 LT 大型水电站 GZ 省库区、移民安置区，在按原移民安置规划实施一次性补偿生产安置历时七年后无法继续实施，不得不于 2009 年秋季停止，另辟蹊径。2010 年年初以“救火”应急解难之需要而不得不全面启动实行移民长期补偿机制。迟至的移民长期补偿机制在实施中也导致了不该出现的局地征收土地相关争议、淹没耕地面积实物相关争议、耕地指标分配相关争议、婚出婚进人口是否享受移民待遇和移民长期补偿待遇相关争议等具体决策和执行层面的基层矛盾纠纷问题需要化解。

第二，规划编制与执行存在“两张皮”。“两张皮”之说是水利水电工程行业上对工程规划设计与具体执行之间发生严重差距等问题的一个通俗形容。一是按水利水电工程相关规程规范要求编制的移民安置规划，用于项目可研阶段申报审批。这个移民安置规划为建设征地一次性货币补偿，仍以传统的大农业生产安置方式为主。二是待项目在可研阶段获批后，在没有规程规范作为依据的情况下，项目法人又委托对可研审定通过的移民安置规划进行名曰修编，实为个案编制移民长期补偿移民安置实施规划。由地方调整为长期补偿移民安置实施规划的一次所谓的特别修编，实际上相当于移民安置规划的一次重大调整。显然，“两张皮”现象的出现，乃是地方出于现实的需要，在缺乏法规规程规范支撑下无奈做出的变通。

第三，错过与城镇化方式和多样化安置的有机配合机会。移民长期补偿机制的一个优势是摆脱土地束缚，采取城镇化安置移民，应该形成移民长期补偿机制+城镇化和多样化安置模式。但是到目前为止，实施移民长期补偿机制的水库先期并没有建立长期补偿机制，也没有充分发挥这一优势，其原因主要是城镇建房安置需要大量资金，而库区移民多属于贫困群体，大多存在难以支付建房资金，便纷纷选择农村就近建房安置，结果是挪了一个“穷窝”，又不幸钻进了一个新的“穷窝”。

第四，移民长期补偿机制管理尚待常态化、规范化。移民长期补偿机制进入常态化管理阶段以后，补偿标准调整、长期补偿资金供给侧来源保障、移民户内指标调整分配等一系列常态化管理需要进一步规范。

第五，移民长期补偿退出机制等远期影响因素尚需进一步研究。移民长期补偿机制实施以后，随着时间的推移，对项目运行、移民生产方式等有重大后续影响，会产生相应的利益关切，主要有工程项目运行盈亏状况、移民再就业和创业、长期补偿退出机制等。一旦处理不好，就会产生诸如项目法人、受益区政府难以支付长期补偿的年度补偿金、移民群众依赖项目法人等风险及负面影响。但相信后人会有解决的智慧和办法。

第六，移民长期补偿机制项目实践存在着保守与盲目并存现象。移民长期补偿机制推广已有十多年之久，积累了一定的实践经验，但一些缺乏实施经验的项目法人董事会及公司 CEO 想法仍然比较保守，更甘愿选择一次性补偿打发移民群众。此外，一些地方政府实施水利项目的时候，出于对项目加快推动和拉动当地 GDP 等指标快速增长和形象政绩的考虑和追求，有不太考虑项目长期运行收益问题而盲目采用的可能性。

第七，移民长期补偿方案编制设计存在着职能缺位和行为越位的问题。在移民长期补偿实际实施中基本由移民管理机构牵头编制长期补偿移民安置方案的情况，如大型水利水电工程移民长期补偿方案至今一般由省级移民管理机构牵头编制，中型水利水电工程移民长期补偿方案由市级移民管理机构牵头编制。移民管理机构既是移民长期补偿方案编制的主导和牵头者，又是移民长期补偿方案实施的监督者，属于越位编制行为。具有设计资质的工程师团队因没有受托为水利水电工程项目法人设计移民长期补偿方案，又因无行业现行设计规范规程为编制依据而没有办法履职，属于规划设计编制行为缺位。移民管理机构主导并直接牵头进行移民长期补偿方案编制设计，又牵头组织对方案的审查，既充当没有设计资质的运动员，又履行裁判员职责。移民群众容易对项目方案的公正性产生怀疑，项目法人的积极性也因此可能会受挫，其结果是部分移民群众可能认为移民机构偏向项目法人而不接受长期补偿方案，同样地，项目法人也可能会怀疑移民管理机构存在偏离中立而同样不愿接受或者消极对待长期补偿方案及实践。造成这种矛盾问题背后的根本原因也在于移民长期补偿机制缺乏法律法规支撑，无顶层设计的规程规范为依据，项目法人、地方政府由此担心移民长期补偿规划设计方案难以得到相关政府权威部门审批。

第八，移民长期补偿执行机制尚待优化完善。截至 2016 年，GZ 省实践移民长期补偿机制的大中型水利水电工程项目已达 20 多个，有的库区参加移民长期补偿的比例很高，如 SYK 水电站，涉淹耕地全部参加；有的库区参加长期补偿的比例却较低，如在 DQ 大型水电站库区、移民安置区，选择参加长期补偿的耕地面积比例仅为 4%左右。造成差距的原因主要在于各地执行机制和地方部门及移民群众的认识差异，有些地方政府认识和行为不到位，在执行机制上不能创新思维，造成移民群众对长期补偿机制一时的认识不够，参加长期补偿率自然就低。等多年过去之后，这部分移民群众可能看到别人参加长期补偿得到的甜头而对自己没有参加后悔莫及，可能出现错过了参加长期补偿的时机，但又以上访等方式强烈要求参加移民长期补偿的行为。

GZ 省内多个库区多年的移民长期补偿机制实践显示，移民群众在长期补偿起始时并不会积极接受耕地长期补偿方案。究其原因有如下几点：一是心存芥蒂，担心移民长期补偿机制政策实施中途发生变卦，补偿到一定年限后有关方面特别是供给侧可能突然擅自取消长期补偿年度补偿金。在20世纪70～80年代有些库区实行县乡粮食部门用公粮实施的实物补偿或农转非户口安置，但是在后来的粮食体制改革中非农业户口的口粮福利消失，移民认为这是前车之鉴；国家法律法规尚未明确认可耕地长期补偿等也会导致移民参加长期补偿的信心不足。二是部分移民在搬迁建房时扩大建房规模，提高建房标准，造成资金缺口，想动用一次性耕地补偿费来适当填补。三是部分移民心存他想，一心想拿到全额耕地补偿费痛痛快快地甚至无节制地消费一阵再说，一旦把补偿得到的钱花完陷入次生贫困，继续找政府、找项目法人，再次讨要补偿费，使补偿陷入有形的无底洞。有一定数量的移民在补偿完成若干年后又在上访，在上访现场时常常当面提出“我们的地没了，我们的生计怎么办？”“当年补偿标准低，要按现在标准重新补偿。”“我们今天需要养家糊口，没想过明天怎么过？”“过去我们不懂什么长期补偿，才没有选择长期补偿。”部分移民此类焦虑心理和焦急情绪声音现象时有发生，影响面较宽。一方面此风不可助长，应循循善诱，切实疏导，引导移民情绪和消费方式的健康化，改变一时存在的破罐子破摔的思想。另一方面又必须要完善移民长期补偿机制的执行机制，增强长期补偿机制的持久公信度。

第九，移民长期补偿机制与社会养老保险保障机制需要相互衔接。两个机制之间面临着如何切实做到有机衔接的问题。

5.1.2 完善与优化移民长期补偿机制必须坚持的原则

当前水利水电工程移民长期补偿机制及实施方案存在的问题与科学发展观的全面、协调、可持续要求，统筹兼顾的根本方法，与创新、协调、绿色、开放、共享“五大发展理念”要求存在着一定的差距。至今法律法规没有对移民长期补偿机制进行明确认可，各地只好各自为政，各行其是，这样制定的移民长期补偿方案实施中各地各不相同，相互不协调，补偿标准、参照标准不同，广泛实施以后容易走偏走样，容易引起移民群众攀比，移民管理部门、实施部门也不好向移民群众解释解答，这会影响到移民长期补偿机制的可持续持久发展，进而影响到相关地区水利水电工程建设和脱贫攻坚战、小康社会建设进程。显然，针对该机制存在这一仍欠科学、仍欠完善的短板，与全面、协调、可持续的要求和创新、协调、绿色、开放、共享理念，打赢脱贫攻坚战的现实需要仍有不相适应问题，我们必须面对和解决。

此外，移民长期补偿机制因缺乏相关规程规范，实施中存在的随意性很大。

在一些中小型水电工程中，囿于项目法人对该机制的认识不足或认识偏颇，实施安排有较多不周，制定的补偿标准低、后靠安置普遍，不利移民群众的长远发展；在地方政府力主推动的大中型水利项目中，地方政府一时处于优先推动项目的考虑，则可能在未充分考虑项目长期供给支付能力的情况下贸然实施移民长期补偿，可能使该机制难以长期持续实施。对照科学发展观、“五大发展理念”、大扶贫精准要求的镜子，显然这是一个仍欠科学考虑的问题，与以人为本、以民为本理念，与统筹兼顾移民和项目法人利益、政府的关切的要求存在不相符的问题。

从工程伦理视角上看（罗用能，2014），水利水电工程师队伍要忠于雇主，更坚持以人为本，忠于社会公众总体利益。水利水电工程建设中的工程师队伍，即水利水电工程项目规划设计者、建设者及其行业主管部门更应把移民在内的社会公众的安全健康、生态环境保护和可持续发展视为核心价值，面对多种工程伦理之间出现的冲突（哈里斯，2006）能够做出理性选择，具有处理工程项目各种复杂矛盾关系问题的实践与理论智慧。在制定移民安置补偿规划方案时应按照可持续发展的伦理观，不要局限于即时受益地的短期经济效益和当代人的生存发展，而应兼顾彼时彼地已做出特殊贡献的移民群众及他们的子孙后代的长远生计，即用可持续发展的伦理价值来看待移民长期补偿机制的价值作用和前程。

水利水电工程中的政府、移民、项目法人三者之间因移民长期补偿机制的建立而客观形成了同呼吸、共命运的利益共同体和命运共同体，政府在这个公共决策和公共服务过程之中始终处于绝对主导的地位。那么，自觉地引入和坚持完善、优化长期补偿机制是政府职责应有之义，责无旁贷。在我国当代，大中型水利水电项目法人多数是名义上的直接的项目雇主，间接的但是实质上的项目后台雇主仍是国家和政府，而移民在水利水电工程建设征地中往往处于被动接受地位。政府和项目法人在此应有一个十分清醒的认识，移民是国家的移民，当然就是政府的移民，移民工作属于重要的区域性社会管理工作，需要政府来领导。移民与政府的关系依然是水与船的辩证关系（水能载舟，亦能覆舟），说到底始终是人民与人民服务员之间的现代主仆关系。欲先民，必以身后之（刘亦发，2010）。让每一个移民在脱贫和全面小康建设路上都不掉队理应是政府的使命、职责和庄严承诺。水利水电企业在开发建设水利水电项目中也要相应担当一定的社会责任，项目法人董事会及公司 CEO 也应时常记住一句古训，即“鱼不可脱于渊”[①]，项目法人与移民的关系实质是鱼与水的辩证亲密关系而非你死我活的“鱼网”（所谓鱼死网破）关系，水利水电企业与移民之间的关系僵持下去即便是打断了骨头但始终还连着筋。任何一个项目法人对自己与移民存在千丝万缕的倚赖利益的关系实行所谓壮士彻底断臂的偏颇行为，其企图也只能是一厢情愿。一刀两断的想

① 李若水译评. 2014. 道德经. 北京：中国华侨出版社.

法和做法是天真的、愚昧的，当然是不可取的也是始终不可行的，对移民切身利益和关切应主动给予正面回应，充分考虑。从工程伦理的引入看，需要调节好水利水电工程中移民、政府和项目法人三者之间的内部结构性链条关系，政府和项目法人视移民与工程两者关系为人之双足，鸟之两翼，不可或缺，也不可分离、不能失衡。总之把移民长期补偿与安置作为主要供给侧任务要始终放在首要位置，把可持续发展、绿色发展、生态伦理灌输其中，体现政府提供的公共政策和公司工程项目的人类大伦理性、生态正义性、公共正义性。

一言蔽之，对移民长期补偿机制补齐补全，进行完善，对长期补偿方案进行优化，是水利水电工程建设领域贯彻落实科学发展观和习近平同志系列重要讲话精神特别是“五大发展理念”和大扶贫战略要求，使移民长期补偿机制更加科学、合理、合法、优化、完善，是确保工程项目长期健康运行和移民长期补偿机制长期健康运行的内在需求，是推动水利水电事业持续健康发展形成国家范围范式的内在需要，是统筹平衡、兼顾各利益攸关方，使水利水电工程建设成果惠及广大移民群众、以绿色和共享的范式来保障其持久生计的需要，是全面建成小康社会、建设生态文明强国的需要。

移民长期补偿机制完善和方案优化应当坚持的基本原则，即在对长期补偿机制完善和方案优化过程中应当坚持的基本准则，它是科学发展观和习近平同志系列重要讲话和治国理政新理念新思想新战略特别是“五大发展理念”、脱贫攻坚要求贯穿于长期补偿机制完善和方案优化的整个过程，具有指导性、根本性的地位和作用。因此，水利水电工程移民长期补偿机制的完善和方案优化必须坚持以下四个基本原则。

第一，始终坚持以人为本、以民为本、以人民为中心的立场原则。树立水利水电事业全面、协调、绿色、共享、可持续的发展观，促进经济社会和人的全面发展是科学发展观的本质要求和“五大发展理念”立场的要求，要求在对移民长期补偿机制完善和方案优化过程中，要始终具体体现好并实现好、维护好、发展好广大移民群众的根本利益。

第二，要坚持统筹兼顾各方利益和关切的原则。长期补偿机制完善和方案优化直接涉及项目法人、移民、受益公众、政府等，因此，在机制完善和方案优化时要始终科学统筹、兼顾平衡各方利益和共同关切，处理好工程建设与移民安置，工程受益群众与移民群众，移民、项目法人和政府，上下游水库，水利工程与水电工程，不同库区，老库区移民与新库区移民，移民安置区移民与非移民关系，涉及移民安置补偿政策的继承与创新等之间的关系。

第三，要坚持长期补偿机制规范运行精细管理的原则，坚决克服管理上的粗放性和随意性。

第四，要坚持长期补偿机制可持续发展原则。项目可行性研究时，对项目的长期补偿资金保障和风险因素进行充分评估和精心盘算。在资金满足长期支付问题上，需要通过长期补偿供给侧责任主体的项目法人董事会及公司CEO认真区分项目，即属于水产业经营性的项目还是纯公益性质或水产业经营性与社会公益性兼有的项目，包括项目涉及的各股权成员单位按股份比例共同分摊移民长期补偿供给预算等问题。在确认移民长期补偿资金有长期的来源、充分的供给预案保障机制等条件下，项目法人和相关地方政府方可选择和采纳移民长期补偿机制进行安置移民。

四个原则是一个完整的有机的体系，实践中要自觉全面理解和遵循，不得割裂，不可偏废。

5.2 完善移民长期补偿机制的四个维度

立足现实，面向未来，对水利水电工程移民长期补偿机制的前置性的必需的法律法规机制、保障机制、协调机制、方案编制机制四个必要维度进行构想，以确保和促使移民长期补偿机制合法合规，稳健致远。

5.2.1 完善移民长期补偿的法律法规机制

移民长期补偿机制是各地在水利水电工程征地移民实践中探索出来的一个补偿机制创新与安置方法创新，已经被实践证明可以化解移民生产安置难题等相关矛盾。以科学发展观、习近平同志系列重要讲话精神和治国理政新理念新思想新战略、“五大发展理念”、大扶贫及法治思维，推进法治国家、法治社会、法治政府建设的要求对照来看，顺应新时期水利水电事业的持续健康发展需要和适应水利水电工程移民长期补偿机制行稳致远需要，它所涉及的法制建设和完善应当是首要前提。法律法规体系建设与水利水电工程征地移民安置领域的法制建设中的移民长期补偿机制的关系是事物的因与果、本与标的依存关系，犹如动物界的皮与毛之间的密切关系，即皮之不存毛将焉附？坚持法无授权不可为，法有授权必须为是法治政府的行政行为的基本要义。现在需要的顶层设计保障上的研究，也就是从国家法律、法规层面上给水利水电工程移民长期补偿机制提供法治和法制维度的直接或间接的基本保障，使之由客观存在的正当的合理的机制变成合法合规的运行机制。有了法律法规这一实物性法制的支撑和保障，那么水利水电工程移民长期补偿机制的行稳致远应该基本不成问题。

首先是寻求在国家立法上实现突破，改变水利水电工程征地和移民安置立法特别是移民长期补偿机制在立法层面上滞后的状况（罗用能，2014）。尽管国家有关部门已经在意识形态领域认识和明确了移民长期补偿机制的客观重要性，在2012年3月有国家相关部门行文对其内容已作基本认可。因此，要将水利水电工程移民安置法专门纳入立法重要的研究课题，适时列为国家立法调查和立法规划，努力从源头上根本解决移民安置法律化和法治化，使移民长期补偿机制在法律框架里赋予应有之义，得到应有之席，实现真正意义上的国家水利水电工程移民安置尤其是移民长期补偿机制的有法可依。

其次是在对现行土地管理法律、法规进行依法修订时，以适当条款形式将征地移民长期补偿内容相应纳入其范畴。如果一时难以做到，国家有关部门则应科学调查分析、论证、总结各省（区）特别是具有先导性的GZ省移民长期补偿机制的社会实践经验（罗用能，2013a），适时出台水利水电工程移民长期补偿机制的规程、规范，赋予移民长期补偿机制应有的合法或合规程的名分，解决在移民安置规划编制中长期存在的缺位和两张皮问题，保障其运行合理、规范有序、执行可持续持久。

附例 5-1　涉及征地移民安置法律法规政策条款修订思路

1. 法律法规方面

遵循《中华人民共和国立法法》适当修订《中华人民共和国土地管理法》(2004修正)，完善相关条款。第四十七条原文：征收土地的，按照被征收土地的原用途给予补偿。国务院根据社会、经济发展水平，在特殊情况下，可以提高征收耕地的土地补偿费和安置补助费的标准。可考虑修改的思路为：征收土地的，按照被征收土地的原用途给予补偿。国务院根据社会、经济发展水平，在特殊情况下，可以提高征收耕地的土地补偿费和安置补助费的标准；大中型水利水电工程建设征收耕地的，土地征占补偿补助费可以以该耕地被征收前三年的平均净产值为基础进行移民长期逐年货币补偿。

2. 政策文件方面

适时修订完善有关水利水电工程征地移民政策、规章和部门文件。《国务院关于加强土地调控有关问题的通知》（国发〔2006〕31号）、国土资源部《关于切实维护被征地农民合法权益的通知》（国土资发〔2002〕225号）、国家发展和改革委员会《关于做好水电工程先移民后建设有关工作的通知》（发改能源〔2012〕293号）等政府文件、政策也均涉及大中型水利水电工程移民及其补偿问题，而且不同政策、文件之间，因政出多门，相互冲突、矛盾的情况时有发生，宜由移民管理机构牵头，国家相关部门参与，对现行的国家和国家机关文件进行清理，以规章的形式统一行文下发实施。

3. 专业规范文本方面

主要思路是，适时编制或修订水利水电工程行业DL/T—2007和SL—2009（行业内俗称8个规范性文件）两个系列规划设计规程、规范文本，或可以把它们统筹协调并合二为一，将两个系列规程规范合并编发，同时新增编发水利水电工程移民长期补偿安置设计规程和规范文本。

最后是积极探索地方专门立法（罗用能，2014）。移民长期补偿机制是水利水电工程移民安置实践的地方新产物、新工具，被群众和相关各方接受，已经社会实践证明可行可用，具备一定的范式，是可以在本领域复制推广的。社会实践出了真知，社会实践出了行为范式甚至法范式因素，也就可以是法律或地方法规的法范式的创立和制定的基础要件。老子曾经说过，“天下难事必作于易”[①]。从我国立法的以往方式方法、现实方式路径和惯例看，从水利水电工程征地和移民安置法律法规体系建设的内部主因和外部条件因素角度看，可以从易到难，从中层到顶层，先在水利水电工程移民长期补偿机制比较成功，具有了一定层面的基本的法范式（陆洲，2014）、地方专门立法条件也比较成熟的地区进行地方立法课题调研，即地方立法也可以先行先试，在国家层面的法律法规一时尚不能出台时，先以地方立法的形式进行规范，待国家层面立法条件成熟后，按照《中华人民共和国立法法》再行全国统一专门立法。

5.2.2　完善移民长期补偿的保障机制

“保障”一词在《现代汉语辞海》中有两层基本含义，其动词含义为保护和起保障作用的事物，使不受侵犯和破坏（现代汉语辞海编委会，2009）。“机制”，在《现代汉语词典》中主要含义是泛指一个工作系统的组织或部分之间相互作用的过程和方式（现代汉语辞海编委会，2004）。在人类社会中，凡是新生的有益于人类社会不断发展进步的各种事物，大到一个工程项目，小到一件事情，均应该受到切实保护，得到充分保障。两个单词进行组合形成了现代汉语词组——保障机制，其义是通过建立一定的机制进行保障，才有利于客观存在的无论大小的各种新生事物得以生存并可持续发展，使之发挥有利于和造福于人类社会的功能

---

① 李若水译评. 2014. 道德经. 北京：中国华侨出版社.

和作用。针对水利水电工程移民长期补偿机制存在短板的需要补齐、完善的问题，那么从现实的维度看，移民长期补偿机制本身需要从机制上进行更加有效的保障，这里就应当进一步思考移民长期补偿机制现实需要得到从本到标、从内到外的保障机制的系列基本因素。

附例 5-2 发改提案（2010）212 号 国家发展和改革委员会致政协第十一届全国委员会何 PJ、吴 Jf 两位委员提交同内容提案的书面答复信

GZ 省一位水利水电工程移民管理机构负责人曾经通过水利水电工程移民长期补偿试点情况的专题调研，于 2010 年 3 月初致信政协第十一届全国委员会的何 PJ、吴 JF 两位委员，进行专题书面反映。两位委员心系移民群众生计和水利水电工程建设问题，对 GZ 省水利水电工程移民管理机构负责人反映的此情况高度重视，分别认真研究后，于同年 3 月上旬在北京举行的第十一届全国政协大会期间，各自慎重提出进行水利水电工程移民长期补偿机制的顶层设计的相关提案。吴 JF 委员同期还在省级一主流媒体发表了该提案内容的文章。同年 9 月，国家发展和改革委员会对该内容的两个提案认真进行办理并书面回复了两位委员。答复信主要内容如下。

您们提出的关于实行长期补偿机制，使失地农民长远生计有保障、将贵州试行的“淹没耕地长期补偿机制”上升为国家政策的提案，经商水利部，现答复如下：

近年来，随着西部水电站的逐步开工建设，水电站库周剩余土地资源不足、移民不愿外迁的问题越来越突出，移民安置工作的难度越来越大，贵州、广西、云南等省区在一些水电项目中开展了“长期补偿”移民安置方式的探索和试点，将静态的一次性征地补偿和安置改为动态的长期逐年补偿。通过调研，我们认为，“长期补偿”移民安置方式是解决调整土地困难、移民恋家情结、外迁安置难融入当地社会、库区剩余资源浪费、移民长远生计缺少保障等老大难问题的一个办法，库区原有的生态环境和社会生产体系得到保护和维系，目前得到了移民、政府、业主三方面认可，移民长远生计有了一定保障。但由于试点还存在缺少法律依据、可能引发水利项目和其他已建或在建水电项目移民的攀比等问题，加之以实行长期补偿安置方式的项目均为移民人数相对较少的水电站项目，类型单一，试点时间较短，现阶段国家层面难以在政策上明确认可长期补偿机制。下一步，建议有关省份进一步总结已开展的长期补偿经验，不断完善试点机制，充分尊重移民群众的知情权和选择权，慎重、稳妥、循序渐进地做好长期补偿机制试点工作，处理好不同安置方式及不同水库、电站间的政策衔接问题，我们将会同水利部、国家能源局等有关部门密切动态关注相关情况。对于实行长期补偿机制的项目，如需调整水电站上网电价（水价），建议按有关规定，由项目所在地省政府组织测

算并统一平衡后，提出方案报我委审批[①]。

答复文件中对水利水电工程移民长期补偿机制涉及的几个包括风险在内的应对与保障因素的充分顾虑、做出的研判和考量、提出的意见是完全必要的，符合当时的背景，充分表示了国家重要部委的审慎态度，充分体现了国家职能部门处处站在国家层面着想，辩证考量重大问题重大事项，统筹平衡、兼顾各方和全国一盘棋的系统思维、辩证思维与务实精神。国家发展和改革委员会于 2010 年 9 月致政协第十一届全国委员会两位委员提案的这个回复信函中所提到的需要特别注意的这几个风险因素特别是可能出现不同库区移民直接攀比的矛盾因素问题至 2017 年并未有出现相应的情况反映。经过多年来各个方面的努力和配合，试行水利水电工程移民长期补偿机制的地方社会实践情况总体反映是平安无事，已充分显示了各地开展的水利水电工程移民长期补偿的试点实践的行为效果总体上蹄疾步稳。同时经观察也客观显示了现有新老项目库区的一个可喜的社会现象是许多移民群众的视角、视野正在发生广阔而正向的变化，已经是今非昔比令人刮目相看。尤其是众多的出生于 1980 年以后的移民新生代群体本身因为所受基础文化教育的程度普遍比较高，法律和政策意识及科学意识和相关专业知识等比他们的前辈要强很多。这些新型群体对事物对象的现实综合观察和比较、判别能力等素质已逐步在大幅度提升。他们中的不少人已经基本具备了或正在形成一定的网络阅读能力、网络空间识别和跨界交流能力、应对个人涉及民事的能力和社会交往及公共民事能力。他们对国家征地移民安置补偿各阶段政策特色和不同时段的变化情况、同异问题及成因大多较为容易了解，并对相关政策内容吸收理解和反应速度较快，有的不仅知其然甚至还可以知其所以然，对有关利弊关系和矛盾因素开始进行理性思考、认知和充分理解。特别是能够自觉意识到水利水电工程征地移民政策的调适中如什么是老项目要用老办法、新项目适用新办法的含义界定和相关基本常识等。他们大多能够正确认识理解把握在新上马的水利水电工程项目库区、移民安置区所实行的移民长期补偿机制，总之可以发挥该群体的及在家庭和社会成员结构里个人应有的制造正能量和传递正能量的重要作用。由此，各个地方产生于水利水电工程项目田间地头，扎根于中国社会土壤的水利水电工程移民长期补偿机制，是比较通“天线”和接“地气”的。各地的社会实践已经形成的基本行为范式因素，加之在当下全国全力以赴脱贫攻坚，各地呈现出的精准扶贫攻坚攻势的大背景下，应该是对移民长期补偿机制各地试点的实践出手给以适时总结并认可和加以规范的时候，也就是适时进行适当的国家干预，逐步建立与之相应的法律法规、政策等公共专项保障机制的时机、环境和条件可谓基本具备。

① 政协十一届全国委员会. 2010. 第 4840 号（农林类），第 0633 号（经济发展类 80 号）提案. 政协全国委员会提案办公室.

1. 完善移民长期补偿资金保障机制

移民长期补偿机制实施后，其正常运行的核心问题是长期补偿的“资金从何保障得来”，也就是长期补偿资金供给侧来源的长远保障问题，即要确保项目法人的收益增长与移民长期补偿的年度补偿金增加的速度之间达到一个平衡，从而确保移民长期补偿机制的可持续运行。水利水电项目法人之间对此有着不尽相同的处理方式。

第一，水电项目法人可通过建立电价联动机制来解决长期支付问题。包括以下两个方面的问题。

其一，火电项目与水电项目。虽然目前尚没有实施移民长期补偿的水电站项目明确建立电价联动机制，但从长期看，这项机制不但必要，而且可行。我国的发电、电网、供电等重要环节都由国家部委实行直接或间接调控，由国家发展和改革委员会等部门公布当事项目的上网电价和供电电价。这一模式下，我国火电项目上网电价普遍高于水电项目上网电价，这中间差价为水电项目上网电价的提高提供了空间。火电项目发电需燃烧会造成一定环境污染、消耗不可再生的煤等能源，而水电项目发电利用的是清洁的可再生的水能。煤等化学能源是不可再生能源且用途广泛，长期而言随着储量的减少煤价必然上涨，煤价上涨会造成火电成本水涨船高；煤电产生二氧化碳排放引起全球气候变化、其他有害气体和粉尘排放，环境负面影响效应大。水能项目特征主要是水库工程征占（淹没）大片耕地，对河流流域生态环境形成一定负面影响。对发展中国家来说，综合对比火电和水电效能，水电优势比较明显，水电项目上网价格至少应该接近火电价格，以节约不可再生资源和减少燃煤造成的污染。目前火电仍是我国主要电力来源，尚未有足够的其他能源来替代火电，由于火电的价格持续上涨是必然的，相应的水电价格不应也不会长期处于低位，水电项目上网电价低于火电项目上网电价的差价为建立移民长期补偿电价调价联动机制提供了一定空间，应当把移民长期补偿的相关费用作为考虑水电上网电价的重要因素之一，当移民长期补偿费用上升到一定程度时相应提高上网电价，项目法人用增加的收益来平衡移民长期补偿标准提高后资金支付增加的份额。

其二，电价、水价与粮价。移民长期补偿标准一般参照主粮粮价，主粮粮价是当地基本消费品，其涨与跌会带动整个物价变化，主粮粮价价格波动以市场为基础，水价电价以国家定价为基础，表面上看似乎很难影响水价电价。实际上，电价、水价是工农业生产和人们生活的基础能源，直接表现虽为由国家定价，但不可能与社会总体物价长距、长久偏离，只会是反应相对滞后一点。例如，虽然在实施移民长期补偿的水电站中尚未建立电价联动机制，但是电价调整还是进行的，如 2011 年《国家发展和改革委关于调整南方电网电价的通知》（发改价格〔2011〕2618 号）将 GZ 省、云南省向广东省送电价格每千瓦时提高了 2.7 分，按年发电量为125亿kW·h计算，LT大型水电站通过这次价格调整增加的年收益约3.38亿元，是该年该电站GZ省库区移民长期补偿费用的12.8倍。完善水利水电工程移民长期补偿资金保障要建立企业水价电价联动机制，即移民长期补偿资金增加使送水、发电成本上升到一定额度以后就相应调整水电上网水价电价以平衡企业收支。具体操作上，依据主粮粮价调整的库区，视主粮粮价达到一定的变化幅度情况进行适当调整；依据统一年亩产值调整的库区，根据统一年亩产值调整时的变化幅度相应而定。

第二，水利水电工程主要通过提高水价和上网电价解决。以水利工程为例，水利工程一般具有向城镇居民生活供水、工农业项目生产供水等功能，大中型水利工程还普遍兼有发电、航运、防洪等功能，工程收益主要来自供水和发电。与水电企业收回投资、追求企业利润不同，水利工程建设由国家和地方政府分摊出资，运行后并不需要收回投资，其所有收益都可以用于工程维护、管理人员工资和移民长期补偿费用支付。从GZ省库区、移民安置区的实践来看，水利工程长期补偿资金保障主要有两种模式，一种是QZ大型水利枢纽模式，建设期移民长期补偿费用列入工程建设费用，运行期用发电、供水等运营收入和利润，预算支付移民长期补偿费用；另一种常在中型水利工程中采用，即把一次性耕地补偿资金存入银行，使用本金和利息支付耕地年补偿金，用完这笔资金以后用工程项目产业供水的收益来支付，如仍有资金缺口则由地方政府统筹，预算解决。完善水利工程移民长期补偿资金保障机制需要建立水价、电价联动机制来解决，当物价上涨或耕地统一年亩产值增加到一定幅度、跨越项目的盈亏平衡点时，启动水价/电价调整联动机制来平衡项目法人的年度收支预算。

2. 完善资金的其他风险管理机制

除了法律法规和资金保障风险，移民长期补偿机制还面临着短期资金支付风险和项目法人其他经营亏损导致的资金风险。在发生自然灾害等不可测因素，如旱灾导致发电、供水收益下降，地震导致工程项目不能正常运行等情况下，可能致使项目法人出现短期资金支付困难的情况。此外，多样化经营的项目法人可能在其他项目上发生亏损，致使移民长期补偿费支付能力受损（如GZ省库区、移民安置区在实践中，实施移民长期补偿机制的库区一般都设有短期风险保障金，在工程项目投产后从工程项目收益中预提一笔相当于长期补偿年度补偿金2～3倍的资金作为移民长期补偿支付风险备用金，存入指定的银行账户，专户专用，以备不时之需）。这项机制需要完善并得到严格执行。

3. 完善移民就业创业培训机制

移民长期补偿难以替代土地的就业功能，移民接受长期补偿安置后，既普遍得到了鱼，但其求渔似渴是普遍的现实心理反应。大多数移民劳动力更需要及时得到各种层次的渔，即移民劳动力需要获得从事亦农亦工或者非农非工产业生产岗位等劳动技能并能找到工作及时上岗，实现就业和稳定就业，有的还可以挤进双创大军。因此，必然需要切实加强移民劳动力的就业、再就业技能和创业经营能力培训工作。各地移民管理机构与人力资源和社会保障主管机构、职业院校等机构都联袂相继开展了一系列相应层次的移民再就业培训工作，但这些工作尚处于探索发展的阶段，在移民劳动力培训的组织措施、培训效果上，以及与各种实体的实际岗位对劳动力的数量质量需求上仍然存在明显的差距，完善和提升移民劳动力培训和劳动力转移机制是必需的。

完善移民劳动力就业、创业培训机制属于现代职业教育的主要组成部分，要坚持依托人力资源市场、依托工农业和商业园区、旅游业园区、部门合作，尊重移民劳动力意愿和注重培训实效等原则。依托市场培训就是在培训中要根据社会用工需求对移民劳动力进行再就业、创业培训，使移民劳动力接受规范的技能培训后能较快实现再就业、再创业，充分发挥其才智。依托工农业园区、商业旅游业园区就是要在农村移民安置前期设置中在工农业园区、商业旅游业园区等附近或者交通要道旁择地安置，安置后通过与园区协作，移民劳动力接受再就业、创业技能培训后进入园区就业、创业。部门合作就是指移民管理机构、人力资源社会保障管理机构要加强与农业、工商业、扶贫等部门和实体的合作，整合师资、设施、技术、资金、物资等优势资源，会同相关职业院校等培训机构、紧扣人力资源市场，有计划、有针对性地开展对移民劳动力的职业培训工作，提高移民劳动力的生产经营技能，完善优化授之以渔的培训机制。尊重移民劳动力就业需求意愿是指各种技能培训要基于移民劳动力自己的技能特征与现实状态、移民就业现实意愿来开展甚而将来提升就业质量的需求意愿来开展，而不再是传统的简单的陈旧的缺乏调查研究的主观性色彩很浓的训而无用的培训安排，不能再是移民管理部门自上而下的单向安排。注重培训实效是指在移民劳动力的再就业、创业技能培训中，各地需充分发挥积极性、主动性，因人而异、因岗制宜，分类培训、分科培训、分层培训。只要是能够收到实效真正管用的培训方式都可以组织实施，如果发现效果不佳就立即调整，在调整中完善、优化移民劳动力再就业、创业技能培训机制。如今还要适时有效面向外地和未来，针对新兴的各种体力密集型和脑力密集型劳动岗位不断出现新兴经济形态及业态如比较时尚的电子商务还有电子工务、电子农务，包括各种电子化装备等平台和网络化、智能化经济发展，乃至跨行业、跨界工程综合实用技术，还有跨国经济实体、未来的可再生新能源（如深海可燃冰工业开发）开发的劳动岗位、全球化经济岗位的需要，针对出生于 1980 年以后的移民新生代群体接受基础教育程度和现代综合科技文化基础素质普遍提高，他们的劳动技能层次出现日益增长需求的因素，要充分利用新的和更新的培训方法和技术培训手段，尤其是把职业培训教育的信息化如多媒体教学、远程教育、虚拟现实教育等（黄顺基和郭贵春，2007）作为提升移民劳动力职业培训效率、提高打鱼能力的新途径。

在具体培训工作的开展上，一是要把移民劳动力技能培训与就业、创业紧密相结合。要根据各个行业用工需求和移民劳动力的特点进行培训，市场需要什么技术工种就培训什么技术，移民劳动力能干什么工种就及时传授什么技术，努力使被培训的移民劳动力能及时就业，也有能力、有条件加入千千万万的大众创业甚至是万众创新的队伍。二是要把移民劳动技能培训与产业结构调整结合起来。在当地开展的各种产业调整和产业升级过程中，要根据产业发展各阶段的技术工种需要，有针对性地培训移民劳动力，使移民劳动力的劳动技能能够符合产业结构调整升级的相应需要。三是要把移民劳动技能培训与创业相结合起来。对那些年纪较轻，文化素质相对较高的移民劳动力，加强移民劳动力独立创业知识的培训，增强移民劳动力创业的能力，鼓励、扶持移民劳动力自主创业，引导移民劳动力创业之初，从发展一些投资小、见效快、风险小的特色种植业、餐饮业等，适时根据市场经济变化发展因素不断进行项目调整和升级。通过创业加快提高经济收入能力，实现自己的可持续发展，也可带动和组织其他一部分人的就业。四是采取灵活多样的培训方式。对移民劳动力的职业培训既可采取集中培训，也可采取分散的具有个性需求的培训，既可采取课堂培训，也可采取生产现场培训。五是要加强宣传，采取措施，组织动员更多的移民劳动力参加劳动技能培训，并妥善解决移民劳动力技能培训过程的相关问题。六是要确保移民劳动力接受劳动技能培训机制所需的有别于普及九年制义务教育的政府经常性专门预算。

5.2.3 完善移民长期补偿的协调机制

水利水电工程建设中不但涉及同一个工程项目的法人、受益公众、移民群众和各级政府之间的利益和关切协调，而且不同项目之间也会产生利益关联性冲突，需要理顺利益协调机制。移民长期补偿方案的计划、实施需要厘清三个关系，完善协调机制。

1. 完善项目法人与移民协调利益机制

项目法人利益与移民利益是相伴相生的，在移民长期补偿指标分解、标准参照、标准调整设计层面要经过充分论证，既要使移民权益得到充分维护，也要使工程资金安全得到长远保障。方案未经充分调研、论证前，存在较多变数，绝不能在移民群众中传播，经审批以后的方案需做耐心、细致、全面的宣传。理清项目法人与移民利益协调机制需要政府及主管部门充分听取移民和项目法人双方意见，依法依规依照制度程序制定科学合理的长期补偿方案。首先，移民表达意愿的渠道要畅通，移民能够把意愿原原本本体现到决策层中去，并且得到充分的考虑。其次，项目法人的关切也要得到合法合理的兼顾。最后，在政府及主管部门的主导下，各方及时商讨出并编制出一个反映了各方利益均衡的移民长期补偿方案。

2. 保持相邻项目库区之间移民长期补偿方案相对一致

由于缺乏法律法规和规范，现有的移民长期补偿方案大都是以省级试点方案各自为政、各行其是、互不相通的方法和形式实施的，相邻的不同库区补偿标准的难以平衡的弊端问题需要克服，实现互联统筹，具体实施方案要做好相互协调，以最大限度地保持相对一致性，尽力避免出现相互攀比现象。关注点在于补偿标准参照计列模式和补偿标准调整模式两个因素上，对此不能忽视。

3. 移民补偿标准调整要兼顾项目长期运行可行性和对移民长远生计保障程度

项目在设计移民长期补偿方案时一般是基于项目建设时的社会经济实际设计的，但是世事难料，以长期的眼光审视社会经济形势、国家政策，其变化可能非常之大，如 20 世纪实行户口农转非的移民安置方式，实际上可以看作一种依据移民人口实施的长期补偿安置方式，当时是受移民欢迎的，但经济体制、粮食体制改革以后，办理非农业手续的移民所获得的权益部分消失甚至全部消失；从近年 GZ 省库区、移民安置区移民群众信访反馈来看，农转非的移民群体也是一个主要的不稳定移民群体。未来社会经济的变化可能使农转非身份的移民群众获得的利益相对缩水，也可能使项目的经济性消失而难以运行，所以，补偿标准调整时必须要在项目长期运行的可行性和对移民长期生计的保障程度之间取得相对平衡。

5.2.4 完善移民长期补偿的方案编制机制

方案编制机制的完善必须做好是移民长期补偿协调机制的主要前提。《大中型水利水电工程建设征地补偿和移民安置条例》（国务院令第 471 号）第六条已有相关规定，“已经成立项目法人的大中型水利水电工程，由项目法人编制移民安置规划大纲，按照审批权限报省、自治区、直辖市人民政府或者国务院移民管理机构审批；省、自治区、直辖市人民政府或者国务院移民管理机构在审批前应当征求移民区和移民安置区县级以上地方人民政府的意见。没有成立项目法人的大中型水利水电工程，项目主管部门应当会同移民区和移民安置区县级以上地方人民政府编制移民安置规划大纲，按照审批权限报省、自治区、直辖市人民政府或者国务院移民管理机构审批。”第十条规定：“已经成立项目法人的，由项目法人根据经批准的移民安置规划大纲编制移民安置规划；没有成立项目法人的，项目主管部门应当会同移民区和移民安置区县级以上地方人民政府，根据经批准的移民安置规划大纲编制移民安置规划。”可以说该条例对方案编制主体和编制运作机制的规定很明确。

依据这些法规条款规定，大中型水利水电工程移民安置规划大纲和移民安置规划一般由项目法人依法委托具有水利水电工程规划设计资质的专业设计机构即工程师团队进行编制。在没有项目法人的情况下，由项目主管部门会同地方政府委托规划设计单位编制。移民长期补偿方案的编制也应如此。

切实解决设计越位和设计缺位的问题，根本办法是在法律法规和规程规范层面予以明确认可移民长期补偿安置方式，但法律法规的立法及修订又有一个很长的周期，极难实现。在这种情况下，省级人大、政府需制定地方法规或者发布地方性规章或规范性政策文件，赋予水利水电工程项目法人（一般委托水利水电工程规划设计单位）制定移民长期补偿方案的权限，使移民管理机构更好地发挥监管职能，使移民长期补偿方案更具有权威性，容易被移民群众和项目法人接受。

切实解决两张皮问题，解决的方法是从水利水电工程规程规范的修订完善上认可移民长期补偿机制。国家有关部委尽快编制颁布水利水电工程行业 DL/T—2007 和 SL—2009 两个系列的规程规范中的移民长期补偿机制专项规范规程。如一时难以实现规范规程的编发，则允许地方先行出台地方法规或相关规范、部门规章予以规范，避免出现移民安置规划在设计阶段很硬，而执行阶段发生变化，二者存在很大差异甚至面目全非的问题。也就是要避免行业上俗称的规划编制行为与实施行为存在的“两张皮”的问题。

5.3 优化移民长期补偿机制方案的六大路径

实施移民长期补偿机制四个维度进行必要完善的同时，还要对移民长期补偿机制方案要素进行相应的不断的优化。应该密切联系实际，主动沿着六大路径对机制方案全面优化落实到位，有关各方各个层面共同遵循，全面提升移民长期补偿机制供给侧运作的质量和效率。

5.3.1 优化方案编制的内容结构

1. 长期补偿方案与其他移民安置方式的优化组合

移民安置方式很多，而且各有优劣，其中核心要素是土地的配置方式和安置地域的选择。从安置地域上讲，多数移民都愿意选择生活条件、就业条件优越的城镇进行安置，但是受土地状况制约。采取长期补偿后，移民可以根据自身条件如就业技能、剩余资源状况、搬迁前主要生产活动地域等选择最适合自己发展的移民安置地域和方式。

考虑到移民安置要顺应城镇化和新型工业化发展趋势，实施移民长期补偿以后，移民在安置地域上应该尽量往城镇、工业园区、农业产业园区靠，以利于移民及其后代的能够持久的长远发展。由于移民群众一般也是贫困群体，应充分整合一些普惠贫困群体的政策如农村危房改造、改水改厕、扶贫生态移民、易地扶贫搬迁等扶持政策，在经济上鼓励参加长期补偿的移民进城镇安置，进城后还要完善移民社会保障以确保移民搬得出、稳得住，有就业等保障，逐步能脱贫致富，既妥善安置移民，又促进移民安置区城镇化进程。

2. 优化方案中的有关基本内容

移民长期补偿方案一般包含主要如下内容：指导思想和原则、主要依据、范围和时限、标准和时限、工作程序和内容、保障措施等部分。与移民长期补偿实施直接相关的方方面面虽都已考虑到，但是还仍需进一步完善优化，具体如下。

第一，移民长期补偿方案的基本内容要具体、明确。总体来看，移民长期补偿方案的编制行为要阳光透明，方案中内容逻辑关系要严密，撰写用词要准确，结构要严谨，语言要平实，使广大公众特别是移民群众一看就懂，一听就明白。特别是：对移民进行长期补偿的目的和指导思想十分明确，长期补偿遵循的原则要具有泾渭分明的刚性，工作路线简明，办理流程步骤清晰，具有高度的便捷性。长期补偿的主要依据要充分有理，长期补偿范围边界、参加长期补偿计列模式要具体，切忌模糊；长期补偿的初始补偿标准参照系要科学，选择参加和办理长期补偿的时限（公历、农历相应双配套明示）要明确，长期补偿工作程序环节和内容要简单明了，相关保障措施的明示要干脆有力、可持续、能实现等。为参加长期补偿的移民提供申请书的规范格式模版；明确长期补偿资金的具体办理地点、兑付方式和兑付时间等。长期补偿协议书模版里面涉及家庭户主、所有家庭成员相关信息，参加长期补偿的耕地、园地地类面积等要素条款清单，申请办理协议的司法公证的法定具体机构、具体程序。只有上述基本内容都一一具体明确，才能有效避免理解歧义和纠纷发生。必要时辅之以内容为移民长期补偿政策的书面宣传提纲形式广泛明示，发放到千家万户，做到通俗易懂、家喻户晓，人人明白。移民长期补偿方案也才容易被移民群众全数理解，从而全面接受，外化于行。

第二，与移民长期补偿方案密切相作的移民安置地的选择上努力实现移民的长远生计条件最优化。一般来说，长期补偿之后，仍然需要移民从农村搬进城（集）镇，并需要争取、整合其他各种惠农资金、扶贫资金和生态治理项目资金，解决部分移民进城安置建房资金缺口问题，对在库区后靠安置的移民发展现代农业、水产业、旅游业等进行扶持。以GZ省为例，其所得的国家各项惠农政策支持资金、《GZ省水利建设生态建设石漠化治理综合规划》中的生态建设和石漠化综合治理资金、农村危房改造资金、生态移民资金、社会保障相关资金等都可以充分整合利用，因为在不建设水库工程条件下，许多移民原本就应该享受这些治理资金，移民外迁至城镇后不再享受或者很少享受这些工程治理带来的效益和补助，搬迁后能不同程度地减少上述项目支出。所以，应在外迁城镇的移民搬迁时给予一定补助，以帮助解决移民到城镇安置的资金缺口问题，促使更多移民进城镇安置。

第三，在优化移民长期补偿方案中，要延伸明确长期补偿后优化移民劳动力再就业、创业培训机制，充分发挥职业院校的技能培训作用和实效，帮助移民劳动力实现再就业、再创业，注重移民劳动力技能培训后能真正实现再就业、再创业。如需具体明确依托城镇工业园区、现代农业和就业培训外出务工，实现再就业和增收的人员、岗位清单和切实具体措施。近年来，中西部地区城镇化、工业化加速推进，产业发展正在进入快速发展轨道，产生大量用工需求，移民中的青壮年劳动力可以通过多样灵活的再就业和创业培训，实现再就业，增加收入；工业园区则得到部分的劳动力供应，以满足发展需求。对移民就学子女，可以通过大学教育、职业技术教育和“3+1”（3年初中阶段教育+1年中级职业技能培训）等教育方式获得一技之长，根据其个人职业技能需求规划，帮助实现其多样化的就业、创业。同时，明确优化不同年龄层次的移民就业创业机会，完善劳动力就业保障。这些都要依托城镇、依托县域经济发展，结合长期补偿来妥善安置。对于一部分难以在各个园区实现体力型再就业，也不适合外出务工的移民尤其是老年移民，可以通过政府组织就地提供各种适合的公益性岗位，并完善新合作医疗等社会保障方式解决。对达到规定年龄的移民按时纳入城镇和农村养老保险等统筹保险保障体系并落实兑现，尚未达到规定年龄的移民就业则因人制宜，提供适合的岗位解决就业。

总之方案的内容结构设定合理周到，从实从严，力避空泛含糊。

5.3.2 优化移民长期补偿的决策机制和执行机制

决策机制和执行机制的优化是移民长期补偿机制的非常重要的前提。从移民长期补偿机制供给侧角色优化定位维度看，水利水电企业法人、库区政府、项目受益区政府必然是水利水电工程移民安置工作供给侧的主要方面和主要责任单位，应以更理性、更包容和更开放的心态（罗用能，2009）对待需求侧的库区、移民安置区移民在长期补偿方面的客观的特别需求。基本的思路应该体现政府和水利水电企业对移民安置供给与需求关系的辩证把握，自觉意识到移民长期补偿机制作为重要而特别的长期的公共事项需要政府调控与市场机制的长期有机结合。作为移民长期补偿的公共政策和资金供给侧的主、次角色，水利水电企业、项目受益区和库区政府要自觉把自己摆进去，应把移民长期补偿资金的合理分摊分别列入本企业、本级政府一般预算或专门预算，认真筹集和按时如数拨付。不能再用传统的、老旧的、孤立的、静止的眼光看待移民和移民安置、移民长期补偿，力避过去那种一味追求搞一锤定音、一刀两断等极端思维和行为情况。

水利水电企业法人董事会和公司 CEO、项目受益区政府首长可能一时间存在着把移民安置及移民长期补偿及其支付视为本企业、本级政府的终身债务、甩不掉的包袱的心态甚而可能对长期补偿产生怀疑，这并不是件坏事，也不足为奇，对此可以理解。但其疑之声不应盲目陷入或极端陷入在对移民长期补偿可能有某个不公平或潜规则的捕捉误区，反而更应换位思考，尽快走出认识和感情误区，加快缩短本身内在阵痛期或不太适应期，尽快变成适应创新的移民长期补偿机制，把重心自觉转为重视追问移民长期补偿机制相关系列实际问题：机制是否完善，工作和运作程序是否严谨规范；移民长期补偿的年度补偿金在移民中是否精准兑现到户、补偿标准调整的时机是否合适、调整的幅度是否科学合理，是否满足供求侧各方的需要与意愿等。

自觉以制度来规范移民长期补偿机制，从供给侧方面多为移民长期补偿机制行稳保驾护航。库区政府包括水利水电工程项目受益区政府、项目法人董事会及公司 CEO、社会公众等在关注、观察移民长期补偿机制上辩证地用好三个功能先进之“镜”：要坚持登高望远，用好望远镜审视长期补偿。如企业及其上级集团公司做好长期补偿，就是要站高望远，着眼企业集团未来竞争和发展转型升级目标。各方坚持慧眼识珠，用好放大镜。只有以改革的意识、创新的精神，宽阔的视野，有意识地放大移民长期补偿于群于企，于工程项目受益区、库区、移民安置区的好处和优点。坚持以德为先，树立移民长期补偿机制及执行的价值观，用好系列放射镜。经常使用“X 光”“B 超”对移民长期补偿管理从企业内部到政府主管机构到外部各部位、各环节和运作执行情况进行透视透析，促进从内到外相关环节、层级提升服务水准，改进完善不足，实现移民长期补偿机制实现精细化管理，逐步赢得并增强移民长期补偿机制在水利水电企业、库区、移民安置区社会公众的公信力。

在实行移民长期补偿机制的框架下，作为水利水电工程各个区域的政府和相关管理职能部门，要注意把握“矛盾的主要方面和非主要方面在一定条件下可以相互转化；矛盾的主要方面起了变化，事物的性质也就随着变化”，需要审时度势、与时俱进地增强以下方面的意识和工作：一是要对移民长期补偿机制定位在以土地换取移民生计、在涉及个人和社会的保障功能上进行价值确认。在很多地方，目前的“土地换社保”已被用于解决失地农民的保障问题，优先用于解决失地农民的养老保险，实现社会保障对土地保障的有效替代就是计算土地补偿费同时配套提取一定比例的社会保障资金。有的还通过以专业合作社组织形式整合当地土地资源实现规模化集约化经营的收入、土地股权收益、集体收益分配等有效形式建立了专项基金，换取农民实现市民化后的社会养老保障，促进农民与土地的依赖联系的割断。移民长期补偿机制并非一般意义的社会保障机制但直接有对移民社会保障的辅助作用价值。二是对移民长期补偿的年补偿标准适时牵头组织调整并进行价值评价，为移民长期补偿的价值的实现努力创造条件。三是要对移民长期补偿机制进行价值的充分的传播引导。四是受益区政府还要以宽宏大量的胸怀，义不容辞地主动按既定项目方案分摊的应该承担的淹没区移民长期补偿供给侧部分资金源，落实筹集预算及转移支付的分摊比例的责任。五是政府及有关管理机构要从社会和公共管理的层面对移民长期补偿机制实施的各项具体活动及其成果进行责任主体述职报告评议、考核和评估、专项视察和巡视，进行在物质上、精神上的执行层面的不断的正向鼓励、总结和肯定，确保移民长期补偿机制落地落实，行好致远。

1. 政府及相关职能部门、银行机构、项目法人职责、执行路径的优化

相关机构和成员应深刻领会并牢记习近平同志做出的不忘初心，继续前进[①]的殷殷嘱托和“要做好顶层设计到最后一公里落地的工作，在实践中不断取得新成效”（中共中央文献研究室和中国外文局，2014）的重要指示精神，认真对照并切实做好水利水电工程移民长期补偿机制各个项目的从顶层设计到完全落地的一系列决策决定和分级分层的最后一公里的运作与执行、管理与控制。

以《中华人民共和国行政许可法》有关规定条款和地方政府机构现行权力有关清单为依据[②]，现实维度中以LT大型水电站、QZ大型水利枢纽等GZ省库区、移民安置区移民长期补偿机制实践的运行模式为案例样本，结合项目实际，以优

---

① 新华社. 2016-7-2. 习近平同志2016年7月1日在庆祝中国共产党成立95周年大会上的讲话. 人民日报，1-3版.

② 《中华人民共和国行政许可法》（2003年8月27日），中共中央办公厅、国务院办公厅印发《关于推行地方各级政府工作部门权力清单制度的指导意见》（2015年3月3日）。

质服务、高效便民为前提，以行政责权一致和分级负责为原则，尽力克服“以批代管、重批轻管、不批不管”弊端，正确处理“放、管、服”的关系，法定的各自职责必须作为，力避责权缺位和越位。在这里，就自上到下的政府及基层的移民管理机构（resettlement management agencies）和水利水电工程项目法人、银行机构在移民长期补偿机制供给侧实践中的相关层级决策、职责履行和工作流程一般路径可从如下思路优化。

（1）政府职责。省级政府为本省大中型水利水电工程项目的移民长期补偿政策和工作进行行政决策。制定本级的本省范围大中型水利水电工程移民长期补偿机制的相关政策，审批各个移民长期补偿机制实施方案。地市级及以下政府负责把移民长期补偿机制相应列为本辖区水利水电工程库区、移民安置区重要民生工程，层层抓好贯彻落实，建立健全本辖区移民长期补偿协调保障和督导机制，对移民长期补偿机制执行情况适时开展视察检查。负责向上级政府和同级人大、政协报告、通报移民长期补偿机制实施情况，接受人大代表的工作视察等监督和政协委员的工作视察监督。中型水利水电工程移民安置管理权责列入“简政放权”和“放、管、服”深化改革事项清单后，以刚性制度对下级政府建立和执行中小型水利水电工程移民长期补偿机制的行为进行约束。由县级政府以个案委托移民安置规划机构编制中小型水利水电工程移民长期补偿机制方案，负责报地市级政府进行个案审批，并报省政府备案。

（2）省级移民管理机构职责。受省政府行政委托或授权，负责对全省移民安置矛盾和综合影响问题进行对策研究，负责组织对各市申报的大中型水利水电工程移民长期补偿方案的个案进行审查和审核，制定配套政策措施；负责督导、协调市、县移民管理机构开展移民长期补偿的具体实施工作：审核市、县政府申报的移民长期补偿方案，审核市、县移民管理机构提出的移民长期补偿风险基金的使用计划；检查、稽查和指导移民长期补偿方案及每年度的实施工作，协调各级政府和项目法人之间的合作；依法监督移民长期补偿资金的管理使用；按照已审核的移民长期补偿实施方案函致水利水电工程项目法人，要求项目法人履行如约如数拨付移民长期补偿资金职责，适时批准启动移民长期补偿风险基金，核准移民长期补偿风险基金使用计划中的资金指向、用途和用量。

（3）地市级移民管理机构职责。作为同级政府管理移民的决策和执行机构，贯彻落实经审批的水利水电工程移民长期补偿机制方案，负责向同级政府、人大、政协报告移民长期补偿机制执行情况；负责向省移民管理机构提交和报告移民长期补偿方案和资金计划，适时呈报移民长期补偿安置措施的实施情况，上报移民长期补偿安置工作对下一级的检查情况；就移民长期补偿机制具体执行中的重大事宜向省移民管理机构及时请示；针对长期补偿安置方案出台配套执行办法，针对发生的紧急情况制定启动长期补偿风险基金的使用计划；组织县一级移民机构落实长期补偿安置方案，审核县级移民机构提出的周期内资金计划，检查县级移民管理机构的长期补偿方案落实、实施情况；管理移民长期补偿风险基金的使用，与项目法人协调制定、修改移民长期补偿安置方案，关于移民长期补偿方案实施所导致的问题与水利水电工程项目法人协商解决；接受、管理移民长期补偿机制风险基金。列入“简政放权”事项清单后，负责对本辖区由县级政府申报的中小型水利水电工程移民长期补偿机制方案组织审查、审核，报经市级政府批准，并报省移民管理机构等备案。

（4）县级移民管理机构职责。作为同级政府移民管理执行机构，负责落实同级政府和上级移民管理机构分配的具体的移民长期补偿工作，接受其项目业务检查；建立水利水电工程移民长期补偿资金财务专户和银行专户，上报每周期的移民长期补偿移民资金使用计划，管理或委托第三方机构管理参加长期补偿的移民户的各种文书档案；管理、解决移民长期补偿各种具体的事务，委托移民长期补偿资金分户支付业务的银行机构，向银行机构每次如期如数提供移民长期补偿需要兑付的资金，精准提交长期补偿移民户终端兑付花名册，及时精准处理变更分户花名册；接受移民长期补偿风险基金。负责向同级人民政府、人大、政协和上级移民管理机构报告本库区、移民安置区移民长期补偿机制微观执行情况。接受上级移民管理机构等监管部门的项目督查和稽查。

（5）项目法人职责。作为水利水电工程移民长期补偿资金供给侧的主要责任单位，按照移民长期补偿机制中的企业法人责任清单和移民长期补偿投资相关协议及移民管理机构有关信息联动机制和来往函件事项，按时如数拨付长期补偿移民资金，要求移民管理部门定期反馈移民长期补偿资金的末端兑付和管理经费使用情况，要求反馈移民长期补偿风险基金的动用情况；与各级移民管理机构对应协调解决长期补偿安置方案实施中产生的具体问题；如期如数拨付移民长期补偿费用，拨付移民长期补偿风险基金；要求动用移民长期补偿风险基金。

（6）银行机构职责。把银行诚信营业、精准服务、精细化管理作为重要行为准则，受当地移民管理机构委托，及时承办水利水电工程移民长期补偿资金转付和末端兑付、储蓄，准确及时反馈移民长期补偿资金和长期补偿风险基金专户的动向，办理划拨长期补偿风险基金业务，向当地基层业务银行机构转付长期补偿资金。基层业务银行机构受当地移民管理机构委托，严格履行业务承诺，精准办理移民长期补偿分户终端支付业务。接受上级银行机构和移民管理机构对移民长期补偿资金存储、兑付专项业务执行业绩情况的考评与稽查。

2. 现行移民长期补偿方案及实施路线实践优化

应该设计一个移民长期补偿机制方案优化实施的路线图，如图 5-1 所示。

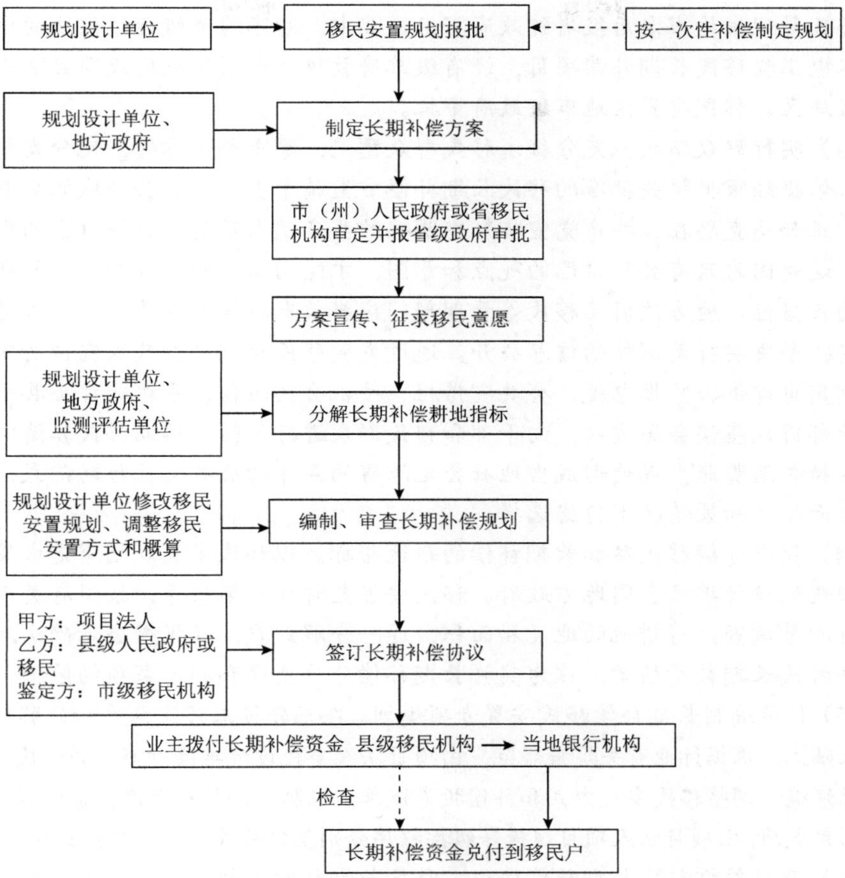

图 5-1 移民长期补偿机制规划设计与实施优化基本步骤

附例 5-3 移民长期补偿机制建立实施步骤优化的流程

移民长期补偿机制建立实施步骤优化的流程如下①。

（1）按一次性补偿方式编制移民安置规划大纲和移民安置规划按规定程序报批，同时为建立移民长期补偿机制提供依据。

（2）制定移民长期补偿方案。根据审定的移民安置规划，在对移民长期补偿的有关经济和技术指标进行可行性分析后，由项目法人委托规划设计单位即工程师团队承担长期补偿方案编制任务，会同地方政府及移民管理部门共同完成方案的编制。移民长期补偿方案编制完成后，一般经库区、移民安置区市县级政府或

① 参见“贵州省大中型水利水电工程移民安置长期补偿机制研究”（内部资料），2011。

省级移民管理机构审定后报省级政府审批。其中，对不跨市级行政区域的中小型水利水电工程移民长期补偿项目，经省级政府放权，由县级政府或项目法人以个案呈报库区、移民安置区地市级政府审批。

（3）实行群众路线，充分征求移民群众意见，尊重移民意愿，充分发扬基层民主。依据经审批机关批准的移民长期补偿方案属于重要的公共领域的公共服务内容。正如马克思在《共产党宣言》中明确的共产党人不屑于隐瞒自己的观点和意图。这是因为只有公开自己的观点和意图，才能向所有的人证明自己的观点和意图的正当性。地方政府及移民等管理部门应将长期补偿列入政务和公务进行透明规定，坚决实行无例外的信息公开。通过发放移民长期补偿政策宣传册或明白卡，利用自媒体、广播电视、公共宣传栏、手机公共短信、手机软件公共平台和召开干部群众座谈会等方式，向干部和移民群众进行传播，帮助移民算清家庭经济收入持久消费账，促使形成当地社会无障碍的互律的公共交往行动范式，使移民在全面知情知策情况下自愿选择。

（4）精准分解移民参加长期补偿的耕地指标。以移民安置规划审定成果为依据，由规划设计单位会同地方政府、移民安置监督评估单位等，按照有关规程规范进行测量调查，将耕地的地类和面积，逐一分解到户，经张榜公示确认后，逐户建立移民长期补偿档案，作为实施长期补偿分户兑现和相关事项的依据。

（5）科学编制长期补偿移民安置专项规划。在充分征求移民意愿和分解耕地指标的基础上，根据行业有关规程规范，由项目法人委托设计单位对审定的移民安置规划进行修编，调整移民安置方式和补偿投资概算，编制长期补偿年度投资概算等。规划编制完成后，由项目法人项目规模等级按程序分别呈报移民主管机构组织审查审核。

（6）及时签订移民长期补偿协议。移民长期补偿机制经批准后，首先，由水利水电工程项目法人与县级地方政府或移民签订的长期补偿协议。项目法人作为甲方，县级政府或授权移民管理机构作为乙方签订，有的项目还将市级以上司法公证部门作为公证方，请市级移民管理部门作为公证方，签订三方协议，明确约定各方责任，以及参加移民长期补偿耕地的地类和面积，补偿标准、兑现方式、移民安置方式和进度安排等。其次，地方政府或移民管理机构与每一个参加长期补偿的移民户签订补偿协议，明确移民长期补偿的补偿标准、兑现方式和责任等事项，必要时，还需移送同级司法公证机关依法进行司法公证。

（7）优化移民长期补偿实施成果的审查、审核程序。一般应由地级市以上政府移民管理机构委托长期补偿成果专家技术审查组对库区、移民安置区政府据实呈报来参加长期补偿的耕地面积实际成果先进行技术审查并通过确认，再报经地级市以上移民管理机构进行审核后，专题报经同级政府备案。

（8）优化及时兑现移民长期补偿资金时间、方式。基本为每年兑现两次，上半年、下半年各一次，由项目法人如约将补偿资金按规定拨付到县级移民管理机构，县级移民管理机构在当地的业务承办银行机构为每一个长期补偿移民户办理专门的存折，通过银行将移民长期补偿资金精准发放到每户移民的账户。

3. 方案微观执行机制优化

“天下大事必作于细”。毫无疑问，移民安置及移民长期补偿机制应当属于水利水电工程领域必须统筹运作的一件大事，完善的移民长期补偿机制方案必须要有具体细致的执行机制，精准落实，精准补偿，以确保基层各方面接得住、用得成、办得好、管得精、不含糊、不折扣。

GZ 省多年来的 20 多个库区、移民安置区的移民长期补偿机制已得到具体实践的证实，如 LT 大型水电站 GZ 省库区、移民安置区和 QZ 大型水利枢纽移民长期补偿机制之所以取得成功，是与其完善而精准的微观执行机制分不开的。

首先，LT 大型水电站 GZ 省库区、移民安置区和 QZ 大型水利枢纽实施移民长期补偿机制的初心就是切实解决部分移民群众的对接耕地、生产安置难题，具体体现了统筹兼顾全面协调这个精神。移民长期补偿在耕地范围限定为征占（淹没）的水田和旱地，以及由它们演变形成的菜地、园地等，参加长期补偿的移民户对象划定为难以落实生产安置的移民群体，该机制既满足移民群众实际需要，又有效避免了长期补偿对象范围随意扩大化导致不公平弊端问题出现和项目法人难以接受，运用了统筹兼顾方法。补偿标准调整机制、风险保障金机制等的设计，实现了协调可持续预期。

其次，水利水电工程项目法人和各级移民管理机构直到基层银行机构对移民群众一枝一叶都很关切，于业务末端的各个细节中见精神，认真履职，努力做到各个环节微观操作一丝不苟，服务精准到位。反映出有完善的良好的微观执行机制是移民长期补偿机制能得以长期有效执行的前提之一。

5.3.3 建立并优化“互联网+”移民长期补偿机制

从水利水电工程移民长期补偿机制信息化一线发展维度来看，推进水利水电工程移民长期补偿机制优化与信息化及“互联网+”的统一是其现实发展的方向和重要的举措。人们都知道，信息化从一般的意义上来讲就是一个通过大力发展信息科学、广泛采用信息技术、普遍装备信息设施，更有效地开发和利用信息资源，从而优化经济社会发展的过程。

当今社会，由于在人与人之间不仅早就真正突破了“鸡犬之声相闻，老死不相往来”[①]的原始隔离封闭状态，还真正建立起了互联互通的信息反馈和信息控制的机制。在当今网络时代、自媒体时代，人们会及时发现相关问题并提前做出预警。

① 李若水译评. 2014. 道德经. 北京：中国华侨出版社.

这样，在迅速处理危机、不断推动创新的过程中，信息化就会有效地推进可持续发展。可见，信息化也必然是水利水电工程移民长期补偿机制可持续走向成熟稳健的根本路径，信息化程度是移民长期补偿机制成熟程度的重要标志之一。因而，把水利水电工程移民长期补偿机制实现信息化作为实现移民长期补偿机制可持续稳健致远的必由之路和高级阶段。互联网就是一个现代信息平台，也是一条纽带。“互联网+”就是当今把与经济社会各个要素互相有机衔接起来，从而优化集成不断提升的一种新的形态。“互联网+”充分发挥了互联网在社会生产要素配置中的优化和集成作用，将互联网的创新成果深度融合于经济社会各个领域之中，提升实体经济的创新和生产能力，形成更广泛的以互联网为基础和实现工具的经济发展新形态。

李克强在2015年3月5日十二届全国人大三次会议上所做的政府工作报告中明确提出了“互联网+”行动计划[①]。互联网如今已深刻介入人们的日常生活，人们利用信息通信技术及互联网平台，让互联网与各行各业进行深度融合[②]，促进各行各业产业的发展，互联网已让世界变得扁平。2015 年 12 月的第二届世界互联网大会向国际又面向国内提出了“互联网+”扶贫的倡议。那么，未来将从“互联网+”扶贫延伸成为“互联网+”水利水电工程移民，再进一步具体延伸为“互联网+”水利水电工程移民长期补偿机制（文传浩，2016），让移民长期补偿机制与互联网形成长期补偿+互联网的深度融合。水利水电工程移民长期补偿信息化的现实和今后一段时期的路径方向是，尽快列入当地民生基础设施工程，创造条件把移民长期补偿机制植入“互联网+”之中。列入水利水电事业领域特别是水利水电工程移民长期补偿机制优化健全方向中的一个重要战略和基础行动计划，显然是其应有之义和发展方向。

1. 优化移民长期补偿机制互联网传输机制

从水利水电工程移民长期补偿机制的思想观念传递、教化维度看，要坚持移民长期补偿思想观念基层一线的辨析和正确引导，主动适应当今容易形成网络围观的时代，努力拓展移民长期补偿机制的思想观念的培育渠道和平台，实施有效的“多管齐下”，讲好移民长期补偿的故事。

2. 加强移民长期补偿内容的面向公众的宣传工作

提高社会公众的长期补偿意识和价值观念的不可或缺的重要手段是宣传。从现代大众心理学维度看，对照大众心理研究著名理论成果识别水利水电工程移民群体心理活动及规律：他（她）们除了具有群体一般特征和群体情感、观念、信

---

① 新华社. 2015-03-07. 国务院总理李克强所作政府工作报告内容摘要. 人民日报，1-3 版.

② 参见《中华人民共和国国民经济和社会发展第十三个五年规划纲要》。

念推理与想象力及其变化发展的一般规律而外，还具有自己的群体特性的一定心理活动规律（勒庞，2011）。

在水利水电工程项目实施前，其所在区域的人们是区域性文化观念差异、学识视野不同、生活风俗多元的“异质性群体”或个体，但项目实施后，受水利水电项目现实征地补偿、移民安置、文化冲突及历史等影响，水库库区、移民安置区的移民群体面对这个从未见过的工程项目，由于同质性的切身利益因素一连串牵动，加之一时缺乏冷静思辨，有关库区的当地民间所形容的“十个说客挡不了一个夺客”的状况就出现。从众跟风，相互抱团，聚集而演变成了阶段性的诉求表达苗头一致的同质性群体。这种同质性群体在一段特殊时刻一旦受到来自或内部或外来的各种明示或暗示的信息支配，也就很容易产生浮躁情绪和盲目从众，容易在同质群体内成员间交往动作行为（哈贝马斯，2004）中相互感染，并将这种或暗或明的信息支配付诸为一边倒行动，在一定空间、时间坐标上蔓延，很快产生了或同一排斥或共同接受水利水电工程项目的社会行动现象。

公开就是不怕批评，公开就是勇敢地证明自己的正当性。公开就能够获得广大工人阶级的支持和拥护，可以获得同盟者的理解和承认。水利水电工程领域中向移民公开展示宣传移民长期补偿内容就是获得人民力量的保证。马克思和恩格斯曾经指出，要对付这一切阴谋诡计，只有一个办法，然而是具有毁灭性力量的办法，这就是把它彻底公开。把这些阴谋诡计彻头彻尾地加以揭穿，就是使它们失去任何力量。[①]从现代信息传播学维度分析，如果水利水电工程移民安置政策等有关舆论信息源的权威创作、发布主管机构和主流传播机构能本着信息公开的原则，能有效地控制和疏导利用这种信息蔓延趋势，就可以促使水利水电工程项目及移民长期补偿机制正常实施运作在“同质性群体”当中形成正能量的强大主流行动。

3. 遵循公众传播灌输的基本规律，优化舆论生成机制及其传播动员功能

充分利用各种信息化手段，善于整合利用自媒体等新兴媒介资源，统筹协调好舆论信息宣传灌输引导机制，加强移民长期补偿机制的议题设置，增强长期补偿机制内容宣传灌输的针对性、生动性、思想性，讲好移民长期补偿的故事，提高长期补偿舆论宣传引导效率。例如，建立水利水电工程移民长期补偿信息云平台。不断制作丰富而权威的平面的、音频的、图片的、视频的移民长期补偿宣传品，以宣讲团（组）深入库区、移民安置区机关、学校等各个机构、实体、群体进行多场次宣讲，面对面地恳谈交心，利用自媒体和他媒体互联网网上网下、短信微信，组建移民板块手机软件等移动客户端平台，形成“互联网+”（辛向阳，2016）的一体化集成信息互动行为，让移民直接地具体地感知参加长期补偿的量

① 马克思，恩格斯. 1995. 马克思恩格斯全集（第18卷）. 北京：人民出版社.

化、变化的真实信息。通过立体的有规律性的时次相接、波次相连的反复宣传、重复灌输动作，形成舆论宣传灌输强化和常态化，公开权威的断言（断定、强调、承诺）、释放移民长期补偿机制的长远价值，让移民群众全面地理解、感知长期补偿机制，廓清部分移民群众中一时不同程度存在的对长期补偿这一新事物的各种模糊认识，及时有效化解移民出现的各种困惑、纠结、疑义，提升移民长期补偿机制的凝聚力和知信度。也正如王晓升（2013）的《历史唯物主义的当代重构》所述，公共信息公开就是要在所有人的面前为自己或者为一定的群体的利益辩护，就是要在所有人的面前展示自己的力量。

4. 微观宣传传播动作优化到位

采用项目所在地尤其是水库库区、移民安置区各族各界群众喜闻乐见的手段形式，以情动人、以艺感人、以理服人，通过不同库区（地区）但“相同质”的移民群体代表或个体出面以近距离、现身说法、讲故事的方式，设置移民长期补偿公众热线电话、公众微信平台等渠道与公众进行联通互动，名正言顺地、便捷快速高频率地向拟实施移民长期补偿的社会广大公众尤其是移民群体进行移民长期补偿基本知识、长期补偿价值意义传播全覆盖，使移民长期补偿机制有关信息在移民群众中耳濡目染，潜移默化，入脑入心，增强移民长期补偿在移民群众中的影响力、渗透力和公信力，使移民群众对移民长期补偿内化于心外化于行，形成与当事水利水电项目主动相容相亲的社会态度和社会行动（勒庞，2011），大家自觉乐意坚持选择参加长期补偿。

附例 5-4　LT 大型水电站 GZ 省移民长期补偿宣传微观运作

LT 大型水电站 GZ 省库区、移民安置区地方各级政府及相关部门、机构在2009～2010 年启动移民长期补偿工作时，特别注意宣传动员在库区、移民安置区的针对性和时效性。一是组织编制通俗的问答式的移民长期补偿宣传手册，分送到所有乡、村组每户移民群众和县乡机关、企事业机构人员手中，使每位移民和干部、公众都知情知策，人人明白。二是采用多种方式面对面宣传移民长期补偿政策，如帮助移民算清长期补偿涉及生产生活的五笔账（一次性货币补偿和长期补偿收入和银行存款比较账、当前生计账、长远发展账、子孙继承享受账、生态文明效应账），又如根据当地移民多为 BYZ、MZ 的少数民族特点，编译创作并巡演 BYZ 语、MZ 语话剧及民歌等歌曲、歌舞（剧）、相声等群众喜闻乐见的文娱节目进行宣传，组织宣讲团（组）进各中小学校园、移民社区、街头宣讲等。三是利用当地节假日、赶集（场）天公开举行移民长期补偿资金分片集中兑现首发式，城乡街头拉条幅、召开群众对话恳谈会、编发手机公众短信、公众微信等。这些虽说不是创新的但却是贴近生活的多种易于操作的快捷传播方式手段，就像阳光和雨露，能使水利水电工程移民长期补偿在社会公众心目中泛起正面的波澜。四是适时组织提供时间、公共场合，让移民村社区的村委会、党支部“两委”负责人，以及村组干部、各个寨老等登上公众舞台演讲，话说对水利水电工程实行移民长期补偿机制的好处和个人参加长期补偿的切身体会，带动和带头参加长期补偿。这些微观的如细雨润物般的动作取得了在公众中可喜的宣传效果。

优化移民长期补偿的日常教育灌输工作，使移民长期补偿价值作用和基本知识讲座教育深入水库库区、移民安置区，进学校，进机关、企事业单位，进社区，消除长期补偿信息传递教化盲区，积极回应移民网民关切，管控思想观念等因素可能引发的风险点。这样，可以使移民群众和社会各界公众理解、支持移民长期补偿机制（王应政，2010），特别是促使移民群众更加自觉地理解、配合、支持移民长期补偿，并以不同方式力所能及地参与到当地现代化水利水电的事业建设中来。

5.3.4 优化移民长期补偿方案的实践运作机制

优化移民长期补偿方案的实践运作机制的关键在于践行群众路线，推行政务公开，充分发扬民主智慧，集中民意搞方案，公开透明编方案，依靠群众促落实。移民群体主要集中在水利水电工程库区、移民安置区农村社区，农村实行基层民主，实施农村村民自治制度，基层民主包括基层民主选举、民主决策、民主管理和民主监督四项基本内容，村内重大事项须用民主的方式进行决策、管理和监督。在水利水电工程建设中涉及的相关事项是涉淹乡镇、村组集体的重大民生事项，因此，在移民长期补偿方案编制过程中，要坚持充分体现合理照顾移民的原则，要有序地通过乡村民主推举移民群众代表参与，充分听取他们的意见和建议。这里正如哈贝马斯（2014）所说：代议性商谈要能够满足所有成员平等参与的条件，对于来自一个商谈地构成的因而权力影响微薄的、接近基层的、多元主义的公共领域的提议、问题和贡献，它就必须是虚心听取的、反应敏锐的、从善如流的。要使编制的移民长期补偿机制方案更加贴近群众，更加切合库区、移民安置区移民的实际，科学合理，操作性强，使移民知情知策，大家乐于接受，便于选择参加长期补偿，有利于移民办理长期补偿相关事项。

附例 5-5 LT 大型水电站 GZ 省库区移民长期补偿实施的一个细节

LT 大型水电站 GZ 省库区、移民安置区在移民长期补偿政策机制的制定中坚决实行群众路线，充分发挥干部密切联系广大移民群众的积极性，相关政策措施是在与广大干部群众多次座谈、充分吸纳群众民主科学意见，集中民意民智，克服有关偏见和情绪的基础上形成的，是在做细致做实的移民群众工作的全程中逐步完善的。例如，该库区、移民安置区的许多地方在实际操作中体现了一线具体灵活性与原则性的辩证统一。长期补偿实施中如为了解决涉淹耕地指标达标上若发现达不到平均被淹面积标准的，允许村民委员会在本村集体经济组织内部开展充分协商适当调剂面积指标，以使个别移民户参加长期补偿的耕地面积指标基本达到该村参加长期补偿的平均耕地面积标准。一个村集体内参加长期补偿耕地总面积不能超过该村涉淹耕地总面积等政策措施也是微观的民主的规范设计。

这些细节虽然看起来微不足道，但从要求落细落小落实的细节中充分体现长期补偿机制实践中的群众路线和政务公开透明原则，体现了鲜活的实事求是态度，发扬了基层民主与群体智慧。优化移民长期补偿方案的供给侧执行机制需要加强以下几个方面的工作。

第一，优化移民长期补偿方案的编制和论证审查报批程序。移民长期补偿方案一般是根据审定的移民安置规划，对长期补偿的有关经济指标和技术指标进行可行性分析后，由项目法人委托设计单位会同地方政府及移民管理机构共同编制，充分做好方案的论证工作，按程序报批后方才筹划具体实施工作。

第二，优化移民长期补偿机制的基层基础工作。进村入户，走访解释。要深入了解、仔细分析每个移民家庭的情况，帮助他们做出最佳的选择，尽量动员、引导没有稳定可靠收入来源的家庭都选择长期补偿。在已有大批水库项目实施移民长期补偿的情况下，除了参考已有的实践经验，如要做到使每一位移民都充分正确认识长期补偿，还应组织移民代表到已经实施长期补偿的库区、移民安置区实地考察参观，让他们亲自与当地移民座谈，实地体验感知移民长期补偿。

第三，优化贫困移民的帮扶工作。针对属于贫困群体的移民，在其搬迁时，应整合国家各种农村帮扶支持资金，帮助减轻其建房困难，打消移民缺钱建房的后顾之虑；向贫困移民充分解释相关移民补助政策。引导移民根据当前家底和实际承受力，面向未来合理安排建房，注意严格控制建房面积标准，不要过度花费，更不能负债建房。国家各项惠农政策支持资金如生态治理规划资金、危房改造资金，扶贫生态（易地搬迁）移民资金，社会保障相关资金等都可以用来支持贫困移民群体，帮助解决贫困移民到城镇安置的资金缺口问题，鼓励更多移民实现到城（集）镇安置，逐步实现移民到市民的意识和身份转变。

5.3.5 优化移民长期补偿资金链常态化管理机制

1. 优化移民长期补偿供给侧资金供应链管理

水利水电工程移民长期补偿机制可谓百年机制，优化移民长期补偿供给侧资金供应链管理非常重要。移民长期补偿机制进入常态化阶段以后，长期补偿日常管理的核心问题就是优化资金链。从现代物流管理角度看，项目法人和移民管理机构，以及承办兑付业务的银行机构共同把以人为本、以民为本、以人民为中心理念化为以移民群众为具象服务目标，共同保持把移民长期补偿资金这个特定的产品以合适的标准、数量，在每年合适的时间、合适的地点提供给参加长期补偿的移民账户，使移民长期补偿资金流各个环节运作紧凑、通畅、安全。合理确定移民长期补偿资金末端兑付时间。移民长期补偿资金流每个环节一旦出现问题都会直接影响终端支付效果，因而，移民长期补偿供给侧的资金流管理优化应是移民长期补偿实施方案优化中的必然选择。

优化移民长期补偿供给侧资金供应链执行机制的选择，直接关系到为期 50 年或更远期的移民长期补偿机制的长期实践，持续运转不间断。移民长期补偿机制和事项可称为百年大计或称百年补偿机制，长期补偿资金链也可称为“百年之链”，因而其资金供应链应与其他移民安置补偿补助资金的运转严格区分，自成一个严密的移民补偿财务运转管理系统。根据项目自身实际，与时俱进优化移民长期补偿资金供应链，使移民长期补偿资金供应链成为与百年需要相应的平台，也是适应项目法人、移民管理机构和末端兑付业务承办银行机构优化长期补偿服务管理的长期公共服务平台，而不是各个角色的长期想推卸、甩掉的包袱。

附例 5-6　移民长期补偿机制链条结构

移民长期补偿资金供应链的横—纵—横式结构的一般结构模式，如图 5-2 所示。

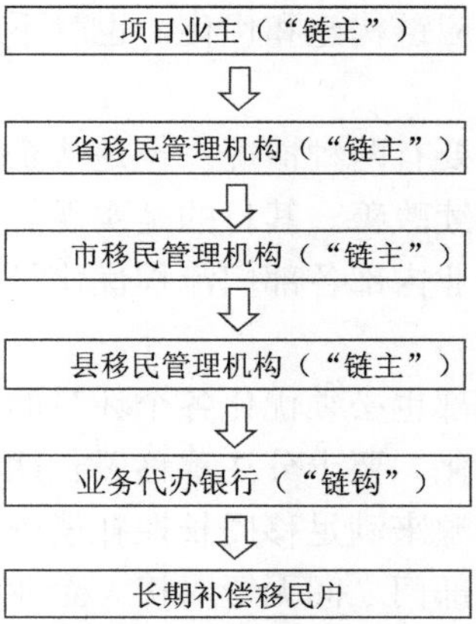

图 5-2　移民长期补偿资金供应链

先从移民长期补偿资金供给侧始端的横向角度看，资金供应链就是由两点一线构成的，供给侧资金由项目业主作为始端划拨到移民管理机构。再从纵向看，资金供应链有三个以上层次，各层次依次递进，相互作用，形成链状综合体。到末端又形成业务代办银行与移民以户为单位的众多一对多方横向分布式供应链。移民长期补偿资金供应链是纵横一体化的有机结合的紧密网链结构。目前，实行移民长期补偿机制的项目广泛采用的是这种供应链结构模式，应着眼长远，为移民长期补偿服务专门量身定制，让移民长期补偿资金供应链上的所有责任单位都一起始终如一地自觉为移民群体服务，并通过优化信息技术提高移民长期补偿信息化网络化的水平。

移民长期补偿资金供应链的良好运行是以资金供给侧的供应链的各“链主”“链钩”节点相互间分享信息和相互密切合作为基础的。当前和今后，移民长期补偿资金供应链各层次单位间的连接手段主要是合同（协议），在政府领导及有关部门指导下由项目法人董事会及公司 CEO 充当好“链主”，并与具有与“链主”相当功能的省、市（县）级移民管理机构分工进行移民长期补偿资金供应链合作管理。对移民长期补偿的服务比较特殊，要求建立优化敏捷的反应机制，即在移民长期补偿资金供应链一体化基础上，通过各节点单位“链环”到“链钩”的相互协调和合作，以更好的服务、更快的响应，为参加长期补偿的移民提供个性化服务的运行基础。

第一，水利水电企业法人董事会和公司 CEO 应把移民长期补偿资金供应链优化列为本企业一把手工程，从本企业核心流程入手优化项目法人内部业务供应链。任何一家企业都有内部供应链，内部供应链优化不是一次性活动，而是一个立足现实、面向未来、持续改善的过程，但任何方式都需要以企业业务流程改善为基础和桥梁，没有企业内部供应链构建和优化，也就不能实现其与外部供应链的一体化及良性运行。

资金供应链流程优化主要有两种情况：一是从企业内部根本上进行改造；二是在现有流程基础上进行持续改善。其目的是实现与外部供应链的有机对接，形成跨组织的业务流程链。企业内部各部门流程优化又是移民长期补偿资金供应链一体化的基础。

由此，水利水电企业内部也必须优化各个环节的协作机制，其应具备三个特征：动态性、开发性和一体化。要十分注重移民长期补偿资金的解决方案，尤其是集成企业内部各部门的资源来满足移民长期补偿资金等的各项任务的需求。在内部跨部门的流程需要使各部门之间无缝对接。企业法人董事会的一把手及公司 CEO 是“链主”中的链主，应把移民长期补偿供给侧资金链的链主的位子始终放在自己心里，抓在手中，按时点击移民长期补偿资金的拨付快捷键。应考虑从如何实现最佳协调效应的立场出发，通过本企业内部有效整合和优化业务流程，使企业内部每一个环节既分工又合作，从而使供应链在企业内部形成敏捷常态化，确保运行效率最佳，成本最优。概括地说，要从以下六个步骤来完成：界定范围，组织团队，优化设计，认真实施，发现问题，持续改善。

第二，银行机构接受移民管理机构委托，建立对移民长期补偿资金末端兑付业务的敏捷反应机制。要把对移民长期补偿资金末端兑付复杂的业务服务流程持续敏捷化，从而使银行机构实现长期的每次为移民提供的窗口服务一次性到位，使参加长期补偿的移民获得便捷的一站式服务。

实现作为供应链末端需求侧上的参加长期补偿移民与银行机构关系管理的优化，应当注意以下两点：一是建立牢固的基础，包括移民及其长期补偿资金数据库，与供应链伙伴——移民管理机构关系的建立、技术集成、业务流程重组；二是直接面对服务末端的千家万户移民实现客户优质服务，承诺在规定期间逐户完成长期补偿资金的末端入账，于细微中体现银行、水利水电企业、政府对移民的人文体贴关怀，与移民群众结成良好的伙伴关系。

附例 5-7　LT 大型水电站 GZ 省和 QZ 大型水利枢纽、SBX 大型水电站移民长期补偿资金末端兑付时间节点的设定

LT 大型水电站 GZ 省库区长期以来的传统农业和主要农产品收获季节正是每年的公历 4～5 月（早熟蔬菜成熟销售季）和 10～11 月（水稻、玉米入仓季）两个时节。于是规定移民长期补偿资金每年分两次集中办理分户兑付手续，完成兑付期限设定在公历 4 月 1 日～5 月 30 日、10 月 1 日～11 月 30 日，每次兑付额度为当年补偿资金的 50%，以银行的一折通、一卡通办理到千家万户。在当地农民两个季节有粮食等实物和货币收入时，移民也在这两个季节同样有看得见摸得着的货币收入这个规定看似不起眼，但参加长期补偿的移民产生了同期实实在在收入的获得感和心理满足感。而 QZ 大型水利枢纽、SBX 等大型水电站项目则参照当地主粮的秋收季节，相应确定于每年的 10～11 月一次性如数完成移民长期补偿资金的分户兑现工作，移民同期产生了同样的获得感和满足感。

第三，移民长期补偿资金兑付承办业务并非一时一事，而是持久不衰的百年之务，当然就是银行机构坐获百年稳定收益的一项好事。承办移民长期补偿资金分户兑付和储蓄是银行一项相对稳定的利好业务，因而毫无疑问对银行具有较大的吸引力，存在着各家银行机构之间的市场的长期竞争。在库区、移民安置区多家银行机构都纷纷迫切表示参加承办移民长期补偿资金兑付业务的意愿情况下，移民管理机构为了使移民长期补偿资金供应链末端能够长期优质高效率的运行，应对银行机构合作伙伴进行优化择优。不可缺少的第一个步骤就是要注意对合作伙伴——银行机构承办业务能力条件进行筛选。移民管理机构不妨适时地引入和

善用工程项目招标方式或灰色局势决策方法（徐章一，2006），以建立移民长期补偿资金受托承办兑付业务银行机构准入和退出的公平竞争机制。

对移民长期补偿机制供给侧的各“链环”单位与资金供应链合作伙伴“链钩”的选择，即对银行机构承办末端业务的选择不是行政指令分配行为，而是希望在相互平等合作的基础上，通过资源整合简化优化服务流程，实现一个窗口受理、一站式办理、一条龙便捷服务，在为移民长期补偿资金末端（客户端）兑付业务的微观操作中做到公共服务公开透明，以增强移民长期补偿服务在移民及公众中的公信度，提升移民长期补偿机制的活力。因此在选择合作伙伴，建立若干比较优势的合作伙伴——末端业务的承办银行机构时，科学选择业务代办银行是至关重要的。

由于各个银行机构的指标并没有绝对的差异，移民管理机构在对当地各个银行机构进行评价时，采用灰色局势决策方法对库区、移民安置区实施移民长期补偿项目资金的第一线有效实施和办理具有广泛的适用性。

灰色局势决策是现代项目行之有效的科学筛选决策优化方法之一，是科学决策方法中的一种类型，它是应用灰色系统基本理论对需要被处置的事情（对象）从不同的决策选择中选择满意对象来应对的决策过程。它一般由局势、目标、样本三个要素组成。局势是事情与对策因素的二元组合。目标是评价局势优劣的根据、要求，样本（也称局势的效果样本）是在一定局势下的数字表现。灰色局势决策的基础是效果测度（样本的变换值）极性一致空间。移民管理机构应用这一决策运作方式是通过设定一定的目标来评价对象效果的优劣，然后确定满意的对策。

附例 5-8　灰色局势决策利用数学公式优化选择业务合作银行机构应用流程

灰色局势决策可采取 7 个基本步骤进行，具体应用过程如下。

（1）确定决策分析的事情（对象）和指标。

（2）确定事情的对策及局势集。如果令 a_i 为被处置（被决策）事情，b_j 为应对 a_i 的第 j 个对策，则将 b_j 对 a_i 的二元组合为局势，记为 S_{ij}：

$$S_{ij}=(a_i,b_j)=(\text{事情，对策})$$

$$i\in\{1,2,3,\cdots,n\},\ j\in\{1,2,3,\cdots,m\}$$

（3）确定效果样本。样本中的定量指标从事情的现实状况中获得，定性指标则需根据实际情况由德尔菲法或专家评价法得到。

记局势 S_{ij} 在 P 目标下的效果样本为 u_{ij}^p，$P=\{1,2,3,\cdots,L\}$，称 $\boldsymbol{U}$ 为 P 目标下的效果样本矩阵：

$$U=\begin{bmatrix} u_{11}^p & u_{12}^p & \cdots & u_{1m}^p \\ u_{21}^p & u_{22}^p & \cdots & u_{2m}^p \\ \vdots & \vdots & & \vdots \\ u_{n1}^p & u_{n2}^p & \cdots & u_{nm}^p \end{bmatrix}$$

（4）确定目标及其极性。如果希望某目标下效果样本的值越大越好，或者越大越接近目标，则称该目标为正极性（极大值极性）。如果希望某目标下效果样本的值越小越好，或者越小越接近目标，则称该目标为负极性（极小值极性）。如果希望某目标下效果样本的值不太大也不太小，则适中值接近目标，则称该目标为适中极性（适中值极性）。

（5）统一效果测度。令 M_{eff}^F 为变换，u_{ij}^F 为 p 目标下局势 S_{ij} 的效果样本，r_{ij}^F 为 u_{ij}^F 在 M_{eff}^F 下的像，即

$$M_{\text{eff}}^F : u_{ij}^F \to r_{ij}^F$$

当其满足 r_{ij}^F 具有正极性，且 $r_{ij}^F \in \{0, 1\}$，则称 M_{eff}^F 为效果测度变换或效果变换，称 r_{ij}^F 为局势 S_{ij} 在目标 p 下的效果测度。

u_{ij}^p 为中极性（极大值极性）时，称 M_{eff}^F 为上限效果测度变换，算式为

$$r_{ij}^p = \frac{u_{ij}^p}{\max\limits_i \max\limits_j u_{ij}^p}$$

u_{ij}^p 为负极性（极小值极性）时，称 M_{eff}^F 为下限效果测度变换，算式为

$$r_{ij}^p = \frac{\min\limits_i \min\limits_j u_{ij}^p}{u_{ij}^p} \Rightarrow r_{ij}^p = \frac{\min\limits_i u_j^p}{u_j^p}$$

u_{ij}^p 为中极性（适中价值目标）时，称 M_{eff}^F 为下限效果测度变换，算式为

$$r_{ij}^p = \frac{\min\{u_{ij}^p, u_0\}}{\max\{u_{ij}^p, u_0\}} \Rightarrow r_{ij}^p = \frac{\min\{u_j^p, u_0\}}{\max\{u_j^p, u_0\}}$$

（6）计算综合效果测度并决策。根据统一效果测度后的结果得出满意局势和对策。

$$r_{ij}^{F}=\frac{1}{l}\sum_{p-1}^{l}r_{ij}^{F}\Rightarrow r_{j}^{F}=\frac{1}{l}\sum_{p-1}^{l}r_{ij}^{F}$$

（7）分析满意方案，敲定移民长期补偿资金供应链末端业务合作伙伴。移民管理机构与被选中的银行机构双方签署移民长期补偿资金末端兑付委托承办合作协议。

第四，要注意互联网技术在移民长期补偿机制微观执行上的有效应用。网链结构内上下之间做到及时准确对称的信息交流可以及时协调移民长期补偿资金供应链各单位，保证移民长期补偿资金供应链末端供应的精准高效、常态运行。

改进信息技术的路径是实行移民长期补偿供给侧与互联网结合。主要就是大力推广移民长期补偿网上办事：①将数据指标转化为集中的、有用的信息。②共享信息，为各“链环”、“链钩”互相提供准确对称又及时的数据。③不断建立健全信息数据有效的考核机制，促进信息互联互通。不断地测评和考核督促所有“链环”的各部门和层次的团队干部职工都围着正确的目标而共事担责。

第五，有效规避移民长期补偿资金供应链的运行风险。移民长期补偿资金供应链风险是供应链与生俱来的属性，不可能根除，但可以预防和控制。事实上，移民长期补偿资金供应链中的严重风险后果正是因为没有积极采取预防和控制措施。预防和控制移民长期补偿资金供应链风险不仅仅是靠单个单位，还必须靠“链主”与各“链环”、“链钩”单位之间在信任的基础上共同努力，实现无缝对接。移民长期补偿资金供应链一旦出现瑕疵或小切口甚至掉链风险，不仅会于细微中抵消末端兑付服务中的人文关怀效果，还会引发片石破窗效应，形成犹如一个核裂变的链式反应，进而出现层层传导的螺旋效应，甚至导致多米诺骨牌效应，直冲末端或始端而致供求关系产生崩塌。“细节决定成败”，把细节进行到底，使移民长期补偿机制供给侧的资金链进入精细化管理。

归纳起来，可以将移民长期补偿资金供应链的各个“链环”单位面临的风险分为外在风险和内生风险两大类。资金供应链的风险主要有三类：不可抗拒风险、人为风险和内生风险。人为风险是人的行为的差异所致；内生风险是资金供应链本身固有的，是与生俱来的，是一种内在风险。

移民长期补偿供给侧的资金供应链只要某天某个责任“链环”环节存在不确定性因素，就会存在一定的资金供应链人为风险因素，不确定性因素和风险总是联系在一起的。老子曾经对古代统治者为所欲为的历史教训总结过，“民之饥，以其上食税之多，是以饥。民之难治，以其上之有为，是以难治”（刘亦发，2010）。因此，供给侧各方机构要注意增强公职人员履职尽责和纪律意识，防范长期补偿资金供应链系统内个别“链环”单位个别人可能存在的职务道德约束缺失（如贪污腐化）问题引发风险，各个“链环”之间缺乏信任、信息不对称而造成风险“链式”反应、螺旋效应，以及当代美国供应链管理专家李效良[①]教授曾发表文章所称的“牛鞭效应”（徐章一，2006）。在这里供应链的“牛鞭效应”原理的反应现象就是需求侧和各个环节的供给侧之间供与求关系也就是在供与需的数量、时间之间发生偏差并加速放大，也就是指资金供应链条上每一链、每一级的单位只根据相邻节点单位的需求信息确定自己的活动计划、日程，需求信息一旦出现偏差就会沿着信息流方向出现逐级放大。移民长期补偿资金供应链的某个“链环”出现不确定性将会导致并加剧移民长期补偿资金流运行的人为风险程度。还有所谓多米诺骨牌效应、负面蝴蝶效应，是对初始条件的敏感性，即一步错了、慢了，步步跟错、跟慢；一步顺了、快了，步步就顺就快。移民长期补偿供给侧的资金供应链也属于这样的一个非线性系统。

移民长期补偿供给侧资金供应链风险防范流程如图 5-3 所示。

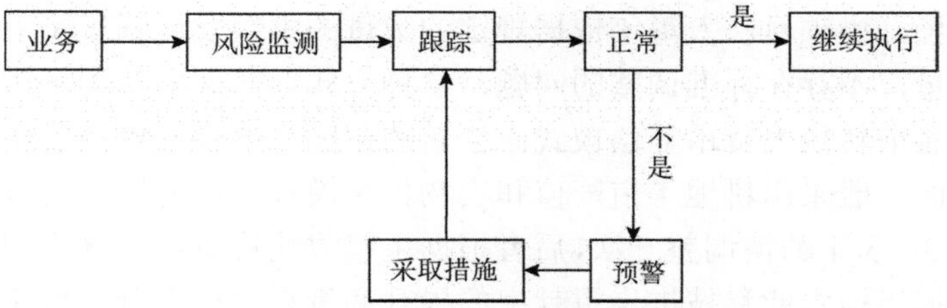

图 5-3　移民长期补偿资金供应链风险防范流程

对移民长期补偿供给侧资金链风险的防范，可以从战略层面、战术层面和运行层面分别考虑。从战略层面上考虑，主要措施有：①建立牢固的横—纵—横一体化网链模式移民长期补偿机制战略互信、合作伙伴关系。一是各环节、层级成员加强信任。二是加强各责任成员间的信息交流和共享。三是建立正式的合作机制，在移民长期补偿供给侧供应链成员内实现利益分享和风险分担。②优化决策过程，加强对移民长期补偿资金“链环”的各成员的激励和问责。③进行柔性化设计。预防和消除内外环境不确定性引起的变动因素是一种重要手段。④风险的日常管理。⑤建立健全移民长期补偿资金链应急处置机制。

从战术层面上看，应采取相应措施进行控制：①对移民长期补偿资金供应链上下游单位的运作执行情况进行跟踪。②建立长期补偿执行中的各种信息传递通道，防范信息风险。③制定本环节的预防和应急措施。

从运行层面上看，可采取的代表性措施有：①加强供应链信息基础设施建设，

① 李效良，美籍华裔，美国斯坦福大学教授。他于 1997 年就供应链管理领域提出了“3A 供应链”理论，其中“牛鞭效应”概念即“需求变异加速放大原理”。

利用互联网等信息技术手段对移民长期补偿资金供应链业务过程进行设计，精简“链环”程序环节，消除供应链内部冗余环节，使之尽可能合理化、敏捷化。②准备适量的风险金。③尽可能把局部存在的问题在该局部环节内加以解决，把负面影响范围限制在最小，哪怕是在某阶段出现的细微的小切口问题，在该环节必须解决掉。④安排充足的移民长期补偿资金拨付、兑现提前期和时间的一站式窗口的宽度。⑤加强各项业务执行的跟踪控制和信息反馈。

2. 优化移民长期补偿标准调整机制

移民长期补偿机制的补偿标准调整不仅是作为需求侧的移民群体长期的关注点，也是执行移民长期补偿供给侧——所有水利水电工程项目法人董事会及公司CEO、政府的关注点，是移民长期补偿机制进入日常运行、常态化管理后最容易引起争论的重要节点。在不同的时期，有不同的长期补偿标准调整方式。早期多采用实物补偿，由项目法人每年依据规定的数量的主粮发放到移民手中，不调整主粮的单产量，不存在标准调整的问题，这种方式现在大多改为每年折算货币发放的方式，逐渐转换为货币补偿模式。创新的移民长期补偿机制近年实施的耕地长期补偿库区一般采用耕地年亩产值和实物折算模式，前者根据地方公布的耕地年亩产值每3～5年酌情调整一次，后者根据主粮收购价每年折算成相应等值补偿款，而且根据当地农业科技进步贡献率的提升变量来进行考量，每5年需要酌情调整一次主粮的单位面积产量。

现在产生的问题是，因为补偿标准参照模式不一样，不同库区、移民安置区之间年度补偿的标准差距较大，如果不规范长期补偿实施补偿标准调整模式，这种差异可能会越来越大，最终会诱发社会矛盾。完善移民长期补偿标准参照模式需要兼顾项目法人和移民利益，统筹考虑各库区长期补偿历史和现实的矛盾，逐步缩小补偿标准差距，实现相对的平衡与统一。

（1）对于新上的水利水电工程项目，兼顾项目法人和移民利益，统一实行耕地统一年亩产值和区片综合地价模式。粮食是国家基础性战略物资，粮价并非完全由市场生成，采用实物补偿模式，年年依据粮价调整长期补偿标准，忽视因粮价上涨而造成的粮食生产成本的上涨，而实际上又存在调高不调低的做法，即粮价降低了却很难相应把补偿标准下调，长此以往，可能使项目法人发生支付困难，最终损害移民利益。耕地统一年亩产值是一个综合指标，既反映了粮价的上涨，也反映了因粮价变化或其他因素而引发的主粮生产成本变化，调整幅度要小于实物补偿模式，与耕地一次性补偿具有一定的可比性，移民和项目法人都容易接受，比较稳妥。

（2）依据历史和现实统筹考虑平衡补偿标准差别问题。对于原有并正在实施长期补偿机制的水利水电工程项目适时调差，逐步使各个库区间补偿标准接近趋同，以逐步消除各库区移民攀比现象。首先，根据国家发展和改革委员会文件“探索建立在耕地净产值基础上的耕地长期补偿机制”的精神，考虑在以实物补偿的库区因粮价上涨而新增加的部分产值中减去新增生产成本，以降低高补偿标准的上涨幅度(如2012年某实物长期补偿库区水田长期补偿标准是2250元/亩的库区，如果2013年根据实物折价是2500元/亩，新增250元，同时生产成本新增200元，那么建议在新增的250元中减去200元，原标准不变，这样2013年的该库区的水田补偿标准是2300元/亩）。其次，在以耕地统一年亩产值为标准的库区，依据统一年产值调整。最后，经过一段时间的和数轮的调整，使实施两种补偿标准调整模式的库区年补偿标准逐步实现统筹相对平衡，在移民群众接受之后最终过渡到依据按统一年亩产值进行补偿标准调整，使同一区域、同一个省区内的移民长期补偿标准基本相同。

3. 优化移民长期补偿权益继承与家庭分配分享机制

移民长期补偿机制形成的补偿作为被水利水电工程征占（淹没）耕地获得补偿的一种模拟型实物权益依据，依据现在各地的方案，与工程项目运行期相同。在持续执行上百年期间，长期补偿所得资财权在家庭内部成员中发生代际继承和数次、数层分配问题客观上迟早要出现，其分配和继承事宜首先由移民家庭内部成员充分协商进行，达成一致后依法办理移民长期补偿资财变更等手续。移民管理机构需为当事人（户）相应跟进，依法优化做好长期补偿资财实物权属依法变更登记完善和司法公证、分户分享等相关具体服务工作。

4. 优化移民长期补偿机制的档案管理机制

移民长期补偿档案既是水利水电工程移民档案的重要组成部分，又是相对独立的不能与其他移民档案相混搭的移民档案。水利水电工程移民参加耕地长期补偿，因其土地已经被水库征占（淹没），长期补偿收益是被征占（淹没）土地补偿转化的货币化的一种长期权益，而移民长期补偿协议等文书及其资金兑付原始记录资料等分户档案和分库区、分年度数据资料（含影像）信息是移民参加长期补偿唯一的一种权益具象，是十分重要的有形证据，可以说这就是水利水电工程移民参加和持久享受长期补偿的号称“一号数据信息”，民间还比喻它并俗称它为长期补偿个人“八字命书”或“天字一号文书”，同时也是水利水电企业作为真实记载移民长期补偿供给侧供给到位和政府移民管理机构执行长期补偿情况的主要实物证据。长期补偿档案管理工作是记录长期补偿实施全过程的重要基础工程。

要求建立一户一档精准服务的包括照片档案、光盘档案、档案数字化扫描等在内的长期补偿档案。在任何时候任何情况下对移民长期补偿的“天字一号”移民档案资料都必须列为特别警卫对象，确保移民长期补偿档案归档及时，做到原原本本，万件不漏，万无一失。必须按照《中华人民共和国档案法》和国家档案局、水利部、国家能源局等部委关于移民档案管理办法等有关规范，对这些长期补偿整套系列有形、有效证据切实进行严格管理。就档案保存而言，在移民管理机构、移民群体双方起码各自留存纸质文书之后，还需及时在有关第三方法定档案管理机构保存一个完整的具有同等法律效力的一式纸质备份，并相应建立电子文件档案，一是配有档案全宗指南，明确档案查阅注意事项等项，用户可以通过手机软件查阅移民个人档案，二是可以避免假以时日因某种意外风险因素而引起项目法人或移民管理机构和移民群众之间的争议，或者因火灾、水灾、地震、风化、虫蛀、锈蚀等自然灾害或者偷盗、涂改、伪造、毁灭等意外人为等风险因素，一旦导致水利水电工程移民长期补偿书证据、信息档案损毁遗失，意外无中生有或意外无稽可查而节外生枝，则会引起无谓的猜疑和档案矛盾纠纷，甚而影响移民长期补偿有关信息的真实性和移民长期补偿机制的公信力。

应当实行委托第三方档案管理机制，引进的第三方的法定移民档案管理机构一般为当地县级及以上或异地地市级以上档案管理机构，它们具有法定的确保水利水电工程移民档案长期安全妥善保存、利用和管理的职能职责和条件。

5.3.6 优化移民长期补偿的监管机制

办好水利水电工程移民长期补偿事项，关键在作为移民长期补偿机制供给侧的水利水电企业和有关政府的执行机制，以及监管机制。具体来说，就是由开展水利水电工程移民长期补偿的企业法人董事会及公司 CEO 和库区、移民安置区政府首长代表对实践执行情况进行述职，进行项目稽查，开展专项视察、巡视和科学评估。由地级市及以上政府或水利水电上级集团公司及其企业监事会组织对其参与移民长期补偿的责任主体的下属子公司、下级政府管理机构移民长期补偿机制实施情况进行视察、巡视，进行述职报告评议及项目稽查，开展科学评估，是以水利水电工程移民长期补偿机制的要素、结构、运行机制和系统功能等为对象，以相关法律法规和规范为准绳，以移民长期补偿机制产生、具体执行和变化、发展的效率等变量为考量对象，对移民长期补偿机制的政府行政管理方面情况和企业内外人文环境、企业科技创新之间的相关性、协调性和共生性方面因素变化情况所进行的述职报告和评估判断。这种述职报告评议、项目稽查和评估、专项巡视、视察既是政府严肃规范移民长期补偿具体运作行为，是考量水利水电企业履行社会责任，进行企业科技文化创新得以发生的思想和认识前提，又是推进水利水电企业法人及公司 CEO 具体履职和企业履行社会责任，加快企业科技人文环境建设内容的重要组成部分。

1. 优化移民长期补偿的监管机制的重要意义

水利水电工程移民长期补偿机制完善优化和执行情况包括后移民长期补偿机制的移民安置执行效果的述职报告，进行专项视察、巡视、项目稽查，进行科学评议、评估，是非常重要的监督体系和监督机制，其重要的意义体现如下。

第一，为了解水利水电工程移民长期补偿机制实施现状提供基础。通过对水利水电工程移民长期补偿机制述职报告的评议，进行项目稽查，开展的评估和视察、巡视，是对移民长期补偿机制实施现实中存在的问题和可能的阻滞因素的相关各方的自觉反思或推动反思。为推动水利水电工程移民长期补偿机制的认真落实提供目标和动力。对移民长期补偿在理念层次的价值观、公共政策、企业精神、企业道德和基层工作作风等内容进行评价、提炼和修正，可以凝聚、激发各方创新意志，保持创新热情，为推动移民长期补偿机制和企业科技创新长远目标提供建设动力。对移民长期补偿机制的制度层次和机制层次进行评价、提炼和修正，可以规范各级政府管理机构人员履职行为，规范水利水电企业法人董事会、公司CEO和企业全体员工、工程师团队、基层政府管理机构、承办业务银行机构等的相关创新活动，保障水利水电工程移民长期补偿机制的实施活动在既定的、合理的制度框架内长期有序进行。就企业而言，是为水利水电企业的科技文化创新提供近期目标和物质动力。

第二，为水利水电工程移民长期补偿机制未来可能出现的短板如何补齐，对机制的完善点、延伸点和新生点进行预测，指明整改方向。在企业方面，它们从人文理解和社会需求的角度在宏观上提出与水利水电企业经营宗旨相关的问题、难题往往又推动了水利水电企业内部科技文化创新的新突破。对水利水电工程移民长期补偿实施情况实行述职报告评议，进行评估、巡视、视察是十分有必要的，主观上是监督促使水利水电工程移民长期补偿从体制机制上进一步健全完善，特别是针对在内部管理方面可能出现制度缺失和制度执行不力而使长期补偿掉链、断链问题，致使内部监督手段和监督措施缺位等风险。总之，这些相关监管行为可以从各个不同方面为水利水电工程移民长期补偿机制从供给侧方面走向正确的未来，指明、预测完善点、延伸点和新生点，因而具有必要的积极的严肃的监管促进作用。

2. 移民长期补偿监管的具体措施

对水利水电工程移民长期补偿机制实施情况开展述职报告评议，进行稽查、评估和专项视察、巡视的几个步骤，它将直接影响到该项视察、巡视、评议、稽查、评估的科学性、合理性及时效性。如果视察、巡视、评议、稽查、评估步骤紊乱，出现行为随意，导致事情做虚，情况出现失真，发生评价不当，走了过场，就会造成对移民长期补偿机制执行情况误读、误导和误判，甚至将会使改善和促进移民长期补偿机制的措施南辕北辙，背道而驰。

根据相关经验和目前的实际，视察、巡视、评议、稽查、评估首先都要针对水利水电工程移民长期补偿机制项目的个案实际，科学谋划、精心编制相关工作方案，组建工作班子，做足功课，然后有条不紊地进行。现实的维度是，一般可以采取下列知、听、看、查、问、议、告、督等主要步骤依次展开。

一是项目法人董事会代表或公司 CEO 向社会例行发布企业年度经营管理情况的报告中必须包含作为供给侧责任主体对移民长期补偿资金拨付、兑现等专项执行情况。企业监事会或专项巡视组等监督机构就此公开发布相关工作预告，进行广而告之后，旋即在一定范围听取水利水电工程移民长期补偿实施各个责任主体负责人履职情况报告。组织进行移民参加长期补偿书面报告和相关文件（含年度文件）的收集整理和研究。水利水电工程移民长期补偿各种规章制度文件及年度实施情况文件是对移民长期补偿实施情况进行评议、评估的直接对象。评估工作首先要做的就是搜集一切能搜集的移民长期补偿内外环境的各种书面资料，进行整理、提炼。在此基础上，针对实施移民长期补偿的实际状况、运用人文环境建设的各种理论，分析体现长期补偿内涵的这些书面资料与企业科技创新、人文环境之间的关系，尤其是关系的性质、关联的程度、关注的角度等，为后面的评估提供对象性前提和依据。

二是开展参与移民长期补偿机制的水利水电企业所处内外环境的调查。只有对这些环境和条件做出全面的分析和判断，水利水电工程移民长期补偿机制建设才能找准自己的定位，把握移民长期补偿机制与政府、与企业科技创新之间的最佳关联点，这种内外环境和条件分析一般包括：水利水电企业的该项目所处的社会经济环境、政治环境和文化环境，产业和行业发展状况；水利水电企业内部环境诸因素；各级政府的移民管理机构对移民长期补偿机制主导因素，有关机构执行情况等。另外，为了使实施移民长期补偿机制内外部环境因素，后移民长期补偿安置效果情况的调查达到客观、全面、准确，避免在分析评价方面可能出现盲人摸象等现象，应邀请第三方专业实体的团队人员参与执行，即可以委托相关管理咨询公司、高等院校及研究机构或专门的评估机构来独立进行。

三是开展水利水电工程移民长期补偿实施兑现现场实证调查取证。视察、巡视、评议、评估不仅需要信息筛选、资料分析的案头理论研究工作，而且需要深入库区、移民安置区现场、企业内部，在与移民管理机构、全体移民、企业员工特别是移民中的领头人、企业法人董事会和公司 CEO、项目研制人员、工程师团队、基层政府干部队伍、末端兑付资金业务的承办银行员工等的沟通互动中体会其真实氛围。这种现场实证调查，包括访谈和问卷调查两种形式。

四是通过比较甄别、整理分析、梳理加工，对得到的移民长期补偿机制执行数据情况进行分项和综合评议，形成评议结果意见。通过以上步骤，就可以形成比较全面的、融理论性和实证性为一体的、符合实际的评估报告。

五是向履职水利水电工程移民长期补偿机制具体实施的相关责任主体方面（书面和口头）反馈、告知对移民长期补偿执行情况结果的评议、评估情况，提出具体整改意见，评议组、评估组对精准发现的问题，提出意见和整改时限等建议。

六是督促被视察、巡视、评议、评估的水利水电企业法人董事会及公司 CEO、政府管理机构负责人对水利水电工程移民长期补偿机制采取逐项措施堵塞制度机制漏洞，补齐相关短板，扎好机制笼子。向上级政府部门或集团公司负责提交评议、评估情况专题报告。应建立水利水电工程移民长期补偿机制有关责任主体机构责任人（企业法人董事会及公司 CEO）向同级政府、上级政府管理部门、上级集团公司及企业监事会的定期述职报告制度。

对水利水电工程移民长期补偿机制实施情况包括后移民长期补偿安置效果情况进行专项视察、巡视的步骤与专项评议、评估活动的步骤大体相同，但与第三方评议评估有区别：专项视察、巡视属于国家行政行动，是水利水电工程移民长期补偿机制执行情况的法治约束机制的范畴，是涵盖移民长期补偿实施技术和行政两个方面内容并以责任主体的行政质量效率内容为主的法律监督、工作监督和民主监督行为。专项视察、巡视的时间可以是视情况定期或不定期，专项视察、巡视的行为责任主体是上级政府及其有关机构，地级市及以上人大代表或政协委员及由其组织或授权组建的相关专家团队。

3. 移民长期补偿机制监管的五个维度

以上步骤和过程的设计只是解决了如何对水利水电工程移民长期补偿机制执行情况评议、稽查、评估的环节问题，而更重要的是评议者、稽查者、评估者始终要在其意识中具有清晰的评议、稽查、评估的维度问题。从移民长期补偿与当地人文环境要素的关联度出发，对水利水电工程移民长期补偿机制实施情况开展述职报告的评议、稽查、评估应着重考虑从以下五个维度进行（杨怀忠等，2012）。

一是政府首长、移民管理机构和水利水电企业法人董事会及公司 CEO 的思想、思维风格与对待移民群众、对待移民长期补偿机制的态度。这是对水利水电工程移民长期补偿机制主导因素和移民群体因素进行评估的首要维度。政府首长和企业法人董事会及公司 CEO 应当是领导者、企业家，他们的价值观决定了库区、移民安置区做出移民长期补偿机制和企业参与实施移民长期补偿环境的主基调。就企业科技文化而言，简单来说就是一个由企业的价值观、企业法人及公司 CEO 的信念、企业科技文化元素符号、企业对内对外处事方式等有机组成的特有的企业文化形象。由此可知，一个企业的企业文化就如同一个人的内涵，不仅仅代表着该企业的形象，更大程度上显示着该企业的理念和水平，显示的是一个公司的本质内涵和品位。优秀的企业文化能够引导企业按照市场经济规律办事，给企业带来很好的商誉；企业内部员工一条心，让本企业有更好的发展和发展潜力，能持续带来更多的物质的和精神的财富。尤其是企业法人董事会和公司CEO其价值观、理念方面的示范作用已关系到水利水电企业参与移民长期补偿机制建设的成败，其观念创新能够直接主导推动水利水电企业科技人文环境的更新，他们人格和素质的不断提高能够直接促进水利水电企业参与移民长期补偿机制良好人文环境的形成。也从而会尽量减少作为水利水电企业科技文化创新的长期补偿机制项目的人际关系折腾和人际关系耗费成本，使水利水电企业科技文化创新工作效率和竞争力在移民长期补偿机制上不断提高。

二是移民长期补偿机制形成的各方凝聚力量和求真精神。这是对移民长期补偿机制的整合能力和实践品格。对这一个维度进行评价是在政府、企业中凝聚力量和求真精神之间形成并保持必要而合理的张力，在增强凝聚力的同时是否能够有效地激发并呵护研究编制移民长期补偿方案的工程师团队人员的敢于怀疑、敢于创新，以及求真务实的职业精神和诚实的品质，就成为对移民长期补偿机制执行情况进行评估的重要维度。

三是企业内部导向、能力绩效与外部形象和社会责任。这是对水利水电工程移民长期补偿机制的补偿资金主要供给侧充分必要的考量因素。如果导向、能力、绩效是作为创新的水利水电工程移民长期补偿机制的供给侧内在动力的话，那么，社会责任在此就是水利水电企业参与移民长期补偿的外在导向和整体形象。当今世界，凡是业绩优秀、历史久远、形象良好的企业，都具有自觉而强烈的社会责任感。这种社会责任为水利水电企业的科技文化创新提供了一个方向和目标，这个企业就是要在库区、移民安置区社会需要最迫切的领域里提供“干货”，加强公关，做出或推动重大的创新。因此，承担社会责任是否自觉、是否主动、力度是否强、是否长期持续等状况，就成为参与水利水电工程移民长期补偿机制的执行层面进行评议、评估的重要维度和关键点。

四是移民长期补偿机制的组织模式和保持机制。实施组织企业、政府主管部门、工程师队伍的各方团队在移民长期补偿机制的系统协调协同精神，这也是对移民长期补偿机制执行情况进行评估的重要基本点。可以从水利水电企业、工程师和政府部门的团队意识精神、团队层次梯队、团队的建制和工作平台等方面对移民长期补偿机制执行情况进行评议、评估。

五是水利水电工程移民长期补偿机制整体状况和长效机制推动形成的水利水电工程移民文化认同与发展意识。也就是说，可以从水利水电企业、政府及主管部门、移民和社会公众对水利水电工程移民长期补偿机制认同的基点、认同的范围、认同的层次等方面对长期补偿机制进行评议、稽查、评估。这是实施水利水电工程移民长期补偿所提倡的价值观、行为规范等在移民群众、企业员工、政府部门、机构干部得到认同的程度。移民群体、企业员工、政府管理部门机构干部等主要方面群体一旦认同了这些文化观念因素，就会形成移民、企业、政府的一种文化自觉和文化自信等文化现象，通过各自的行为来维系这种文化观念和人文环境，从而使水利水电工程移民长期补偿机制运行管理由一种强制性的制度约束变成非强制性的文化导向。一旦强化了这种核心文化认同，那么，从一定意义上来看，它就决定了水利水电工程移民长期补偿机制的整体表现、运行趋势和形成的特质文化素质、文化生命力。古人说过，"取法乎上方可得其上，立意高远方可行其远"。可以从发展观念的更新与优化、发展思路的探讨与落实、危机感的有无与强弱、风险意识与风险防范预案措施有无等方面进行稽查、评议、评估。

从上述五个方面的维度进行稽查、评议、评估是整体性相互联系、相互影响的，是缺一不可的。实现五个维度的稽查、评议、评估的统一，才能对水利水电工程移民长期补偿机制及执行情况，后移民长期补偿安置情况得出系统的科学而合理的稽查、评议、评价。

由上级人民政府及其管理机构或由地市级人大代表、政协委员及其专家团队组成的对水利水电工程移民长期补偿机制实施情况开展的专项视察、巡视，也应从上述五个维度全覆盖，依法依规进行。要创新专项视察、巡视的方式方法，使水利水电工程移民长期补偿机制实施情况专项视察、巡视更专、更活、更准，以确保专项视察、巡视效果。运用好专项视察、巡视成果，特别是根据专项视察、巡视发现的问题，坚持有责必问、问责必严[①]。问责必须具体，既要对事，也要对人。该问到哪一级就问到哪一级。要精准追问到主要和具体责任的人头上。对失职、渎职的主要责任人和相关责任人严肃追究问责。让移民长期补偿机制的履职主体的失职者、渎职者必问，问责必严成为常态。

认真研究制定加强水利水电工程移民长期补偿机制实施情况的述职报告评议、评估，以及视察、巡视和问责的常态化对策和措施。从问责的内容、对象、事项、主体，到程序、方式等都要实现制度化、程序化和常态化，实现对水利水电工程移民长期补偿机制运转执行的监管法定规范，有力有效。

5.4 移民长期补偿机制与社会养老保险保障制度的衔接

社会保障制度的建立和完善正是我国目前和今后着力进行和不断深化改革的

① 新华社. 2016-05-03. 在中国共产党第十八届中央纪律检查委员会第六次全体会议上的讲话. 人民日报，1 版.

社会系统工程之一。水利水电工程移民长期补偿机制建立和优化完善之后，也不能放松，认为万事大吉。把水利水电工程移民长期补偿机制的优化和完善放置在社会保障制度大框架中进行思考并与社会保障制度特别是社会养老保险保障制度相互有机衔接，既是社会保障制度全覆盖的客观需要，也是促使移民长期补偿机制能够持续持久稳健致远的应有之义和客观要求。

5.4.1 对社会保障制度及社会养老保险保障之义的认识

社会保障是人类社会进步和发展的产物，更是现代国家的社会文明重要的标志之一。社会保障是国家和社会依法对社会成员的基本生活予以保障的社会安全制度。社会保障制度主要包括社会保险制度、社会福利制度、社会救助制度和社会优抚制度（夏征农和陈至立，2010）。据此可以作以下层面的理解：一是在我国以人为本、以人民为中心的理念立场中，可以理解为首先国家层面经济发展目标是为全体社会成员做大剩余价值蛋糕，在对产生的剩余价值蛋糕进行社会分配时，明确蛋糕的大小是分配的基础，这个大蛋糕的分配共享的公平与否将直接影响人们参与做大蛋糕的能动性和积极性。剩余价值概念里面的蛋糕应有的功能作用应当是做好社会保障的完善，要列入社会保障制度的经常性收入和全覆盖的公共支出，也就是明确要直接充当全国范围城乡社会保障资金的。

正如马克思在《资本论》中对剩余价值进行论述时，认为剩余价值是“在资本主义生产方式消灭以后，也必须继续存在的唯一部分”①，“必须”一词在今天可以理解为就是对正处于的社会主义初级阶段的现实中国社会生产方式和消费方式对客观产生的社会剩余价值——发展成果如何继续分配利用所做的刚性的明示。二是社会养老保险保障是目前我国社会保障制度的一个重要的有机组成部分。它的普惠对象必须是社会全体成员，因此它犹如社会的一个安全网和减震器，如21世纪以来正在实施的农村养老保险就是社会养老保险机制的主要组成部分，它是指以农村非城镇户籍的居民为全部保险对象的养老保险制度。三是在比较漫长的社会主义初级阶段实行农村养老保险坚持的基本原则应该是：坚持立足于适度性，也就是目前的养老保障水平与农村生产力发展和各方面目前的承受能力要相适应；养老保险与家庭赡养、土地保障及社会救助等形式要相互结合；坚持社会成员的权利与义务要相对等；既要坚持效率优先，又要兼顾公正公平；在农村实行以自我保障为主，集体（含城乡各种合作企业、经济实体和事业单位）给予调剂为辅，国家和地方给予政策及适当的资金预算扶持；实行政府组织与农民自愿

① 马克思. 1975. 资本论（第三卷）. 北京：人民出版社.

相结合。

在社会保险保障制度的建立方面，人们应该取得一个认识和行动上的基本共识，那就是从顶层到基层，从现实维度上均必须始终沿着中国特色的社会保障确定的基本定义、基本原则和正确的发展方向，保持定力，共同努力，才能把具有中国特色的社会保障制度建设的目标尽快变成现实。正因为如此，作为社会保障体系之一的农村社会养老保险体系的完整建立是必需的，农村社会养老保险的体系的完善的必要性与紧迫性也已随之日益体现出来。

5.4.2 对农村土地保障与社会养老保险保障机制相衔接的认识

当前在我国不少地区仍然并没有完全建立农村社会养老体系，已建立的地区也还存在着很多需要有机衔接的地方如与城市养老保险需要相衔接等，甚至自身存在的短板和缺陷需要补齐和填平，在具体运行中也出现了很多的问题需要研究。目前的农村养老仍然是传统的大面积地依托农村土地。那么，以土地换养老为主题的农村社会保障依然是目前农村社会保障特别是养老保险保障机制的路径和表现形态。

2018 年 12 月 29 日第十三届全国人民代表大会常务委员会第七次会议修正的《社会保险法》对基本养老内容明确要坚持广覆盖、保基本、多层次、可持续的方针。农村社会养老保险体系与其他保障制度的协调发展原则、区别对待原则相结合。保险法明确要针对不同的对象，进行不同的管理。例如，对于进城务工的农民应该灵活对待，能够纳入城镇中参加养老保险的尽量纳入城镇养老保险的循序渐进原则。目前城镇的各个用人企业和单位必须依法为在本单位就业的劳务人员全部办理的养老保险在内的“五险一金”（即养老保险、医疗保险、失业保险、工伤保险、生育保险和住房公积金）刚性保障手续由此而来。对仍然在农村耕地务农的农民的养老保险的建立应该是保基础、广覆盖、可持续。具体表现在以下几个方面：第一，逐渐扩大农村养老保险的覆盖范围。第二，养老保险资金的筹集在现阶段坚持个人缴纳为主，集体补助为辅，国家给予财政与政策支持。随着农民收入的不断增加，脱贫致富的步子加快，集体和国家预算支持的份额将可能逐渐减少。第三，农村养老保险要逐渐与城镇社会养老保险体系相衔接，实现城乡统一的社会养老保险体系是必然趋势。第四，现阶段应建立多层次的养老保障，并与家庭养老等保障制度相结合，乡镇和村的养老保险体系，应尽快提前与城镇的养老保险体系相衔接；目前仍然不能纳入参加农村养老保险体系、不具备建立农村社会养老保险的，归根结底仍然是涉及钱多钱少的实际问题，资金短缺成为农村养老保险的瓶颈。所以各个层面都要认真规划养老保险基金的筹集与运作。

在资金的筹集渠道上首要是国家的责任。国家在农村养老社会保险体系建构中必须担负的责任有三：一是政策的责任。政府的重视与支持是建立该项制度的根本前提。二是财政的责任。该项制度是社会经济发展过程中保证每一个农民基本生存的必然举措，政府有义务也有责任根据国家财政预算情况和本地社会经济发展的水平状况来推动其适度的实行。三是法律的责任。对农村养老保险要适时进行立法。通过法律或法规规程规范和调整农村养老保险关系。加强这项立法工作非常重要，对农村整个社会保障体系的建立和完善都具有法制保障和促进作用。村级集体经济组织对于农村的养老保险也应该实现分户负责到位。按照全国农村土地逐步实行三权分离后的运作大趋势，农民的承包地和先前的劳动成果有一部分都要积累到村集体财产中。现在的村级集体经济组织在经济发展水平方面各有不同的地方，其表现形式也有所不同，运行的效果也有不尽相同之处。

贵州省六盘水市近年来在农村进行的“三变”（即农村资产变资本、资金变股金、农民变股东）[①]试点实践的成功经验、安顺市平坝区塘约村主动探索走出的以村级股份制公司的全村村民“抱团”迅速脱贫和持续健康发展的“塘约道路”（黄宏甲，2016）令人瞩目。两地做法模式的可贵之处在于采用的以农村集体土地特别是联产承包到户的土地为基础精准入股，大家“抱团取暖”使农民尽快变成村级股份制公司的股东的城乡股份合作公司组织形式，不仅解决了农村发展路径和组织形式优化问题，也解决了实现以土地换社会保险保障特别是换得养老保险的民生问题，对那些经济目前还不是很发达的地区，即其本身仍然是传统的农村土地以户为单位的小农经济经营模式，千家万户而势单力薄的自行面对千变万化的市场经济，身单力薄的面貌怎样迅速加以改变，可谓具有一定的启迪意义、借鉴意义和可复制推广的作用。总之，贵州这两个典型在村级集体经济组织的以土地为本的如何具体向前深化改革方面提供了方向创意和行动生动的范式。以农村土地为基础作用的社会养老保险保障体系的建立是中国农村现实必然的发展趋势。

5.4.3 移民长期补偿机制与社会养老保险保障机制衔接实践路径

水利水电工程移民是服从国家水利水电工程项目建设大局的特殊群体，是典型的因工程项目建设征地而失地而有土生产安置一时难以实现的农民群体。对他们采取长期补偿机制是完全必要的也是相对完整的一个基本保障方式。但是，移

① 新华社. 2017-02-05. 中共中央、国务院关于深入推进农业供给侧结构性改革 加快培育农业农村发展新动能的若干意见. 人民日报，1-3 版.

民长期补偿机制并不是一个唯一的甚至是孤立的排他性的机制，它与其他对农民的保障机制是相互包容、相互叠加、优势互补和相互促进的关系，它仍然需要与各种外延保障机制形成有效的妥善安置移民的有机的组合拳。加之我国社会已经基本进入老龄化阶段，老龄人群的社会保障问题愈加突出，其中水利水电工程移民人口的老龄化问题和老年移民的老有所养，他们的养老保险保障问题与整个社会的老龄人群养老保险保障问题是一样不可忽略的，是需要共同对待的。作为社会产品的剩余价值的分配之一就是用来满足全社会共同需要的部分。这些论述是中国特色社会养老保险机制不断完善和创新的思想基础。水利水电工程征地移民的养老保险应该是中国特色的社会养老保险保障的重要内容和覆盖对象之一。

根据马克思、恩格斯相关论述和国家现行的社会保险法，移民的养老社会保险应当是整个养老社会保险保障体制内的组成部分。因此，移民长期补偿机制首先与农村养老保险机制相互衔接，无论是立足于现实还是面向未来，在客观上都是必需的。况且在国家现行的社保法律和政策各项规定中并没有例外，也就是并无谁不能参加社会保障的相关条款规定，全体社会成员完全可以参加社会保障，在此理解为，凡是因国家项目建设征地而失地者均应该依法列入社会保障对象。不能产生以移民群体享有国家后期扶持政策或有了长期补偿为由，而有意无意地把移民群众拒绝在社会养老保险机制之外，或姑且以移民享有长期补偿、享有20年为期的个人后期扶持结束之后，再考虑将其纳入养老保险机制。如有这些把移民排斥在国家法定的社会保障制度之外的行为，则可以视为有关机构在执行社会保障公务中的不作为或乱作为，疑似违反社会保障法律法规和政策。这是社保管理、征地移民管理等机构公务人员具有以人民为中心理念，树立系统思维和辩证思维、法治思维之义，也是应该普遍掌握的一个基本常识。实践中不能自觉或不自觉造成具体执行时不善于接地气，甚至发生盲导、误判以致出现对初心和宗旨的违背，应该自觉地克服和消除社保策略决策和执行中可能存在的区别身份特征等弊病。我国社会大保障体系应该是一个完整的体系，其内在的大逻辑关系犹如木桶与木板、纲与目之间结构性关系：二者之间，无纲则无目，无目则难以成纲；纲举则目张，纲息则目怠。板短则漏水，板齐则水满。基于此，现存的移民长期补偿机制作为移民安置的供给侧，一方面需要进行改革和优化完善，另一方面需要与社会养老保险保障机制实现有机衔接。在解决了意识形态方面存在的主要障碍因素的前提下，机制间的相互衔接的基本实践路径也就是要切实化解的主要问题应该包含以下内容。

一是实现物理性的互联互通。供给侧的各主体责任方打破各自为政、各行其是、互不联通的物理式壁垒，相互隔离的陈旧格局，实现顶层之间的相互的主动的开发和开门对接，互联互通，相互统筹。有了良好的范式上行，自然就会接着有良好的范式下效。这个涉及顶层的一体化联通的前提问题一旦获得完全解决，那么，两个机制存在相关的单向排斥或双向互相排斥性等问题就可以在实践中迎刃而解。

二是实现责任主体的明确。切实解决谁是水利水电工程建设征地社会保障资金缴收行为主体的问题。近年来，水利水电工程移民安置规划设计机构根据各地政府公布的当地土地年亩产值标准和征地区片综合地价成果，对大中型水利水电工程征地基本相应地也比较合理地计列了社会保障资金。例如，大型水利枢纽工程——GZ 省 JY 大型水库项目总共计列了接近 4 亿元的征地移民社会保障资金。然而，该笔征地社会保障资金至今来路仍不明确，结构组成也不清晰。该征地社会保障资金由谁缴纳、谁接收、入在谁库、谁来统筹管理、如何盘活等行为责任主体和去（来）向等应由目前的非清晰状态尽快变成十分明确的状态。

三是实现预算全覆盖。第一，科学解决大中型水利水电工程征地社会保障资金在农村养老保险机制方面的统筹分配与使用问题。第二，要建立养老保险基金。无论是移民养老保险还是农村社会的四大保险保障体系的建立与可持续有效运行，其首要的条件是必须要有钱作为社会保障基金。基金的筹集在现阶段是坚持个人缴纳为主，集体补助为辅，国家给予财政与政策的有力支持。基金的运行与保值增值是对农村社会养老保险体系的建构各主体应负的责任。既然有了这笔一次性的水利水电工程项目征地社会保障资金来源，那么就自然要充分考虑如何合理分配，精准地满足涉及征地的移民特别是老年移民的社会化的养老保险资金筹集分摊机制中的个人缴纳部分。第三，要做到全额可以保值增值。由移民涉及征地收入积累形成的个人账户加上村级集体分配再加上国家补助的部分，有机构成统筹的社会保障基金，统一实行市县两级统筹和范式运作，使养老保险基金在内的社会保障基金不断保值和增值，坚决避免各种风险是移民养老保险机制供给侧的主要要求。

总之，水利水电工程移民长期补偿机制当今必须通过一系列的肯定—否定—肯定，也就是否定之否定的辩证发展过程，实现知与行合一的不断完善和不断优化，这样它才更具有持续强大的生命力。在顶层目标效应现实维度追求上，期待水利水电工程移民长期补偿机制上升为国家意志和国家行动或本领域制度一个安排，形成法律政策层面、框架行为的产物，使其在本领域、本系统、各层级均能分别做到从实际出发，从自发到自觉的选项，从各自为政、各行其是的地方性尺子到统一通用的尺子，既通“天线”又接“地气”，在新兴的水利水电工程项目征地和安置移民中都能自觉地统一通用、规范运作，使其产生更加长期持久、更加具有科学的、顽强的政策机制生命力，打造成为新时代更加符合我国国情的、具有鲜明时代特征的、不断创新的水利水电工程征地移民安置补偿制度，并与社会养老保险机制有机衔接。

孙中山先生在他写的《建国方略》中提出中国要赶英超美的一揽子伟大构想，经过 30 余个春秋，1949 年 10 月 1 日中华人民共和国成立，中国人民通过几十年来孜孜以求地逐梦，到今日每一个领域、每一条战线的筑梦，伟大的人民对自己国家富强、生活美好的追梦的坚实脚步从未停息，任何人想绊也绊不住，将来的筑梦、追梦的步伐也决不会停止，还要持续稳健地加快和砥砺奋进。新时代中国特色社会主义现代化道路开创之后，中国共产党站在新的历史起点上提出“两个一百年”奋斗目标，这既是中国共产党人全面夺取新时代中国特色社会主义伟大胜利的目标和不忘的神圣使命，是以习近平同志为核心的党中央向全世界做出的郑重承诺，更是近代以来中华民族的夙愿。伟大的中国人民对民族复兴的伟大梦想的追求在新时代的水利水电事业领域而言，水利水电工程移民长期补偿机制得到不断优化和长期稳健的执行后，移民群众与大家一起共享水利水电事业发展成果，如期实现脱贫致富，实现移民生态安置、绿色安置愿景，与水利水电事业共同迈入现代化，实现中华民族伟大复兴的伟大的中国梦，同样值得人们共同期待。

当中的期许是，我国现代化的水利水电领域在新时代里，随着水利水电工程征地和移民安置补偿制度和理论与时俱进的不断健全、不断丰富、不断完善和不断创新，尤其是随着看似微不足道、看似不起眼的却如润物细无声的涓涓细雨、具有四两拨千斤之力量与作用的水利水电工程移民长期补偿机制理论与实践双双的不断完善、不断优化和不断健全，名正言顺地、持续有效地推动和引领着新兴水利水电工程与移民群众长期共享建设成果和绿色发展红利，一路走好移民长期补偿机制+城镇化等多样化安置+后期扶持的路，并期待移民长期补偿成果为现代新兴水利水电工程项目开发有朝一日可以适当形式转化成清晰的移民或集体或个人可以量化的或资产或资本资金的股权和股份，最终助推现代水利水电事业实现共享发展和绿色发展，实现移民的脱贫致富、移民的生态安置和绿色安置，实现在新时代移民群众美好生活目标和水利水电事业的绿色发展目标。

不断完善和优化的移民长期补偿机制面向新时代、面向未来，久久为功。那么，水利水电工程内部结构的各个功能区域关系融合、企群关系融合和谐，结构性的与移民群体的利益共同体乃至命运共同体关系将逐渐形成并最终完全形成，移民富裕和健康文明的流域生态与健康文明的区域社会发展的上善的发展目标也完全实现。特别是在第一个“百年”目标实现之时，处处是“民亦劳止，汔可小康”。在那个时代，参加移民长期补偿的移民群众基本实现了整体的全面小康和生态安置、绿色安置，库区、移民安置区人口贫困和生态两个短板问题基本不复存在，大家过上了同步建成全面小康社会的好日子，库区、移民安置区生态环境恢复与建设同期有了很大进步。再前行三十年，即第二个“百年”到来之际，也就是到了 21 世纪中叶，水利水电工程后移民群众及其后裔新生代，即“移二代”“移三代”（移民身份意识已逐步淡化）延至“移四代”（移民身份意识基本淡化），子子孙孙心目中或许早已不知或不再追忆此工程项目征地淹没为何物何事，但看见的是连绵的青山与干净的绿水，记住的是那份浓浓的山水乡愁，尤其是宝贵的典型的一份以民为本的具有中国特色的移民长期补偿机制，祖辈、父辈留下的延及子孙后代的或资财或资本的物质与文化遗产，大家仍在继续分享，在长期补偿机制这根纽带的长期稳定的有效驱动、维系之下效应叠加，获得的幸运感和幸福感持续倍增，并举一带三，甘其食而美其服，安其居而乐其俗。百姓富和生态美完全实现了辩证统一！众多水利水电工程移民群体的后裔新生代作为新型市民群体与工程项目各个区域的其他市民群体共圆现代化美好大同生活之梦，与全国人民共同实现中华民族伟大复兴之梦！

穿越到未来的那个时代，水利水电工程库区、移民安置区社会文明与生态文明建设的双文明战略得以加快实施并目标完全实现。正如老子说过的“居善地，心善渊，与善仁，言善信，正善治，事善能，动善时。夫唯不争，故无尤”。推而广之，在那个社会和自然两个生态文明建设的崭新时代、崭新环境里，登高眺望，一览众城群山，尽收眼底的是处处天蓝水清、地洁人欢的美丽景色！

到未来的那个时代，包括广大水利水电资源新兴开发区在内的泱泱中国大地已全面覆盖着自觉践行创新、协调、绿色、开放、共享“五大发展理念”、“五位一体”文明建设的战略全面实现而结成的繁花似锦、无与伦比的丰硕成果！到那时，人类社会范式的中国的利益共同体和命运共同体形成，长期存在的社会“三大差别”基本问题在富强民主文明和谐美丽的中国特色社会主义现代化的社会里基本消失。到那时，无论是水利水电工程内部结构性形成的人与人和谐关系，还是人与自然和谐关系的双重和谐关系的构建、双重文明的建设，已经由今天的“必然王国”阶段欣然飞跃进入上善的“天长地久”的“自由王国”的阶段！按照马克思在《德意志意识形态》里的“只有在共同体中，个人才能获得全面发展其才能的手段，也就是说，只有在共同体中才可能有个人自由”的说法，马克思、恩格斯试图通过建立一种真正的共同体（相当于黑格尔所说的力量国家），来解决特殊利益和公共利益之间的矛盾关系。在这种真正的共同体中，生产资料不再是私人或某些集团所有，而是由共同体共同占有。这个时候特殊利益和共同利益之间的对立就消失了。在这种真正的共同体中，自由的个人被联合起来了①。到未来的那个时代，也就是习近平同志提出的构建人类命运共同体伟大事业和宏伟目标一旦实现的时候；也就是恩格斯一百多年以前在与有关人士谈到国家的时候，他所强调在阶级消失之后，“国家”一词的概念消失了，已全部被改写成了“共同体”的概念。

虽然这个未来的展望看似遥远，但在全国水利水电事业领域善于全面抓住机遇与勇于探索实践并驾齐驱的时代潮流下，新兴的水利水电工程项目各个库区、移民安置区社会和人民群众值得期待，伟大的中国人民值得期待！

---

① 马克思，恩格斯. 1995. 马克思恩格斯选集（第1卷）. 北京：人民出版社.

参 考 文 献

贝尔纳 J D. 1982. 科学的社会功能. 陈体芳译. 北京: 商务印书馆.
贝尔纳 J D. 1983. 历史上的科学. 伍况甫, 彭家礼译. 北京: 科学出版社.
波弗尔 H C. 2009. 物流管理. 陈睿, 应敏译. 北京: 北京出版社.
陈定方, 罗亚波. 2007. 虚拟设计. 北京: 机械工业出版社.
陈福今, 唐铁汉. 2006. 公共危机管理. 北京: 党建读物出版社.
陈桂棣, 春桃. 2004. 中国农民调查. 北京: 人民文学出版社.
陈筠泉, 段登祥. 2001. 科技革命与当代社会. 北京: 人民出版社.
陈寿灿. 2007. 方法论导论. 大连: 东北财经大学出版社.
程现昆. 2006. 科技伦理研究论纲. 北京: 北京师范大学出版社.
杜景灿, 张宗玟, 龚和平, 等. 2011. 水电工程移民长效补偿研究. 北京: 中国水利水电出版社.
弗里德曼 M. 2014. 实证经济学论文集. 柏克译. 北京: 商务印书馆.
傅华. 2002. 生态伦理学研究. 北京: 华夏出版社.
傅静. 2002. 科技伦理学. 成都: 西南财经大学出版社.
高尚涛. 2009. 国际关系理论基础. 北京: 时事出版社.
辜胜阻. 2011. 发展方式转变与企业战略转型. 北京: 中国经济出版社.
贵州省区域地理信息项目领导小组. 1996. 贵州省地理信息数据集. 贵阳: 贵州人民出版社.
郭齐胜, 董志明. 2007. 系统建模与仿真. 北京: 国防工业出版社.
哈贝马斯 J. 2004. 交往行为理论. 曹卫东译. 上海: 上海人民出版社.
哈贝马斯 J. 2014. 在事实与规范之间: 关于法律和民主法治国的商谈理论. 童世骏译. 北京: 生活·读书·新知三联书店.
哈里斯 C E. 2006. 工程伦理概念和案例. 丛杭青, 沈琪译. 北京: 北京理工大学出版社.
何建明. 2008. 国家行动. 北京: 作家出版社.
河源市水库移民办. 2010. 河源市水库移民志(2005—2008). 广州: 广东人民出版社, 33.
贺中华. 2014. 喀斯特流域结构的水文干旱驱动机制研究——以贵州省为例. 广州: 中山大学博士学位论文.
亨廷顿 S P. 1998. 文明的冲突与世界秩序的重建. 周琪译. 北京: 新华出版社.
洪银兴, 葛扬. 2011. 《资本论》的现代解析(修订本). 北京: 经济科学出版社.
黄宏甲. 2016. 塘约道路. 北京: 人民出版社.
黄顺基, 郭贵春. 2007. 现代科学技术革命与马克思主义. 北京: 中国人民大学出版社.
教育部高等学校社会科学发展研究中心. 2008. 科学发展观: 中国特色社会主义理论体系的最新成果. 北京: 教育科学出版社.
教育部社会科学研究与思想政治工作司. 2004. 自然辩证法概论. 北京: 高等教育出版社.
康来云. 2008. 中国农民价值观变迁. 郑州: 河南人民出版社.

科恩 B. 1992. 科学革命史. 杨爱华, 李成智, 李长生, 等译. 北京: 军事科学出版社.
拉普 F. 1986. 技术哲学导论. 刘武译. 沈阳: 辽宁科学技术出版社.
拉普 F. 1988. 技术科学的思维结构. 刘武译. 长春: 吉林人民出版社.
勒庞 G. 2011. 乌合之众: 大众心理研究. 戴光年译. 北京: 新世界出版社.
雷亨顺. 2009. 可持续: 中国三峡库区. 重庆: 重庆大学出版社.
李炳炎. 2009. 利益分享经济学. 太原: 山西经济出版社.
李丹, 郭万侦, 刘焕永, 等. 2010. 中国西部水库移民研究. 成都: 四川大学出版社.
李杰. 2011. 影响西部社会和谐的主要矛盾及原因分析. 西南民族大学学报(人文社会科学版), (11): 104-108.
李金早, 林念修. 2010. 《国务院关于进一步促进广西经济社会发展的若干意见》学习读本. 桂林: 广西师范大学出版社.
李克军. 2010. 乡村视野. "三农"问题的调查与思考. 北京: 新华出版社.
李裴. 2012. 《国务院关于进一步促进贵州经济社会又好又快发展的若干意见》初步解读. 贵阳: 贵州人民出版社.
李鹏. 2011. 李鹏论三峡工程. 北京: 中央文献出版社.
李瑞环. 2005. 学哲学 用哲学. 北京: 中国人民大学出版社.
李瑞环. 2010. 务实求理. 北京: 中国人民大学出版社.
李世新. 2011. 工程伦理中的若干诚实问题. 北京理工大学学报(社会科学版), (10): 132-136.
李小军. 2009. 国际战略学. 北京: 中国社会科学出版社.
李约瑟. 1990. 中国古代科学思想史. 陈立夫译. 南昌: 江西人民出版社.
李泽厚. 2011. 哲学纲要. 北京: 北京大学出版社.
李志, 潘丽霞. 2012. 社会科学研究方法导论. 重庆: 重庆大学出版社.
利连索尔 D. 2016. 民主与大坝. 徐仲航译. 上海: 上海社会科学院出版社.
梁福庆. 2011. 水利水电工程移民与环境问题研究. 北京: 中国三峡出版社.
梁树发, 陈先奎. 1996. 马克思主义史(第三卷). 北京: 人民出版社.
梁漱溟. 1999. 东西方文化及其哲学. 北京: 商务印书馆.
梁晓声. 2010. 中国社会各阶层分析. 北京: 文化艺术出版社.
林德宏. 1994. 当代科学技术与马克思主义. 南京: 南京大学出版社.
刘大椿. 2006. 自然辩证法研究述评. 北京: 中国人民大学出版社.
刘道明, 陈大国, 吴贵胜, 等. 2006. 水电工程征地移民长期补偿机制探索. 水利水电快报, (22): 23-24.
刘峰. 2006. 管理创新与领导艺术. 北京: 北京大学出版社.
刘杰. 2010. 能源政治与世界经济新走向. 北京: 时事出版社.
刘琴. 2009. 三峡水库移民社会心理健康问题、相关因素及其干预对策研究. 重庆: 重庆医科大学博士学位论文.
刘亦发. 2010. 老子庄子. 北京: 中国辞书出版社.
刘则渊. 2003. 现代科学技术与发展导论. 大连: 大连理工出版社.
卢梭 J J. 2011. 社会契约论. 李平沤译. 北京: 商务印书馆.
陆洲. 2014. 论哈贝马斯程序主义法范式及其中国意义. 北京: 人民出版社.
罗用能. 2009. 长期补偿机制: 开创贵州水电移民安置新模式. 中国经贸导刊, (24): 47-48.
罗用能. 2013a. 生态文明视角下的水库移民安置政策研究. 贵州社会科学, (6): 75-77.

罗用能. 2013b. 我国水利水电工程移民安置的主题变迁. 武汉理工大学学报(社会科学版), (6): 994-999.
罗用能. 2014. 水利水电工程中的伦理问题探究. 自然辩证法通讯, (2): 71-74.
马巍, 骆辉煌, 禹雪中. 2011. 水电工程移民安置方式研究综述. 中国水能及电气化, (4): 33-40.
马志生. 1999. 人与自然关系的多重含义. 自然辩证法研究, (11): 59-61.
麦卡利 P. 2001. 大坝经济学(修订版). 周红云译. 北京: 中国发展出版社.
米都斯 D L. 1984. 增长的极限. 李宝恒译. 成都: 四川人民出版社.
米切姆 C. 1999. 技术哲学概论. 殷登祥, 曹南燕译. 天津: 天津科学技术出版社.
牟岱. 2011. 民生哲学问题研究: 以新农村建设为例. 北京: 人民出版社.
潘建红. 2015. 现代科技与伦理互动论. 北京: 人民出版社.
潘磊, 王伟勤. 2007. 展望中国工程伦理的未来——2007年工程伦理学学术会议综述. 哲学动态, (8): 67-68.
漆向东. 2009. 中国农民非农化研究. 北京: 经济科学出版社.
任丑. 2011. 人权: 工程伦理学的价值基准. 哲学动态, (4): 78-84.
任仲文. 2011. "八个怎么办"学习参考. 北京: 人民日报出版社.
萨顿 G. 1989. 科学史与新人文主义. 陈恒六译. 北京: 华夏出版社.
塞尼 M M. 1998. 世界银行移民政策与经验研究: 移民·重建·发展. 水库移民经济研究中心译. 南京: 河海大学出版社.
沈际勇. 2008. 水库移民补偿合约的理论. 北京: 清华大学博士学位论文.
沈立人. 2004. 中国弱势群体. 北京: 民主与建设出版社.
斯蒂格利茨 J E. 1998. 政府为什么干预经济: 政府在市场经济中的角色. 郑秉文译. 北京: 中国物资出版社.
斯密 A. 2007. 国富论: 国民财富的性质和起因的研究. 谢祖钧译. 北京: 新世界出版社.
斯诺 C P. 1999. 两种文化与科学技术革命. 纪树立译. 上海: 上海人民出版社.
苏爱华, 付保红. 2008. 中国水库农村移民安置方式比较分析. 云南地理环境研究, (5): 73-78.
苏东斌. 2007. 我讲《国富论》. 北京: 中国经济出版社.
苏尔李 E. 2011. 数据分析方法五种. 吴晓刚译. 上海: 上海人民出版社.
苏秀华. 2010. 大中型水利水电工程建设"征地长期补偿"基本内涵辨析. 贵州水力发电, (5): 77-80.
孙小礼. 2003. 现代科学的哲学争论. 北京: 北京大学出版社.
田纪云. 2016. 田纪云文集(农业卷). 北京: 中国民主法制出版社.
汪新琴. 2010. 特殊时期的新安江水库移民(1956—1970). 上海: 复旦大学硕士学位论文.
汪中求. 2004. 细节决定成败. 北京: 新华出版社.
王斌, 龚和平, 张一军. 2008. 创新农村移民安置方式研究. 水力发电, (11): 15-19.
王翠文, 王兆刚. 2006. 密西西比河: 解读美利坚. 郑州: 黄河水利出版社.
王宏波. 2006. 工程哲学与社会工程. 北京: 中国社会科学出版社.
王茂福. 2008. 水库移民返迁——水库移民稳定问题研究. 武汉: 华中科技大学出版社.
王南湜. 2011. 辩证法: 从理论逻辑到实践智慧. 武汉: 武汉大学出版社.
王小刚. 2011. 战略绩效管理最佳实践. 北京: 中国经济出版社.
王晓升. 2013. 历史唯物主义的当代重构. 北京: 社会科学文献出版社.
王毅杰, 李利浩. 2011. 多元生计模式下的移民生产安置. 河海大学学报(哲学社会科学版), (6): 36-40.

王应政. 2010. 中国水利水电工程移民问题研究. 北京: 中国水利水电出版社.
王卓甫. 2003. 工程项目风险管理: 理论、方法与应用. 北京: 中国水利水电出版社.
韦正翔. 2012. 大众化的马克思主义. 北京: 中国社会科学出版社.
魏珊. 2010. 非自愿性移民可持续安置与发展研究. 武汉: 武汉大学出版社.
文传浩. 2016. 流域经济评论(第二辑). 北京: 科学出版社.
吴贵胜. 2010. 水库移民长期补偿风险分析. 水利规划与设计, (1): 13-14.
吴松营. 2012. 邓小平南方谈话真情实录. 北京: 人民出版社.
吴元梁. 1993. 社会系统论. 上海: 上海人民出版社.
习近平. 2013. 干在实处 走在前列——推进浙江新发展的思考与实践. 北京: 中共中央党校出版社.
夏甄陶. 1986. 认识论引论. 北京: 人民出版社.
夏征农, 陈至立. 2010. 大辞海(政治学社会学卷). 上海: 上海辞书出版社.
现代汉语词典编委会. 2004. 现代汉语词典. 北京: 商务印书馆.
现代汉语辞海编委会. 2009. 现代汉语辞海. 北京: 中国书籍出版社.
肖峰. 2007. 哲学视域下的技术. 北京: 人民出版社.
辛鸣. 2010. 十七届五中全会后党政干部关注的重大理论与现实问题解读. 北京: 中共中央党校出版社.
辛向阳. 2016. 2016政策热点面对面. 北京: 中国言实出版社.
徐少锦. 1995. 西方科技伦理思想史. 南京: 江苏教育出版社.
徐勇. 2012. 中国农村咨政报告2011年卷. 北京: 中国社会科学出版社.
徐章一. 2006. 企业供应链的优化. 北京: 清华大学出版社.
雅斯贝尔斯 K. 1989. 历史的起源和目标. 魏楚雄, 俞新天译. 北京: 华夏出版社.
杨帆. 2006. 水库移民安置监测与评估方法研究. 天津: 天津大学博士学位论文.
杨怀中, 孙德忠, 潘建红, 等. 2012. 国有企业科技创新人文环境研究. 武汉: 湖北人民出版社.
殷瑞钰, 汪应洛, 李伯聪. 2007. 工程哲学. 北京: 高等教育出版社.
应星. 2000. 从“找个说法”到“摆平理顺”——西南一个水库移民区的故事. 北京: 中国社会科学院博士学位论文.
余文学, 范云. 2010. 城乡统筹背景下的水库移民安置方式. 北京: 中国水利水电出版社.
俞可平. 2009. 科学发展观与政府创新. 北京: 社会科学文献出版社.
詹颂生. 2002. 科技时代的反思: 现代科学技术的负面作用及其对策研究. 广州: 中山大学出版社.
张海洋, 杨筑慧. 2006. 发展的故事——社会实践与人性的回归. 北京: 中央民族大学出版社.
张华夏. 1999. 现代科学与伦理世界——道德哲学的探索与反思. 长沙: 湖南教育出版社.
张娜, 孙中良. 2011. 水库移民新型组合安置方式研究. 人民长江, 42(s2): 185-187.
张穹, 矫勇, 周英. 2007. 大中型水利水电工程建设征地补偿和移民安置条例释义. 北京: 中国水利水电出版社.
张维为. 2010. 中国震撼. 上海: 上海人民出版社.
张英洪. 2009. 农民权利论. 北京: 九州出版社.
张永强. 2011. 工程伦理学. 北京: 北京理工大学出版社.
张永清, 马元龙. 2011. 后马克思主义读本·理论批评. 北京: 人民出版社.
张云飞. 2014. 唯物史观视野中的生态文明. 北京: 中国人民大学出版社.

浙江省电站水库移民志编纂委员会. 1998. 浙江省电站水库移民志. 北京: 华艺出版社.
郑永年. 2010. 中国模式: 经验与困局. 杭州: 浙江人民出版社.
中共中央党校经济学教研部. 2011. 九个怎么办——“十二五”热点面对面. 北京: 新华出版社.
中共中央党校政法部. 2007. 党的执政与和谐社会构建. 北京: 法律出版社.
中共中央马克思恩格斯列宁斯大林著作编译局. 2011. 马克思恩格斯文集资料. 北京: 人民出版社.
中共中央文献研究室. 2008a. 科学发展观重要论述摘编. 北京: 中央文献出版社, 党建读物出版社.
中共中央文献研究室. 2008b. 毛泽东邓小平江泽民论科学发展. 北京: 中央文献出版社, 党建读物出版社.
中共中央文献研究室. 2008c. 深入学习实践科学发展观活动领导干部学习文件选编. 北京: 中央文献出版社，党建读物出版社.
中共中央文献研究室. 2016. 习近平总书记重要讲话文章选编. 北京: 中央文献出版社.
中共中央文献研究室, 中国外文局. 2014. 习近平谈治国理政. 北京: 外文出版社.
中共中央宣传部. 2013. 科学发展观学习纲要. 北京: 人民出版社.
中共中央宣传部理论局. 2008. 理论热点面对面 2008. 北京: 学习出版社.
中共中央宣传部理论局. 2009. 理论热点面对面 2009. 北京: 学习出版社.
中共中央宣传部理论局. 2010. 理论热点面对面 2010: 七个怎么看? 北京: 学习出版社.
中共中央宣传部理论局. 2011. 从怎么看到怎么办——理论热点面对面·2011. 北京: 人民出版社.
中华人民共和国国家档案局. 1999. 中华人民共和国档案法实施办法. 北京: 中国法制出版社.
中华人民共和国国家发展和改革委员会. 2007a. 水电工程建设征地实物指标调查规范(DL/T 5377—2007). 北京: 中国电力出版社.
中华人民共和国国家发展和改革委员会. 2007b. 水电工程建设征地移民安置补偿费用概(估)算编制规范(DL /T 5382—2007). 北京: 中国水利水电出版社.
中华人民共和国国家发展和改革委员会. 2007c. 水电工程建设征地移民安置规划设计规范(DL/T 5064—2007). 北京: 中国电力出版社.
中华人民共和国国家发展和改革委员会. 2007d. 水电工程农村移民安置规划设计规范(DL/T 5378—2007). 北京: 中国电力出版社.
中华人民共和国国家发展和改革委员会. 2007e. 水电工程水库库底清理设计规范(DL/T 5381—2007). 北京: 中国电力出版社.
中华人民共和国国家发展和改革委员会. 2007f. 水电工程移民专业项目规划设计规范(DL/T 5379—2007). 北京: 中国电力出版社.
中华人民共和国国家发展和改革委员会. 2007g. 中华人民共和国水电工程移民安置城镇迁建规划设计规范(DL/T 5380—2007). 北京: 中国电力出版社.
中华人民共和国国家统计局. 2014. 中国统计年鉴 2014. 中国统计出版社.
中华人民共和国水利部. 2009a. 水利水电工程建设征地农村移民安置规划设计规范(SL 440—2009). 北京: 中国水利水电出版社.
中华人民共和国水利部. 2009b. 水利水电工程建设征地移民安置规划大纲编制导则(SL 441—2009). 北京: 中国水利水电出版社.
中华人民共和国水利部. 2009c. 水利水电工程建设征地移民安置规划设计规范(SL 290—2009). 北京: 中国水利水电出版社.

中华人民共和国水利部. 2009d. 水利水电工程建设征地移民设计规范(SL 442—2009). 北京: 中国水利水电出版社.

中华人民共和国水利部. 2014a. 水利水电工程移民安置验收规程(SL 682—2014). 北京: 中国水利水电出版社.

中华人民共和国水利部. 2014b. 水利水电工程移民术语(SL 697—2014). 北京: 中国水利水电出版社.

周明侠, 谢峻峰. 2007. 当代中国公共政策伦理研究述评. 道德与文明, (5): 106-110.

朱哲, 杨金洲. 2009. 回到文本——马克思主义经典文献解读 . 武汉: 武汉理工大学出版社.

邹珊刚. 1990. 技术与技术哲学. 北京: 知识出版社.

邹昭晞. 2010. 企业战略管理. 北京: 中国人民大学出版社.

Barbara J. 2009. Dam the Rivers, Damn the People: Development and Resistence in Amazonian Brazil Cummings. London: Sterling Publishing Company.

Cernea M M, Guggenheim S E. 1993. Anthropological Approaches to Resettlement: Policy, Practice, and Theory. Boulder, Colo.: Westview Press.

Cernea M M, Mathur H M. 2008. Can Compensation Prevent Impoverishment? Reforming Resettlement Through Investments and Benefit-sharing. Oxford: Oxford University Press.

Cernea M M, McDowell C. 2000. Risks and reconstruction: Experiences of resettlers and refugees . Washington, D C: World Bank.

Cernea M M. 1985. Putting people first: Sociological variables in rural development. Washington, D C: World Bank.

Cernea M M. 1988. Involuntary resettlement in development projects: Policy guidelines in World Bank-financed projects. Washington, D C: World Bank.

Cernea M M. 1994. Sociology, anthropology, and development: An annotated bibliography of World Bank publications, 1975-1993. Washington, D C: World Bank.

Cernea M M. 2007. Risk analysis and the risks and reconstruction model in population resettlement: Training course. Manila : Asian Development Bank.

Cernea M M. 2000. The economics of involuntary resettlement: Questions and challenges. Bethesda: Congressional Information Service.

Downing T. 2009. Mitigating social impoverishment when people are involuntarily displaced//McDowell C. Understanding Impoverishment: The Consequences of Development-induced Displacement. Oxford: Berghahn Books.

Serageldin I, Steer A, Cernea M, et al. 1994. Making development sustainable: From concepts to action. Washington, D C: World Bank.

Luo Y N. 2013. On the institutional innovation of resettlement compensation of water conservancy and hydropower projects in China. Proceedings of the 10th International Conference on Innovation & Management.

后记

本书是在作者的博士学位论文的基础上改写而成的。

本书始终注意把握正确的研究立场、态度和调查研究方法。坚持以马克思主义基本原理中的有关论述，科学发展观、习近平同志系列重要讲话和治国理政新理念新思想新战略和创新、协调、绿色、开放、共享“五大发展理念”及大扶贫战略思维为主要理论依据，运用关于事物矛盾运动规律问题、社会实践与认识关系问题的毛泽东同志于1937年7～8月先后发表的《矛盾论》和《实践论》阐述的基本原理和有关方法及方法论对水利水电工程内在矛盾结构和矛盾运动中的移民安置方面主要矛盾问题进行对照分析，聚焦水利水电工程移民长期补偿机制如何实现统筹兼顾协调移民、项目法人、政府利益和其他利益攸关方的结构性关切，努力追求水利水电工程重要架构之一的库区、移民安置区移民长期补偿机制完善和优化，在此背景下相关矛盾因素问题的化解，实现当地经济社会和生态全面协调可持续发展的目标。众所周知，马克思主义产生于特定的时空，经历了一百多年的历史和实践的检验，其思想在诸多领域至今仍然发挥着重要的指导作用，仍然闪耀着科学真理的光辉！马克思主义是人类文明的伟大成果。马克思主义的主要创始人马克思和恩格斯一生既积极主动参加了欧洲工人阶级的共产主义运动的社会实践，又全程认真深刻观察、科学研究了当期欧洲乃至全世界工人运动，他们攻坚克难的坚强意志、科学严谨态度和高尚职业精神，以及形成的观察问题、解决问题的立场、观点和方法，其留下的《共产党宣言》《资本论》《哥达纲领批判》《1844年经济学哲学手稿》《德意志意识形态》《家庭私有制和国家的起源》《自然辩证法》等系列经典文献[①]，形成伟大的科学哲学、政治经济学、科学社会主义基本理论体系，一百多年来一直是人类认识、探寻和把握社会和自然发展规律特别是中国共产党人认识世界、改造世界，推动人类社会不断健康发展的强大的科学理论武器，就一直具有强大的真理生命力。人们今天生活的时代与马克思、恩格斯生活的时代尽管完全不同，但时常开卷阅读参悟马克思、恩格斯的有关文献，仍旧不断地感到醍醐灌顶。其中马克思对人与自然关系的构想形成的生态学领域意义和社会保障领域意义的论述是马克思主义理论重要组成部分。

---

① 北京图书馆. 1955. 马克思画传. 北京：人民出版社.

马克思主义的中国化一直在进行并不断地结出新的丰硕的理论和实践成果。1937年8月以来，毛泽东同志的《矛盾论》和《实践论》对于观察、分析、研究和解决当今中国的现实各类重大实际问题仍然具有十分重要的方法和方法论意义及作用。把马克思主义的立场观点、方法和方法论充分运用于中国现代水利水电工程领域开展理论问题研究很有现实意义。认识到今天的人类要加快发展社会生产力，更要以不破坏人类或环境的方式发展生产力。今天我国正在践行科学发展观，特别是正在全面践行“五大发展理念”在内的习近平新时代中国特色社会主义思想和理论，致力于建设中国特色的富强民主文明和谐美丽的现代化国家，正是在发展中保护人类社会和生态环境关系问题的中国思维和中国方案。今天我国的民生扶贫思维和正在全力以赴开展的精准脱贫攻坚战正是人类减贫脱贫，彻底解决当代人类贫困问题的中国特色思维和中国行动方案。而且每每重温马克思、恩格斯原著，毛泽东同志的《矛盾论》和《实践论》，以及习近平同志系列重要讲话和著作，每一次紧密联系实际，人们都自然会感觉到知识常新。也就启发鞭策鼓舞激励着包括作者在内的人们，不断深刻学习领会相关论述观点和方法，努力效法伟人导师和伟大领袖的人格精神，努力联系思想和工作实际实现融会贯通。因此，作者始终自觉把自己放置在以水库工程移民和生态移民安置实践重要管理岗位特别是放在移民安置和移民长期补偿机制社会实践的具体参与者、负责人和移民长期补偿机制实践的观察研究者两个角色之中，并努力把两个身份意识做到有机结合，努力把相关理论和方法及论述具体运用于研究工作实践，运用于本书课题的研究。研究的实践路径归纳如下。

一是下足功夫长期开展课题相关调查，奠定扎实的研究基础。多年来作者自觉努力多渠道、多方面搜寻、全面系统整理和辨析总结国内外有关水利水电工程移民安置特别是移民长期补偿机制方面理论文献，选择吸取与本领域社会实践相关研究方面已有的有益的实践成果和研究成果。同时立足现实聚焦主要矛盾问题，长期深入进行专题考察。若干年来多次深入具有一定范式意义的GZ省20多个大中型水利水电工程库区、移民安置区现场和有关省区实施移民长期补偿机制的水利水电工程库区、移民安置区而取得的若干个案例样本，开展较长时间的田野考察和观察，凡从现场和业内可以获得的文字、影像和交流中可获取的资料，均注意提取被调查对象事物的表象和内在特性，悉心逐一做好记录（日记或场记），进行思索和思考。特别是对移民群众、地方政府、项目法人及公司CEO、移民安置规划编制设计机构及工程师团队和移民管理机构进行重点的较长时间的专门访问调查。就水利水电工程移民长期补偿机制的基层方面的基本认识和意见，主要在GZ省范围各个大中型库区、移民安置区实地亲自进行面对面访谈、公开问卷调查。在GZ省库区、移民安置区与苗族、布依族等少数民族移民群众进行近距离交谈沟通时，尽量应用当地通用的少数民族语言，一是可以拉近与被调查者的感情，正如南非前总统曼德拉所说的“假如你用一个人听得懂的语言和他说话，会进入他的脑海里；假如你用他的语言和他说话，会走进他的心里”。二是调查中可以获得尽可能多的原汁原味的东西。对来自各方的具体体会、具体看法和基本态度、基本评价不仅进行调查记录，还对信息进行辩证地综合分析。以岗位角色认真履职，亲自主持专题讨论会、专题审查和审核会、专题决策咨询会，并以参加省级和国家级层面相关决策会形式，不断深入发现、审视问题，梳理归纳、全面分析研究移民长期补偿机制取得的工作成就和理论与实践中的优势长板和面临的主要短板和解决主要短板，从现实和未来的维度探讨解决的方式方法和相关路径。

二是在一定范围典型样本实证中采取定性分析与定量分析相结合的方法进行研究。通过水利水电工程移民长期补偿机制在 GZ 省的主要实例实证尽力进行定性和定量综合贯穿，进行观察剖析，同时抓住典型实例样本的量与性进行重点分析。选取主要的具有一定典型性、代表性的 LT 大型水电站 GZ 省库区、SHK 中型水电站移民长期补偿和 QZ 大型水利枢纽等工程项目移民长期补偿机制实践为案例样本进行实证考察分析，其中能够定量的则进行定量，能定性的就进行定性，尽力追求由表及里，去粗取精之效。

三是研读文献，查阅档案，开放课题，互鉴成果，开门研究。通过国家级和省级图书馆、高校图书馆、“互联网+”电子图书馆及移动客户端学习平台和渠道，阅读马克思主义相关领域部分经典中文版著作、中国古代哲学相关经典著作、现代科技文化领域相关文献、中国特色社会主义理论体系中的相关文献特别是党和国家领袖的部分重要著作文献和扶贫开发、水利水电工程征地移民安置等相关领域栏目文献、文档并认真领会、研究，查阅、收集省级档案馆馆藏相关档案资料和省级移民等管理机构等国家和地方层面移民安置补偿政策和移民长期补偿机制的官方文件、档案资料。围绕本书研究涉及的相关领域，领衔开展或积极参加相关领域层面的项目方案咨询和决策活动，参加省内外乃至国内外高校和科研机构相关层级有关学术团体等组织的相关学术论坛等活动；利用专题成果或公开发布或内部发表，以及专题讲座报告活动和专题教学活动进行多边互动，探讨交流，拓宽视野；主动与国内外学界、业界等广泛开展交流；适时以多种形式、各种渠道、多种平台和众多专家学者同行、老师和同学就本书涉及的问题、研究话题共同广泛切磋，虚心请教，吸取营养，互鉴互学学术成果和工作成果。

滴水之恩涌泉相报！在本书稿付梓之际，作者心潮澎湃难以平静，有些感恩的心里话实在需要倾诉一下。

在武汉理工大学马克思主义学院攻读博士学位，开展本书的课题研究是作者终生难忘之事！数年来，从研究方向到课题研究思路、研究方式方法的确定，再到研究成果的通过，直至本书稿的完成，除了作者必需的独立思考和致力研究创作行动，作者的导师——武汉理工大学政治与行政学院原院长杨怀中教授始终给予悉心指导。杨怀中先生博学又精深，追求真理品格，严谨创新思维，宽广敏锐眼光，高尚人格，情系众生情怀，育人不倦精神使作者受激励、受鞭策。在此谨向杨怀中先生致以最诚挚的谢意！在本书的课题研究过程中，武汉理工大学党委原副书记、博士生导师邱观建教授，政治与行政学院院长毛传清教授，副院长孙德忠教授、王盛开教授，博士生导师潘建红教授、毛新志教授，院办公室朱文华主任等也给予作者热情关心和指导。在此向邱观建、毛传清、孙德忠、王盛开、潘建红、毛新志、朱文华等各位领导、老师表示诚挚谢意和敬意！同时衷心感谢程宏燕教授、同学易艳教授！

在武汉理工大学马克思主义学院攻读法学博士学位，进行本书的课题研究的时间，是作者学习与研究历程乃至一生中最重要、最充实、最精彩也是最感自豪、最为难忘的岁月！马克思主义学院院长、博士生导师朱喆教授，党委书记王能东教授，副院长、博士生导师王智教授，博士生导师徐志远教授，蓝江教授和学院研究生与科研工作办公室赵晴主任及所有老师为作者研习任务完成付出了心血。借此机会，作者谨向朱喆、王能东、王智，徐志远、赵晴、蓝江等学院领导和教职员表示衷心的谢意！

三人行必有我师！长期以来，特别是在作者工作和开展本书的课题研究的时光里，在与专家学者师长、同学和朋友的交往中作者不断集思广益，如水利部移民开发局唐传利局长，杨嘉隆、刘冬顺副局长，黄凯巡视员，靳宏强处长（高级工程师）、刘青高级工程师，徐之青副处长、林晖副调研员，水利处处长王俊海，王瑜、张文聪高级工程师；国家能源局史立山副司长，国家能源局可持续发展研究中心主任、博士生导师黄真理教授级高级工程师，李曦处长（高级工程师），张绍山、张大志教授级高级工程师；国务院三峡工程管理办公室原巡视员陶景良（教授级高级工程师），梁福庆处长（教授级高级工程师）；贵州省发展和改革委员会主任陈少波，副主任徐元志，原主任付京；贵州省农业委员会主任袁家榆；贵州省水利厅厅长王扬，副厅长鲁红卫、杨朝晖，巡视员涂集；贵州兴黔生态农业研究院院长杨松；河海大学公共管理学院院长、移民研究中心（NRCR）主任、博士生导师施国庆教授，副院长、副主任、博士生导师余文学教授，黄莉教授，王海宝博士，河海大学客座教授、世界银行社会学专家缪塞尔 M. 塞尼（Michael M. Cernea）；华北水利水电大学刘建明教授；国家行政学院硕士生导师孔新峰教授；中国电建集团勘测设计研究总院副院长龚和平（教授级高级工程师），原总工程师张一军（教授级高级工程师），副主任郭万侦（教授级高级工程师），蔡频（教授级高级工程师），处长王锐林（教授级高级工程师）；中国电建集团贵阳勘测设计研究院院长潘继录（教授级高级工程师），党委书记、副院长蔡金良（教授级高级工程师），党委副书记罗有余（教授级高级工程师），副院长韦晓明、许朝政、沈春勇（教授级高级工程师），副总工倪剑（教授级高级工程师），水库分院院长黄瑾（教授级高级工程师）、分院副院长吴旭鹏（教授级高级工程师），副总工吴兴平（高级工程师），主任姚克烨（高级工程师）、蔡中兴（高级工程师）；中国电建集团中南勘测设计研究院副院长罗俊军（教授级高级工程师）；中国电建集团西北勘测设计研究院水库移民院院长辛乾龙（教授级高级工程师）；水利部水规总院副院长刘志明、沈凤生、王志强（教授级高级工程师），总工温续余（教授级高级工程师），处长潘尚兴（教授级高级工程师），范云、姚玉琴、刘卓颖（教授级高级工程师），水利部中水北方勘测设计研究有限责任公司副总经理常继成（教授级高级工程师），副处长刘卫（高级工程师）；中国水利水电科学研究院天津机电所副所长郭江（教授级高级工程师）；龙滩水电站工程贵州库区移民安置综合监理部原副总监李如成（教授级高级工程师）；贵州省水利水电勘测设计研究院院长申献平（高级工程师），副院长赵先进、程伟（高级工程师），副总工程师、水库移民处处长罗政（高级工程师），副处长周亮（高级工程师），测绘处处长罗天文（高级工程师）；中国科学院大学研究生院博士生导师、工程哲学专家李伯聪教授，《自然辩证法通讯》编审、博士生导师胡志强、王大明，李斌副教授；中国科学院大学博士生导师孟建伟教授，中国科学院大学、《工程研究》编审王佩琼教授；贵州大学党委书记、校长陈坚教授，公共管理学院副院长王志凌教授，外语学院李丽教授，马克思主义学院副院长颜茵教授；茅台学院校长、博士生导师封孝伦教授，党委书记赵明仁教授；中共中央党校国际战略研究所原所长、博士生导师宫力教授，副所长、博士生导师刘建飞教授，副所长、博士生导师高祖贵教授，原所长、博士生导师康绍邦教授，主任、博士生导师张明明教授，博士生导师陈积敏教授，梁亚滨副教授；中国社会科学院副院长、博士生导师李捷教授；中共贵州省委党校发展研究院院长、教授刘旭友博士，副院长、教授刘涛博士；云南大学原副校长、云南省政府参事室参事、博士生导师肖宪教授；云南大学能源研究院院长杨宇教授，国际关系研究院党委书记杨军教授，张应斌教授；重庆工商大学长江上游经济研究中心常务副主任杨文举，原常务副主任、博士生导师文传浩教授，博士胡江霞；中国科学院自然科学史研究所副研究员张志会；贵州民族大学原副校长、博士生导师杨昌儒、吴晓萍教授，张贵祥、刘辉永副教授，卫松博士；贵州财经大学副校长徐大佑教授，贵州财经大学罗天勇教授；陕西师范大学副校长、博士生导师王启龙教授；贵州商学院彭述华教授；浙江工商大学博士生导师徐炎章教授；贵州省社会科学院党委书记、研究员金安江，院长、博士生导师吴大华教授，研究员、博士生导师史昭乐，历史研究所原所长、中国近代史学家熊宗仁研究员；贵州省委政研室主任李裴，副主任吴吉祥、王瑞军、田获，处长赵雪峰；贵州省政府研究室副主任张锦；贵州省政府发展研究中心主任徐东良、副主任王翰武、程进，原主任王礼全，秘书长杨军，调研员罗用频；贵州省委讲师团团长谢一研究员；贵州省扶贫开发办公室总经济师杨宏，总农艺师田志清；华电集团公司总经理程念高（教授级高级工程师），华电集团乌江股份有限公司董事长、总经理张志强，原董事长王文琦；华电集团黔源股份有限公司董事长刘靖、总经理刘明达、副总经理刘俊（教授级高级工程师），主任许勇、周启明、申剑高级工程师；大唐集团龙滩工程建管公司原总经济师王学智，移民环保部主任王进攻、原主任蒋锦华，大唐集团龙滩发电厂副厂长齐彦斌；贵州省水利投资集团公司董事长金康明，总经理周登涛，副总经理欧阳志华、钟应兰、吴玮、张平俊、李明卫（高级工程师），副总经理傅涛博士，移民环保部主任余华若（高级工程师），副主任文才华；黔中水利枢纽一期工程建管公司党委书记左中云；贵州省水利水电工程移民局原副总工、处长陈贵阳（高级工程师）；苏州大学博士后戴斌武，中央民族大学博士舒华，贵州师范大学地理环境科学学院贺中华教授，政史学院查春学教授；第二次世界大战史学者戈叔亚、约翰·伊斯特布鲁克（John Eastbrook）上校、祖荣（Jerome）；贵阳市观山湖区人大常委会副主任焦汝志、区委办公室王启祥博士；武汉理工大学管理学院副院长石友蓉教授，外语学院刘升民教授，政治与行政学院邓万春教授，物流工程学院党委书记邵新建教授，院长、博士生导师肖汉斌教授，博士生导师陈定方、计三有、徐章一教授，副主任董明望教授；华中科技大学博士生导师韩东屏教授；中南民族大学博士生导师李资源教授；武汉理工大学马克思主义学院博士生熊英姿、万伟伟、刘国龙、杨丹、安治民、周福、王运旭、杨修伟、付佳迪、戴剑、薛焱、张华清、侯俊和樊薇、魏志勤、商丹、王倩、杨成文、杨卿等，还有许多领导同志和专家的大名在此尚未提到。他们知识广博、思想活跃、经验丰富、朝气蓬勃又友善热诚。他们各自从不同角度观察本书研究内容、基本理论、研究方法及国内外理论和实践实证等，以各种形式直接或间接地和我进行探讨和交流，传递许多真知灼见，建立了深厚友谊。本书的出版正是大家的支持和友情的见证。总之深感这就是一库丰富的和宝贵的优势智力资源！

贵州省水库和生态移民局各位领导同志和全体同事是个善于思考、勇于实践、敢于担当和善于担当的学习型、开拓性范式团队，他们对作者工作和攻读博士学位始终理解、关心和热情鼓励支持，为作者开展考察调研和本书课题研究与写作所需数据的采集和资料参考、成果借鉴等提供条件，给予帮助。作者要对亲爱的领导和同志特别致谢并永志不忘！诚挚感谢全省各市（自治州）人民政府、水库和扶贫生态移民局，各工程项目库区、移民安置区的各县（市、区、特区）人民政府及水库和扶贫生态移民管理机构的领导和同志们！衷心感谢全国各省（自治区、直辖市）、市、县水库移民管理机构，各个水利水电勘测规划设计科研机构董事会及其CEO、各个水利水电工程项目业主及其CEO、各个移民安置综合监督评估机构负责人和专家对本书研究给予的关注和支持！感谢有关领域和行业专家学者对本书研究给予的关注和关心！

作者感激不尽、永远怀念亲爱的母亲！衷心感谢爱妻仕香和孩子阿康！衷心感谢长期默默支持作者的所有亲人和朋友！

在本书研究中，作者参阅并援引了国内外学界、理论界及相关学科专家学者的学术研究成果。作者谨向为本学科领域发展做出无私贡献和奉献，甘当"人梯"的宽阔胸怀的专家学者表示崇高敬意！衷心感谢重庆工商大学长江上游发展研究中心把本书稿列为丛书目录并给予出版的基本资助！

学海无涯。客观上本书研究内容涉及领域和学科理论的综合运用因素较多，水利水电工程移民安置补偿制度领域的理论和实践的研究涉及面宽也没有止境。主观上作者深感自己学识和功底仍然有限。作者虽然在融会贯通、综合运用上下了功夫，书稿历经数次修改和打磨，但仍难免存在许多不足之处。本书课题研究客观上也需要不断深化。在此恳请各位专家，学术界各位师长提出宝贵意见。作者将虚心接受，不忘初心，再接再厉，继续前行。

罗用能

2017年10月19日于贵阳

作 者 简 介

罗用能，男，布依族，贵州兴义人，中共党员，法学博士，贵州省水库和生态移民局巡视员。兼任中国人民政治协商会议（以下简称政协）第十届、第十一届贵州省委员会委员，贵州省水力发电工程学会水库经济专业委员会副主任委员，中国自然辩证法研究会工程哲学专业委员会常务理事，中共贵州省委党校、贵州大学、贵州师范大学教授，硕士研究生导师，贵州兴黔生态农业研究院特邀专家等职。

历任教师，中学党支部书记，县教育局副局长，区委书记，自治州教育局副局长，共青团自治州委员会书记、自治州青年联合会主席；县委副书记、县人民政府县长，县委书记，县人民武装部党委第一书记；自治州州委书记助理；自治州人民政府副州长（曾任财政部国债金融司副司长）；省大中型水电工程移民开发领导小组办公室党组副书记、副主任；省水利水电工程移民局党组副书记、副局长；省水库和生态移民局党组副书记、副局长、巡视员等职务。

长期以来先后从事教育教学、党务和政务管理，从基层一线逐级到省级有关领域和行业管理实践，坚持工作、学习、研究的努力统筹结合，有效相互促进，致力实现自身的知和行两个方面的辩证统一。曾组织和主持数个大中型水利水电工程征地移民安置规划设计项目的省级课题研究、审查、审核和规划项目实施的验收，多次参加易地扶贫搬迁暨扶贫生态移民工程省级调查和督促指导活动，多次参加大型水利水电工程征地移民安置规划项目的国家级技术审查和规划项目的实施和验收活动，连续参加两届（十年）政协省级委员会参政议政民主协商大会，多次参与民生扶贫和三农相关领域工作的调研和视察、考察和民主监督等活动，应邀参加政协第十二届全国委员会民族宗教委员会组织的关于扶贫开发等主题的参政议政活动，积累了水利水电工程移民和扶贫生态移民等民生、公共领域工作服务管理丰富的实践经验和理论成果。曾在国家核心期刊、报纸等媒体发表十余篇研究成果。

作者近年来科研主要成果

罗用能. 2008. 龙滩水电站贵州库区农村移民耕地对接现状调查分析. 贵州水力发电, 22(6): 11-14.

罗用能. 2009. 长期补偿机制: 开创贵州水电移民安置新模式. 中国经贸导刊, (24): 47-48.

罗用能. 2011. 长期补偿机制在龙滩水电站贵州库区建立情况分析. 中国水力发电工程学会水库经济专业委员会2011年年会暨水库移民学术论坛论文汇编.

罗用能. 2011. 北川灾后重建对水库淹没城(集镇)重建的启示. 中国水力发电工程学会水库经济专业委员会2011年年会暨水库移民学术论坛论文汇编.

罗用能. 2011-09-29. 马克思主义“三化”为社会管理创新实践提供强大理论支撑. 贵州日报, 理论版.

罗用能. 2012. 科学总结 精心完善 努力实现龙滩水电站贵州库区移民长期补偿机制常态化 规范化 精细化 标准化. 贵州移民工作(内刊).

罗用能. 2012. 黔中水利枢纽库区移民长期补偿机制建立实施情况的调查报告(内部参阅).

罗用能. 2013. “24”道拐与中美关系//太平洋战争与中美关系. 北京: 当代中国出版社.

罗用能. 2013. 生态文明视角下的水库移民安置政策研究. 贵州社会科学, (12): 75-77.

罗用能. 2013. 我国水利水电工程移民安置主题变迁. 武汉理工大学学报(社会科学版), 26(6): 994-999.

罗用能. 2014. 水利水电工程中的伦理问题探究. 自然辩证法通讯, 36(2): 71-74.

罗用能. 2016. 互联网+水库移民长期补偿的路径选择与现实维度//流域经济评论(第二辑). 北京: 科学出版社.

Luo Y N. 2013. On the institutional innovation of resettlement compensation of water conservancy and hydropower projects in China. Proceedings of the 10th International Conference on Innovation & Management.